ゴンザ資料の日本語学的研究

駒走昭二 著

和泉書院

目　　次

まえがき……………………………………………………………………1

第Ⅰ部　ゴンザ資料について

第1章　ゴンザ資料の筆録者…………………………………………13

1.　はじめに……………………………………………………………13

2.　二つの筆録者案……………………………………………………14

3.　ゴンザの事跡に関する手稿………………………………………15

　　3.1.　筆跡の相違と一致……………………………………………15

　　3.2.　ゴンザのロシア語運用能力に関する評価…………………16

　　3.3.　『簡単な報告Ⅱ』の語彙とゴンザの語彙量………………17

　　3.4.　『簡単な報告Ⅱ』の筆録者………………………………20

4.　ゴンザ資料の筆跡…………………………………………………22

　　4.1.　各資料の筆跡…………………………………………………22

　　4.2.　ゴンザ筆録説の問題点………………………………………24

5.　おわりに……………………………………………………………26

第2章　ゴンザの出身地………………………………………………35

1.　はじめに……………………………………………………………35

2.　先行研究……………………………………………………………35

ii

3. 特徴的な語から ··· 36

  3. 1.「кибисъ（キビス）」から ································ 37

  3. 2.「бобра（ボブラ）」から ································· 39

  3. 3.「фе（フェ）」から ·· 42

4. 18世紀の薩摩の情勢から ·· 44

5.『簡単な報告II』再読 ··· 46

6. おわりに ··· 48

第3章 ゴンザ資料による方言史研究 ······················ 51

1. はじめに ··· 51

2. 先行研究 ··· 52

  2. 1. キリル文字で記されているということ ·········· 52

  2. 2. アカデミー本とアッシュ本 ······························ 54

3. ロシア語を媒体とした資料として ···························· 55

  3. 1. ロシア語正書法の検討 ····································· 55

  3. 2. アクセント ··· 58

4. おわりに ··· 60

第II部 音韻

第1章 エ列音の表記と音韻 ····································· 67

1. はじめに ··· 67

2. 日本語表記に見られる使い分けの特徴 ················· 67

  2. 1. 単独で用いられている場合 ···························· 68

  2. 2. 子音文字と結合している場合 ······················· 68

3. 先行研究 ··· 69

4. ロシア語の正書法 ··· 71

目　次　　iii

4. 1.　『露日単語集』におけるロシア語の正書法 ………………………… 71

4. 2.　グレーニングの正書法 ……………………………………………… 72

5.　日本語表記に見られる文字の使い分けの解釈 ………………………… 73

5. 1.　単独で用いられている場合 ………………………………………… 73

5. 1. 1.　語頭の場合 ………………………………………………… 73

5. 1. 2.　語中語尾の場合 …………………………………………… 76

5. 2.　子音と結合して用いられている場合 …………………………… 77

5. 3.　音節表記のまとめ ………………………………………………… 80

6.　おわりに ………………………………………………………………… 81

第2章　イ列音の表記と音韻 …………………………………………… 85

1.　はじめに ………………………………………………………………… 85

2.　日本語表記に見られる使い分けの特徴 ……………………………… 85

2. 1.　単独で用いられている場合 ………………………………………… 85

2. 2.　子音文字と結合している場合 ……………………………………… 87

3.　ロシア語の正書法 ……………………………………………………… 88

3. 1.　ロシア語の部分における規範 …………………………………… 88

3. 2.　グレーニングの正書法 …………………………………………… 89

4.　日本語表記に見られる文字の使い分けの解釈 ……………………… 90

4. 1.　単独で用いられている場合 ………………………………………… 90

4. 2.　子音と結合して用いられている場合 …………………………… 92

5.　おわりに ………………………………………………………………… 95

第3章　アクセント符号について …………………………………… 99

1.　はじめに ………………………………………………………………… 99

2.　再構されたアクセント体系 …………………………………………… 100

3.　現代鹿児島方言とのきれいな対応 …………………………………… 101

4.　長音節の排除 …………………………………………………………… 104

iv

5. 表記の揺れ …………………………………………………… 108

6. 長音節排除の基準 ………………………………………… 110

7. 型認定の基準 ……………………………………………… 110

8. 助詞のアクセント ………………………………………… 112

9. 再びアクセント符号の意味について ……………………… 115

第4章　特殊拍とリズム──薩隅方言の特異性── ………… 119

1. はじめに …………………………………………………… 119

2. 音韻論的特徴 ……………………………………………… 120

3. 音節数の相違 ……………………………………………… 121

4. おわりに …………………………………………………… 124

第Ⅲ部　文法

第1章　「ゆる・らゆる」と「る・らる」について ………… 129

1. はじめに …………………………………………………… 129

2.『世界図絵』における「ゆる・らゆる」の文法的意味 ………… 130

　2.1. 先行研究 ……………………………………………… 130

　2.2.「ゆる・らゆる」の用例と文法的意味 ……………… 131

3.『世界図絵』における「る・らる」の文法的意味 …………… 134

4. おわりに …………………………………………………… 141

第2章　敬意表現 ……………………………………………… 147

1. はじめに …………………………………………………… 147

2. 敬意を表す動詞 …………………………………………… 147

　2.1.「たもる」について …………………………………… 148

　2.2.「ござる」について …………………………………… 150

目　次　　v

2.3. 「ござゅ」について ……………………………………………… 151

3. 助動詞「る」「らる」による敬意表現 ……………………………… 153

4. 助動詞「やる」による敬意表現 …………………………………… 155

5. おわりに ……………………………………………………………… 157

第3章　カス型動詞について ………………………………………… 167

1. はじめに ……………………………………………………………… 167

2. ゴンザ資料におけるカス型動詞の出現例 ………………………… 167

3. 形態的特徴 …………………………………………………………… 169

4. 表現価値 ……………………………………………………………… 173

　4.1. カス型動詞と他動性 …………………………………………… 173

　4.2. 対応するロシア語の接頭辞 …………………………………… 175

　4.3. 『世界図絵』における本文と単語欄との齟齬 ………………… 177

5. おわりに ……………………………………………………………… 181

第Ⅳ部　語彙

第1章　『新スラヴ日本語辞典』の日本語訳 ……………………… 189

1. はじめに ……………………………………………………………… 189

2. 重複訳の実態 ………………………………………………………… 190

　2.1. ロシア語見出しの数 …………………………………………… 190

　2.2. 延べ訳数 ………………………………………………………… 190

　2.3. 異なり訳数 ……………………………………………………… 190

　2.4. 重複率 …………………………………………………………… 191

3. 説明形式訳の実態 …………………………………………………… 193

　3.1. 単語認定の基準 ………………………………………………… 193

　3.2. 訳形式の区別 …………………………………………………… 194

vi

4. 個々の日本語訳の頻度 ……………………………………………… 195

 4.1. 頻度の高い訳 ……………………………………………………… 196

 4.2. 日本語訳のないロシア語見出し ………………………………… 199

5. おわりに ……………………………………………………………… 200

第2章　『新スラヴ日本語辞典』の語彙 …………………………… 205

1. はじめに ……………………………………………………………… 205

2. 使用語の数 …………………………………………………………… 205

 2.1. 日本語訳の数 ……………………………………………………… 205

 2.2. 単位の認定 ………………………………………………………… 206

  2.2.1. 単位の長さ …………………………………………………… 206

  2.2.2. 単位の幅 ……………………………………………………… 206

 2.3. 延べ語数と異なり語数 …………………………………………… 207

3. 使用頻度の高い語 …………………………………………………… 208

4. 使用語の種類 ………………………………………………………… 220

5. おわりに ……………………………………………………………… 222

第3章　『新スラヴ日本語辞典』における漢語語彙 …………… 225

1. はじめに ……………………………………………………………… 225

2. 資料の特性について ………………………………………………… 226

3. 数量的特性 …………………………………………………………… 226

4. 意味的特性 …………………………………………………………… 227

 4.1. 調査の方法 ………………………………………………………… 227

  4.1.1. 意味分野別構造分析法 ……………………………………… 227

  4.1.2. コード付け …………………………………………………… 228

  4.1.3. 『新スラヴ日本語辞典』と意味分野別構造分析法 ……… 228

  4.1.4. 漢語の出現しやすい意味分野を判定するための手法 …… 229

 4.2. 調査結果 …………………………………………………………… 230

目次　vii

　　4.2.1.　4つの類と5つの部門による分類 ……………………………… 230

　　4.2.2.　中項目による分類 ………………………………………………… 232

　　4.2.3.　漢語の出現しにくい意味分野 …………………………………… 235

　5.　おわりに ……………………………………………………………………… 236

第4章　『新スラヴ日本語辞典』における「自由」の語義 …… 239

　1.　はじめに ……………………………………………………………………… 239

　2.　中央語における「自由」の語史 ………………………………………… 240

　　2.1.　否定的な「自由」 …………………………………………………… 240

　　2.2.　肯定的な「自由」 …………………………………………………… 242

　　2.3.　翻訳語としての「自由」 …………………………………………… 244

　3.　『新スラヴ日本語辞典』の用例 ………………………………………… 245

　　3.1.　肯定的な意味を持つロシア語 ……………………………………… 245

　　3.2.　否定的な意味を持つロシア語 ……………………………………… 247

　4.　おわりに ……………………………………………………………………… 251

第5章　『新スラヴ日本語辞典』における現代標準語 ………… 255

　1.　はじめに ……………………………………………………………………… 255

　2.　現代標準語の抽出 ………………………………………………………… 256

　3.　分類の結果と実例 ………………………………………………………… 258

　4.　おわりに ……………………………………………………………………… 266

第6章　18世紀の薩隅地方へ伝播した中央語 ………………… 269

　1.　はじめに ……………………………………………………………………… 269

　2.　方言と中央語 ……………………………………………………………… 270

　3.　18世紀の薩隅方言に見られる現代標準語語彙 ……………………… 271

　　3.1.　語種の特性 …………………………………………………………… 272

　　3.2.　品詞の特性 …………………………………………………………… 274

viii

  3.3. 意味分野の特性 ………………………………………… 276

4. おわりに ………………………………………………… 278

第7章　現代語の形成と中央語の伝播 ………………………… 283

1. はじめに ………………………………………………… 283

2. 語種の特性 ……………………………………………… 284

3. 品詞の特性 ……………………………………………… 285

4. 意味分野の特性 ………………………………………… 286

5. 時間的変遷と空間的拡散 ……………………………… 288

6. おわりに ………………………………………………… 290

あとがき ……………………………………………………… 293

索　引 ………………………………………………………… 297

まえがき

　享保 13 年（1728）11 月、ゴンザは若潮丸という船で 16 人の乗組員とともに薩摩から大坂（現大阪）へ向かった。薩摩藩の関係者に、米、絹織物、紙などを届けるためであった。しかし、船は途中で嵐に遭遇、半年以上漂流した後、翌年 6 月、ロシアのカムチャツカ半島に漂着した。ロシアの守備隊は 15 人を殺害。11 歳のゴンザと 36 歳のソウザだけが生き残った。

　二人は、ヤクーツク、トボリスク等で過ごした後、1733 年に首都サンクトペテルブルグに送られ、政府によって保護された。そこで彼らは勅令によりロシア人子弟に日本語を教えることになる。ソウザは、1736 年に 43 歳で亡くなるが、その後、ゴンザは、帝室科学アカデミー図書館の司書補アンドレイ・ボグダーノフの指導のもと、日本語参考書の編集に取り組み、1739 年に 21 歳で没するまでに、下の 6 点の書物を残した（日本での通称、成立年、ロシア科学アカデミーでの蔵書番号とともに示す）。

1. 『Вокабулы』（『露日単語集』1736 年、B269、B270）
2. 『Преддверїе Разговорѡв Японскагѡ Языка』（『日本語会話入門』1736 年、B269、B270）
3. 『Краткая Грамматичка』（『簡略日本文法』1738 年、B272）
4. 『Новый Лексиконъ Славено Японскїй』（『新スラヴ日本語辞典』1738 年、B273）
5. 『Дружеские Некоторыхъ Разговорѡвь Образцы』（『友好会話手本集』1739 年、B267、B268）
6. 『Orbis Sensualium Pictus』（『世界図絵』1739 年、B271）

これらの著書は、現在、サンクトペテルブルグにあるロシア科学アカデミー東洋学研究所に所蔵されている。また、鹿児島県立図書館には、これらのマイクロフィルムが所蔵されている。以下、各資料の概要について記す。

・『Вокабулы』（『露日単語集』）

　冒頭に、「アンドレイ・ボグダーノフの教育と監督の下にあった日本人によって1736年に書き写された」という意味のロシア語の記述がある。40の項目が設けられ、各項目ごとにロシア語の単語と、その日本語訳が記されている。見出し語数は1,300であり、ロシア語が左側、日本語訳が右側に配置されている。日本語訳はキリル文字で記されており、その筆跡はロシア語の部分と同じものである。40の項目は次の通りである。

　　1. 神と神聖　2. 世界と天　3. 時　4. 水　5. 場所と土地　6. 人間
　　7. 病気　8. 食物　9. 飲物　10. 動物　11. 鳥　12. 虫　13. 魚　14. 木
　　15. 野菜　16. 穀類　17. 木・果実の部分　18. 草花　19. 嗜好品
　　20. 寺　21. 官職　22. 学校・本　23. 都市　24. 軍隊　25. 親類
　　26. 裁判　27. 職業　28. 石　29. 舟　30. 家屋　31. 食卓　32. 料理
　　33. 馬小屋　34. 衣服　35. 村　36. 形容詞　37. 数詞　38. 代名詞
　　39. 動詞　40. 副詞

　巻末には、「一」から「二十」までと、「三十」「四十」「五十」「六十」「七十」「八十」「九十」「百」の数字が漢字で記されている。また、ロシア語、日本語ともにアクセント符号が付されている。

　後述の『日本語会話入門』と合綴されていて、書物として独立しているわけではないが、本書では慣例に従い、単独の資料として扱う。

　先行研究の中には『露日語彙集』『項目別露日辞典』『項目別露日単語集』と呼んでいるものもあるが全て同書である。本書では、「語彙」という言葉の意味を考えたとき、「語彙集」よりも「単語集」の方が適切であり、また、その規模を『新スラヴ日本語辞典』と比較したときに、「辞典」よりも「単語集」の方が適切であると考え、『露日単語集』と称することにする。なお、この資料には草稿本と考えられる異本が現存している。

・『Преддверїе Разговорѡв Японскагѡ Языка』（『日本語会話入門』）

　教育思想家コメニウス（1592～1670）の『開かれた言語の前庭』（1633）をアンドレイ・ボグダーノフがロシア語に訳し、それをゴンザが日本語に訳し

たものと考えられる。『露日単語集』と合綴されている。冒頭に、「序文」が
あり、その後に 19 の項目が設けられ、各項目ごとにロシア語の短い会話文
とその日本語訳が記されているが、『露日単語集』とは異なり、左側にキリ
ル文字で記された日本語文、右側にロシア語文が配置されている。日本語文
とロシア語文の筆跡は同じである。第 1 章以降は、日本語文とロシア語文の
間に「1」から「619」までの通し番号が記されているが、途中、番号の重複
が 2 箇所あるので会話文全体の数は 621 である。19 の項目は次の通りであ
る。

1. 物の性質　2. 色　3. 味　4. 質　5. 新芽の成長　6. 動物　7. 四肢
8. 思い　9. 病気　10. 職業　11. 副詞　12. 前置詞　13. 接続詞
14. 計算　15. 学校　16. 家の物事　17. 町と国　18. 敬虔　19. 結び

ロシア語、日本語ともにアクセント符号が付されている。また、これにも
草稿本と考えられる異本が現存し、露日単語集の異本と合綴されている。

・『Краткая Грамматичка』（『簡略日本文法』）
　冒頭に、「アンドレイボグダーノフのロシア語教育と監督の下、1738 年に
日本人によって書かれた」という意味のロシア語の記述がある。名詞、動詞
等の語尾変化が、文法項目ごとに実例を挙げて列挙してある。もとになった
ロシア語の文典は不明である。左側にキリル文字で記された日本語文、右側
にロシア語文が配置されている。文法項目は次の通りである。

　　名詞（第 1 変化　第 2 変化）、代名詞、動詞（日本語動詞の語尾、注意、能
　　動動詞、被動動詞、人称動詞、非人称動詞）、副詞（時、場所、質、量、数、
　　順序、機会、命令、説得、否定、禁止、緊張、弱まり、判断、類似、相違、
　　疑惑、質問、答え、集合、分離、取り出し又は訂正、促進、無限度の量及び
　　質、道具、言語、秘密、指示）

・『Новый Лексиконъ Славено Японскїй』（『新スラヴ日本語辞典』）
　冒頭に、「この言語　日本語学校の管理者アンドレイ・ボグダーノフ」と
いう意味のロシア語の記述がある。アンドレイ・ボグダーノフが、F．ポリ

4

カルポフの『スラヴ・ギリシア・ラテン三カ国語辞典』をもとに、11,580のロシア語を選定し、それにゴンザが日本語訳を付けたものである。ゴンザ資料6点の中で、もっとも大部の著作である。ロシア語が左側、日本語訳が右側に記されている。ロシア語見出しの配列は、アルファベット順である。ロシア語、日本語ともに途中までアクセント符号が付されている。

・『Дружеские Некоторыхъ Разговорωвь Образцы』(『友好会話手本集』)
　日常のさまざまな場面における会話が綴られている。もとになった資料は不明である。左側にロシア語文、右側にその日本語訳がキリル文字で記されている。各章の題名は次の通りである。

　　カロルとアンドレの会話、アウグスティンとイオアンの会話、ユグノーとレイノルドの会話、学校に遅刻してきた生徒の言い訳、先生と生徒の会話、ドナとヴィルヘルムの様々な会話、様々な書物からの選別、戦争について（地上戦）、戦争について（海上戦）、その他、手紙の書き方、病気見舞いの話、学校での生徒たちの様々な会話、生徒たちの様々な会話、実例、二人の乞食の会話、貧乏な宴会の会話、貴人がお使いを言いつける会話、先生と少年の会話、遊びの許可についての子弟の会話

　これも草稿本と考えられる異本が現存する。

・『Orbis Sensualium Pictus』(『世界図絵』)
　教育思想家コメニウスのラテン語入門書『世界図絵』(Orbis sensualium pictus, 1658) のロシア語日本語対訳版である。まず、ボグダーノフがロシア語に訳し、それをさらにゴンザが日本語に訳したものと考えられる。ロシア語文は左側に、日本語文は右側に記されている。章索引、入門の章、151章の本文、結びの章で構成され、章索引以外は全てロシア語文と日本語文が対置されている。さらに、章索引以外の各頁の右半分には単語欄が設けてあり、その頁のほとんどの単語が抜き出され、そこにも日本語訳が付けられている。ロシア語文、日本語文、単語欄とも複数の筆跡が見られる。151の章名は、次の通りである。

まえがき　5

1．神　2．世界　3．天　4．火　5．大気　6．水　7．雲　8．大地

9．大地の果実　10．鉱石　11．石等　12．樹木　13．樹木の果実

14．花等　15．菜園の野菜等　16．畑の穀物　17．茂み

18．動物と鳥の第一　19．家の鳥　20．良く囀る鳥たち　21．野鳥

22．野原と森林の鳥たち　23．水辺の鳥たち　24．飛ぶ害虫

25．家内の四脚動物、第一　26．食用の動物　27．働く大型家畜たち

28．野生の大型動物たち　29．野生の獣　30．這う爬虫類・両生類

31．這う虫　32．水陸両用の獣　33．川と池の魚たち　34．海の魚たち

35．人間　36．人間の年齢　37．人間の外面の一部　38．頭と手

39．体の内蔵　40．血管と骨　41．外側と内側の感覚　42．人間の魂

43．悪形と奇形　44．菜園の仕事　45．土地の仕事　46．家畜の飼育

47．蜜蜂の巣箱　48．製粉所の仕事　49．パン屋　50．漁業

51．鳥の捕獲　52．狩猟　53．肉屋　54．料理の仕事　55．葡萄の収穫

56．ビールの醸造　57．宴会の事　58．亜麻の仕事　59．織る事

60．亜麻布　61．仕立屋　62．靴屋　63．大工　64．煉瓦積職人

65．起重　66．家　67．採鉱　68．鍛冶屋　69．指物師と旋盤工

70．陶工　71．家の部分　72．農家と小部屋　73．井戸　74．風呂屋

75．床屋　76．馬小屋　77．時計の機能　78．絵画　79．鏡　80．桶屋

81．紡績工と革紐工　82．旅人　83．騎兵或いは騎乗者　84．馬車やそり

85．乗行　86．渡し場　87．水泳　88．囚人船　89．貨物を積む大型帆船

90．難破　91．書法　92．紙　93．印刷或いは印刷所　94．書店

95．製本工　96．本　97．学校　98．専門学校或いはアカデミー

99．語法　100．音楽　101．哲学　102．測量学　103．天体

104．惑星の現象　105．月の現れ方　106．日食と月食

107．地球の広さ（上）　108．地球の広さ（下）　109．ヨーロッパ

110．倫理　111．知恵　112．勤勉　113．節制　114．強靱さ　115．忍耐

116．博愛　117．正義　118．恵み　119．結婚　120．家系　121．妻帯者

122．君主　123．都市　124．都市の内部　125．裁判

126．悪人と盗人の処罰　127．証人　128．尺度と重量　129．薬学

6

130. 葬式　131. 喜劇　132. 奇術師　133. 決闘　134. 面白い遊び
135. 賭博　136. 子供のかけっこ　137. 子供の遊び　138. 王国
139. 皇帝　140. 戦士　141. 野営　142. 戦い　143. 船の戦い
144. 都市の包囲　145. 信仰　146. 異教の神　147. ユダヤ教
148. キリスト教　149. 回教　150. 神の摂理　151. 最後の審判
アクセント符号は、初めの部分に少し付してあるだけである。

　この6点の書物のことをゴンザ資料と称する。本書はこのゴンザ資料を日本語学的に考察したものである。4つの部から構成されているが、それぞれの内容について概略を示しておく。
　まず、第Ⅰ部では、研究の前提となるゴンザ資料の基本的な性質について考察した。資料を用いて研究を行う際にまず必要な作業であろう。ゴンザの事跡については、ロシアに資料が残されているため、彼がサンクトペテルブルクに到達するまでの行程や、当地での生活などはうかがい知ることができる。しかし、本資料を言語研究に用いる際に必ず念頭に置かなければならない基本的な問題、すなわちゴンザ資料は、誰によって、どのようにして作成されたのか、ということは実はまだ完全に解明されたわけではない。また、彼が薩摩から出港したということはロシア側の記録からも疑いあるまいが、薩摩のどこの出身なのかということは判明していない。本書の冒頭で、まずこの二点について考察した。また、ゴンザ資料を扱う際の留意点についても述べた。ゴンザ資料の日本での研究は、1963年10月に開かれた日本言語学会第49回大会（於九州大学）での、村山七郎氏の「Sammlung Asch（アッシュ・コレクション）の日本語辞典」という発表から始まったと言える。その2年後、村山氏によって、ゴンザ資料のうちの2点『露日単語集』と『日本語会話入門』の全文翻字が収められた『漂流民の言語』（1965）が刊行され、多くの人にとって身近な資料となった。この点、村山氏の功績は計り知れない。しかし、残念なことに、『漂流民の言語』で紹介されたゴンザ資料2点は、いずれもドイツのゲッチンゲン大学図書館アッシュ・コレクション所蔵本であった。このアッシュ本は、ロシア科学アカデミー本からの写本で

まえがき　7

あるが、アカデミー本と比べるとあまりにも異同が多く、やはり調査に耐えられない点が多い。また、『漂流民の言語』所収のゴンザ資料は、村山氏の読者への配慮から、キリル文字がローマ字・片仮名に転写されて記されているが、転写には村山氏の解釈が介入せざるを得ず、厳密な研究を進めるには、やはり支障となる点がある。第3章では、これらの問題点について、実例を挙げながら指摘し、アカデミー本に直接当たることの必要性、また、ゴンザ資料が18世紀前期のロシアで、当時のキリル文字によって記された資料であることを常に意識して扱わなければならないことを述べた。

　第Ⅱ部では、音韻の問題を扱った。ゴンザ資料の最大の長所は、18世紀の薩摩漂流民ゴンザの言葉が、キリル文字で記されているという点にある。キリル文字は表音文字であるため、音声記述の点において、仮名表記よりも厳密な描写が可能である。本書のここでの調査は、『露日単語集』を中心に行い、必要に応じて『日本語会話入門』も参照した。なぜ、この2書かというと、音声・音韻のような細かな分析に必要な精密さがこの2書には期待できるからである。この2書は、ゴンザ資料の中でも最も整った字で丁寧に記されている。特に『露日単語集』は、文字通り単語の集まりであるため、単語同士の結合によって生じる形態音韻論的な問題を抱えずに調査できるという利点もある。また、この2書は、ゴンザ資料の中でも最初に編まれたもの、すなわち日本を離れてから最も時間を経ていない時期に編まれたものであり、さらに、ソウザの存命中のものである可能性が高いため、ゴンザが日常生活において日本語を話していた頃のものであると考えられる。よって、この2書の日本語描写は、ゴンザ資料の中でも最も精度の高いものと思われる。このことを踏まえて、エ列音、イ列音について考察した。いずれも、日本語音韻史上、よく問題とされるテーマである。ゴンザ資料の音韻の問題は、先行研究においてもいくつか指摘されているが、このエ列音とイ列音については、不明な部分が多かった。本書では、アカデミー本（鹿児島県立図書館蔵のマイクロフィルム）を直接扱うことによって、ゴンザのこの両音について明らかにすることができたと考える。また、この2書に見られるアクセント符号の意味についても考察した。ゴンザのアクセント体系についても先行研究があ

るが、あえてそれに疑問を投げかけてみた。決して建設的な意見ではないが、筆者は本資料に対しては、その資料としての珍しさに惹かれつつも、批判的に眺めながら考察を進めていくことこそ、重要であると考える。そして、最後に本資料の音韻論的特徴のまとめも兼ねて、リズムの問題を扱った。

　第Ⅲ部では、文法の問題を扱った。ここでの主な調査対象は、『世界図絵』である。ゴンザの文法的特徴を知るには、『簡略日本文法』もあるが、これは、ロシア語の変化表に合わせて、日本語を当てたものである。とても見やすい構成となっているが、語例が少なく、信頼のおける結論を得るには心許ない。それに対し、『世界図絵』は、大部であり、資料の規模としては問題ない。また、原書が世界的に有名な教科書であるため、内容が整理されており、幅広い話題が扱われているため、偏りのない日本語の反映が期待できる。そして、この資料の最大の特徴は、ロシア語文と日本語文の横に、各章の出現単語が基本形で抜き出されている点にある。これによって、一つの単語が、文章の中でどのように語形変化するかが一目瞭然となる。文法の問題も、先行研究によって既に指摘されていることが多いが、本書では、これまで指摘されてこなかった、助動詞「る・らる」と「ゆる・らゆる」、敬意表現、それにカス型動詞について論じた。これらも、ゴンザ資料の日本語の部分だけに注目していては気づきにくく、アカデミー本に当たり、日本語の部分と対応するロシア語文とを対照させながら考察することによって、初めて明らかにすることができたものである。

　第Ⅳ部では、語彙の問題を扱った。先行研究においても、ゴンザ資料の特異な単語に注目し、現代薩隅方言との対応を考えるものはあった。しかし、それらはいずれも「語彙」の問題ではなく、「語」の問題であった。「語」の問題ももちろん重要な課題であるが、筆者は、ゴンザの語彙力はどれほどのものであったのか、当時の薩隅方言の語彙体系はどのようなものであったのかという興味から、ゴンザ資料に記されている語を総体的に捉えてみることにした。調査対象は、『新スラヴ日本語辞典』である。この資料を選んだのは、ゴンザ資料の中で、最も多くの語を収録しているからである。理論上は、この『新スラヴ日本語辞典』自体が、ゴンザの語彙ということも言えるかも

しれないが、実際には、重複訳が多数見られたり、単語ではなく説明的な文で訳されていたりするなど、簡単には扱えない点が多い。また、本資料は、村山七郎『新スラヴ・日本語辞典　日本版』（1985）によって、広く流布している割には、ロシア語見出しの数や、日本語訳の数など、資料の基本的な事項について明らかにされていない部分が多かった。そこで、筆者は、まず単語ではなく、ゴンザの日本語訳の実態を数量的に捉えてみることにした。具体的には、ロシア語見出しの総数、日本語訳の総数、異なる日本語訳の総数を始め、個々の日本語訳の頻度、日本語訳の重複率、説明形式訳の割合を計量した。さらに、その内容をさらに推し進め、日本語訳をすべて単語に分割し、その延べ語数、異なり語数を計量し、その使用語の中身について検討した。また、そこから当時の薩隅方言において、どのような漢語語彙が使用され、既にどのような現代標準語が存在していたのかを明らかにした。そして最後に、ゴンザが語彙習得に関してはまだ未熟であったと考えられる年少者であったこと、薩隅方言が日本の中でも辺境の地の言語であること等に着目し、言葉の伝播の様子についても考察を試みた。

　本研究の最終的な目標は、18 世紀前期薩隅方言を明らかにし、これまで地方語への視線が不足しがちであった日本語史の中に位置づけることである。そのための第一歩として、まず本資料の特性を摑み、そこから何が言えるのか、また何が言えないのかを見極めようとした。ゴンザ資料は方言史を知ることのできる稀少な資料であり、日本語史資料としても貴重である。しかし、その稀少さ故に、そこから得られた考察結果については他資料に基づいた批判的な見方が期待しにくい。だからこそ、本資料への取り組みは、より慎重でなければならないと考える。

　なお、本書で使用させていただいたゴンザ資料は、すべてロシア科学アカデミー本のマイクロフィルム（鹿児島県立図書館蔵）、ならびにその複写本（鹿児島県立図書館、九州大学文学部言語学科蔵）である。記して感謝申し上げる。

参考文献

井ノ口淳三（1995）『世界図絵』（平凡社）

江口泰生・駒走昭二（1998）『図解感覚世界』（鹿児島県立図書館）

江口泰生・米重文樹（1998）『友好会話手本集』（鹿児島県立図書館）

村山七郎（1965）『漂流民の言語』（吉川弘文館）

村山七郎（1971）『ロモノーソフ以前の二つのロシア文法』（九州大学文学部言語
　　　　　学研究室）

村山七郎（1985）『新スラヴ・日本語辞典　日本版』（ナウカ）

第Ⅰ部　ゴンザ資料について

第1章　ゴンザ資料の筆録者

1．はじめに

　ゴンザ資料は、当初、帝室科学アカデミーの図書館司書補アンドレイ・ボグダーノフによって書かれたものと考えられていた[1]。その存在を日本国内で初めて紹介した八杉貞利（1909）も、ボグダーノフの「筆に疑ひなく」としている。しかしバルトリド（1911）で「（ゴンザが）ボグダノフの指導の下に編纂した」との見解が示され、さらに、ベルグ（1924）やドストエフスキー（1930）でゴンザの著作、筆録ということが明記されてから[2]は、ゴンザがボグダーノフの協力を得て筆録したという見方が一般的となった[3]。現に、『簡略日本文法』の巻頭頁には、「писана яппонцомъ под назиранїемъ и ученїемъ рускаго языка Андрея богданова 1738（アンドレイ・ボグダーノフのロシア語教育と監督の下、1738 年に日本人によって書かれた）」との識語があり、『露日単語集』『日本語会話入門』の合綴本（清書本）にも同様の記述が見られる[4]。ここで言う「日本人」とは、当時のサンクトペテルブルグの状況から判断してゴンザ以外には考えられない[5]。つまり、これらの識語は、本資料の筆録者がゴンザであることを決定的に示していると言えよう。

　しかし、そうであったとしても後述するようないくつかの不可解な点は存在し、また、同じく巻頭に識語が記されている『新スラヴ日本語辞典』では、日本人のことには一切触れず、「сего языка содерцатель школы японскаго языка Андреи богдановъ（この言語　日本語学校の管理者アンドレイ・ボグダーノフ）」という記述しかなされていないことも統一を欠くように思われる。『簡略日本文法』『露日単語集』『日本語会話入門』と『新スラヴ日本語辞典』の本文は同じ筆跡で記されているにも関わらず、識語の意味する筆録者が異なるのはどういうことか。このような疑問の余地が残されている以上、筆録

14　第Ⅰ部　ゴンザ資料について

者は誰かという、本資料に関する極めて基本的なこの問題が、解明されているとは言いがたい。そこで、まずは、ゴンザ資料の筆録者を再検証することから始めたいと思う。

2．二つの筆録者案

筆録者がゴンザであることに初めて疑義を呈したのは田尻英三（1981）であろう。ロシア語の見出し語と日本語訳とが意味的に対応していないいくつかの例に注目し、「辞典や文法書の完成にはかなりボグダーノフの手が入っていると思われる」とし、さらに、無声化母音の聞き落としによって日本語訳が意味不明になったと推測される例を根拠に「ボグダーノフは標出の日本語形の表記にも関わっていた可能性がある」としている。

また、迫野慶徳（1991）も、『新スラヴ日本語辞典』について、そこにおける日本語訳の精度の低さとキリル文字による日本語表記の精密さとの落差に注目し、「ゴンザの答える日本語をボグダーノフが注意深く観察し、キリル文字で書き取る形でこの辞典は作成されたもの」とし、他のゴンザ資料に関しても「おそらく同じ様なやり方で作成されたもの」と推測している。

つまり、下記の①に示す従来の見解に対し、②のような見解が示されたわけである。

　　筆録者案①：ボグダーノフは監督、指導のみで、資料の筆録はゴンザが
　　　　　　　　行った。
　　筆録者案②：ゴンザは被調査者に過ぎず、資料の筆録はボグダーノフが
　　　　　　　　行った。

複数の原本に、日本人による筆録を示す明確な識語が見られる以上、①の見解が優位であることに変わりはあるまいが、本資料におけるロシア語と日本語訳との不適当な対応や、日本語の音韻体系に収まらない精密な日本語表記の実態などを重視すれば確かに②のような見方は生じうる[6]。

筆跡に注目してみると、ゴンザ資料本文の筆跡と識語の筆跡は異なる。したがって、上記の筆録者案①に従えば、本文はゴンザが筆録し、識語はボグ

ダーノフが記したと考えるのが自然であり、筆録者案②に従うならば、本文はボグダーノフが筆録し、識語はボグダーノフ以外のロシア人が記したと考えるのが自然であろう。

3．ゴンザの事跡に関する手稿

3．1．筆跡の相違と一致

ところで、ロシア科学アカデミー東洋学研究所には、ゴンザの事跡に関する 2 つの手稿が存在する。「Краткая вѣдѡмость ѡ бывшихъ здѣсь в санктъ петерсбургѣ при академïи наукъ японского государства двухъ человекахъ которые крещены в христианскую вѣру. Iмяна имъ покрещенïи первому Козма адругому Дамиан（科学アカデミーに所属して、ここサンクトペテルブルグに滞在した日本国の二人に関する簡単な報告。両人はキリスト教信仰のため洗礼を受け、洗礼による名前は第一の者をコズマ、もう一人はダミアンという）」（以下『簡単な報告Ⅰ[7]』）と、「Краткое извѣстïе ѡ японцах、оные какимъ способом прилучилися въ россïйской Iмперïй（日本人たちについて、彼らがどのようにしてロシア帝国に居ることになったかに関する簡単な報告）」（以下『簡単な報告Ⅱ[8]』）である。

『簡単な報告Ⅰ』には、漂流の経緯や日本国内の様子、地名などが記されているが、識語などはなく、誰によって、いつ記されたのかは不明である。

一方、『簡単な報告Ⅱ』は、前者とは異なる筆跡で記されており、漂流の経緯や漂着後の処遇、サンクトペテルブルグでの彼らの生活ぶりなどが詳細に記されている。そして、巻末には熟れた筆致で書かれた「в санктъ петербургѣ при Iмператорском Академи Наукъ 1737 сочиненное Андреемъ богдановы（サンクトペテルブルグの帝室科学アカデミーにて。1737 年 アンドレイ・ボグダーノフ作成）」という識語がある。

そして、興味深いことに、この『簡単な報告Ⅱ』の識語の筆跡は、『簡略日本文法』等のゴンザ資料の巻頭頁にある識語の筆跡と一致する。また、この『簡単な報告Ⅱ』の本文の筆跡と識語の筆跡は明らかに異なっていて、し

16　第Ⅰ部　ゴンザ資料について

かもこの本文の筆跡はゴンザ資料の本文の筆跡と一致する[9]。

　ここで筆跡について整理しよう。同一の筆跡と思われるものをまとめ、それぞれを仮にA～Cとする。

・ゴンザ資料本文の筆跡＝『簡単な報告Ⅱ』本文の筆跡…筆跡A
・ゴンザ資料識語の筆跡＝『簡単な報告Ⅱ』識語の筆跡…筆跡B
・『簡単な報告Ⅰ』の筆跡…筆跡C

　ゴンザ資料の筆録者に関する従来の見解、すなわち前述の筆録者案①に従うならば、上記の筆跡Aはゴンザ、筆跡Bがボグダーノフ、筆跡Cは第三者のロシア人の手によるものと考えるのが自然であろう。また、筆録者案②に従えば、筆跡Aがボグダーノフ、筆跡B、Cはそれぞれ第三者のロシア人の手によるものということになろう。

　これらの状況を踏まえた上で、筆録者案①と②のうち、どちらの方が解釈に無理がないかということになるが、状況だけで判断するならば、やはり『簡略日本文法』や『露日単語集』『日本語会話入門』の合綴本の巻頭に「日本人によって書かれた」と明記されている事実は重く、また、ゴンザ資料や『簡単な報告Ⅱ』の識語が署名を兼ねていたであろうことを考えれば、筆跡Bの書き手はボグダーノフ自身だと考える説、すなわち筆録者案①の解釈の方が妥当であるように思われる。

　しかし、そうすると、別の新たな問題が生じるように思われる。筆跡Aがゴンザの手によるものということになれば、『簡単な報告Ⅱ』の本文の筆跡もゴンザの手によるものということになるが、そうすると、そこに記されたロシア語文、それは語彙量が豊富で、複雑な構文を持つレベルの高いロシア語の文章で、しかもかなりの長文なのであるが、それをゴンザが作成したということになる。

3.2.　ゴンザのロシア語運用能力に関する評価

　ゴンザのロシア語運用能力については、以前から高い評価がなされている。例えば、バルトリド（1911）は、「この天才的な青年は、当時の人の批評に拠れば、上手にロシア語で自分の意見を述べ、美事に日本語を教へたといふ

ことである。」とし、ボンダレンコ（1999）は、「彼の言語参考書の内容、その規模、語彙グループ間の系統立った関連への造詣の深さ、彼のロシア語の書き言葉の文法の正確さ、さらにロシア語と教会スラブ語を日本語に翻訳したその資質から判断しますと、ゴンザは読み書きが出来て高い教養を持つロシア人の水準にまでロシア語と教会スラブ語を習得していたときっぱり断言することができます。」としている。

　しかし、バルトリド（1911）の評価は、その内容を否定するつもりはないが、あくまでも会話における評価であり、ゴンザの語彙量や文章作成能力を保証するものではない。また、ボンダレンコ（1999）の評価も、ゴンザ資料の筆録者がゴンザであるということを前提にした上でのものなので、本書のようにその筆録者自体を問題にしている場合には、ゴンザのロシア語能力を判断する根拠とはなり得ない。ゴンザのロシア語運用能力は、現存する資料から判定するほかないのではなかろうか。次節では、ゴンザが『簡単な報告Ⅱ』の本文を作成できるほどの能力を持ち合わせていたのかを判断するために彼の語彙量を検証してみることにする。

3．3．『簡単な報告Ⅱ』の語彙とゴンザの語彙量

　『簡単な報告Ⅱ』は、前述したように、ゴンザたちの漂流の経緯や漂着後の処遇などが、高度なロシア語で記されている。ここでは、その文中で用いられている語彙と、ゴンザ資料の中で最も語彙量の多い『新スラヴ日本語辞典』のそれとを比較してみる[10]。因みに、『簡単な報告Ⅱ』は前に示した通り1737年の作成で、『新スラヴ日本語辞典』は1736年から1738年にかけて作成されたことがその識語から明らかなので、両書はほぼ同じ時期に記されたものと考えられる。

　『簡単な報告Ⅱ』の文中で用いられている単語は、筆録者にとっては使用語彙であり、意味用法を熟知した単語のはずである。また、その筆跡は『新スラヴ日本語辞典』の筆跡と一致するため、両書の筆録者は同一人物のはずである。したがって、『新スラヴ日本語辞典』のロシア語の見出し語に、『簡単な報告Ⅱ』で使用されている単語があれば、その日本語訳は、単語の持つ

18 第Ⅰ部 ゴンザ資料について

多義性から生じる多少の齟齬はあり得るとしても、筆録者がその意味をよく
理解した上で適切な訳出を行っているものと予想される。

　しかし、実際には、不適当な日本語訳が付されていたり、訳出がなされず
日本語部分が空欄になっていたりするものが幾つか見られる。以下、具体例
の一部を挙げる。

（1）「возможно」（『簡単な報告Ⅱ』1頁19行目）

　「возможно」は「～できる」という意味を表すが、『簡単な報告Ⅱ』のこ
こでの例は直前に「не」があるので、「不可能だ、どうにもできない」とい
う意味で用いられているようである。

　この「возможно」は、『新スラヴ日本語辞典』の見出し語にも存在する。
そして、これに対する日本語訳は「クツナルヨニ／きつく成るように[11]」
となっている。接頭辞「воз」を持つロシア語には、「クツ／きつく」と訳さ
れているものが複数見られるが、ここでも機械的にこの部分を訳していると
考えられる。翻訳者（ここではゴンザ以外にあり得ない）がこの単語の意味用
法を正しく理解していたか疑わしいのではなかろうか。

（2）「исправленїя」（『簡単な報告Ⅱ』1頁20行目）

　この語は、「訂正した～、修正した～」という意味で、『簡単な報告Ⅱ』で
もそのような意味で使用されている。

　『新スラヴ日本語辞典』では、「исправленый」という形で見出し語が立て
られているが、ここでは、その見出し語のみが存在し、対応する日本語は空
欄になっている。『新スラヴ日本語辞典』のロシア語見出しを日本語に訳す
際に、翻訳者が意味を理解できなかった、あるいは適当な訳語を見出せな
かったはずのロシア語が『簡単な報告Ⅱ』では文中で使用されたことになる。

（3）「чаянїе」（『簡単な報告Ⅱ』3頁15行目）

　この語は「希望、期待」を表し、『簡単な報告Ⅱ』では、直後の「живота」
と結びついて、「生きる望み」という意味で用いられていると考えられる。

　一方、『新スラヴ日本語辞典』にも同じ語形で見出しが立てられているが、
その日本語訳は「オモコト／思うこと」としか訳されていない。訳語として
まったく不適当というわけではないが、「чаянїе」の意味を正しく理解して

いれば、「希望、期待」という日本語が翻訳者の語彙になかったとしても、「望む」「頼む」などの語を用いた訳は可能だったはずである。現に、同辞書には「изволенïе（希望）」に対して「нозомкотъ（ノゾムコト／望むこと）」、また「умоленïе（切願）」に対して「таномкотъ（タノムコト／頼むこと）」という訳がなされており、翻訳者の語彙の中に「望む」「頼む」という日本語が備わっていたことは明らかである。『新スラヴ日本語辞典』の翻訳者は「чаянïе」というロシア語の意味を正確には理解していなかったと考えるのが自然ではなかろうか。

（4）「все」（『簡単な報告Ⅱ』6頁13行目）

　「все」は「すべての」という意味で、『簡単な報告Ⅱ』でもゴンザたちの船の中のすべての物が持って行かれる場面で用いられている。

　一方、『新スラヴ日本語辞典』では、このロシア語に対する日本語訳は「ソシコ／其しこ」となっている。「其しこ」は薩隅方言において「それだけ」という限定的な意味であり、「все」とはまさに反対の意味を有する。ロシア語の意味を翻訳者が理解していればこのような訳にはならないのではなかろうか。なお、「все」は6頁18行目でも使用されている。

（5）「обычем」（『簡単な報告Ⅱ』12頁10行目）

　「慣習、ならわし」を意味するこのロシア語は、『簡単な報告Ⅱ』ではソウザの埋葬の場面で用いられている。

　ところが、『新スラヴ日本語辞典』の日本語訳では「ココロ／心」となっている。同じ単語でありながら、『簡単な報告Ⅱ』の文中で使用されている時と『新スラヴ日本語辞典』で訳されている時とでは、意味が大きく異なっていることになる。

　上記以外にも、『新スラヴ日本語辞典』の翻訳者が意味を正しく理解していたのか疑わしいにも関わらず、『簡単な報告Ⅱ』の文章中で使用されているロシア語に次のような語がある。本文中の語形で示す。括弧内は『簡単な報告Ⅱ』での使用箇所である。

　видомъ（1頁7行）、возимѣли（3頁27行）、возможность（11頁14行）、

20 第Ⅰ部 ゴンザ資料について

для（5頁13行、6頁17行、8頁21行、9頁9行、10頁34行、11頁7行、11頁20行、11頁31行）、жестокое（7頁7行）、здравїя（3頁11行）、искуство（2頁24行）、матерїями（1頁4行）、надежды（2頁10行）、нарочитое（12頁17行）、наставленїя（10頁1行）、превосходительству（9頁21行）、приключалнся（2頁3行）、приключенїй（2頁5行）、приключенїяхъ（9頁14行）、прилучилися（1頁標題）、продолжался（1頁15行）、случалися（2頁11行）、случаю（3頁9行）、смотреть（9頁12行）、способомъ（2頁30行）、учинены（8頁2行）、ѡсмотрѣли（4頁2行）

　これら以外にもおそらく存在すると思われるが、このような語の存在は、『簡単な報告Ⅱ』の本文を書いた人物と、『新スラヴ日本語辞典』のロシア語を翻訳した人物との語彙量に相当の差があったことを物語っている。そして、両書が同じ筆跡で記されていながらそのような差が見られるということは、『新スラヴ日本語辞典』のロシア語を翻訳した者とそれを筆録した者が別の人物であったということを示しているように思われる。そうすると、翻訳した人物はゴンザ以外にはあり得ないので、『新スラヴ日本語辞典』の筆録は、ゴンザ以外の別の者が担当したということになる。

3.4.『簡単な報告Ⅱ』の筆録者

　語彙量の分析からは、『簡単な報告Ⅱ』の筆録者は、『新スラヴ日本語辞典』の翻訳者、すなわちゴンザではなかった可能性が高いと思われるが、実は、これ以外にも、『簡単な報告Ⅱ』の筆録者をゴンザと考えるには不都合な点が存在する。箇条書きにして示す。

(1) ゴンザ資料では『友好会話手本集』『世界図絵』等の文形式の資料も、日本語の部分が逐語訳になっている。そのことと『簡単な報告Ⅱ』が自然なロシア語文で記されていることとは整合性を欠く。

(2) ゴンザたち自身のことを記している文において、主語が1人称ではなく、「日本人たち（4頁6行目の「японцы」など）」、「彼ら（8頁4行目の「онѣ」など）」という語で表現されている。つまり、第三者が客観的に描写したような記述になっているのである。

（3）11 歳（漂流当時）のゴンザの回想に基づいて記されたにしては、そこに記されている内容が詳細すぎる。ゴンザとソウザが漂着直後に出会った人物の名前やその役職、また彼らが途中で過ごした地名等が詳しく記されているが、まだロシアに漂着したばかりでロシア語も話せなかったと思われる 11 歳の少年にそのような理解と記憶が可能であろうか。同行者のソウザは年長者ではあったが、後々までロシア語の会話には難があったとされているため、固有名詞などの把握は不可能であったと考えられる。

　また、『簡単な報告Ⅱ』の識語を記したのは、その役割からしておそらくボグダーノフである可能性が高いと思われるが、そうだからと言って、語彙量の問題も含めて上記のような特徴が存在する以上は、その本文の筆跡と識語の筆跡が異なるからというだけで、直ちに本文の筆録者が二者択一的にゴンザに決定されるということにはならないであろう。

　もっとも、上記のような問題点については、上村忠昌（2014）が「おそらくボグダーノフは、走り書きの聴取メモをゴンザに清書させたのであろう」と述べているように、ボグダーノフによる下書きの存在を想定すれば一応説明はつく。しかし、下書きは現存せず、そもそも、なぜ日本人であるゴンザに清書をさせる必要があったのかが不可解である。仮に、下書きが存在したとしても、聴取メモレベルのものから清書文を作成するには、ゴンザにかなり高度なロシア語の文章作成能力が備わっていなければならないはずであるが、前述したように、語彙量から判断する限りは、『簡単な報告Ⅱ』の本文を作成するほどの能力を彼が持ち合わせていたとは考えにくい。そのメモがある程度完成されたもので、それを単純に清書するだけであったとしても、科学アカデミーに提出するような重要な報告書の清書をロシア語学習の途上にある異国の青年にわざわざ任せることがあるのだろうか[12]。

　また、もしボグダーノフの下書きに従ってゴンザが筆録したのであれば、『簡略日本文法』の場合と同様に、識語にそのことが示されていてもよさそうであるが、そこにはそのようなことは一言も記されていない。

　結局、『簡単な報告Ⅱ』の本文の筆録者は、ボグダーノフ以外のロシア人

22　第Ⅰ部　ゴンザ資料について

であり、その人物がゴンザたちからの聞き取りと、ロシア側の別の記録に基づいて作成したと考えるのが自然ではないかと思われる。

4．ゴンザ資料の筆跡

4．1．各資料の筆跡

　ゴンザ資料の本文の筆跡を、前節では仮に筆跡Aとしたが、これはあくまでも論が煩雑になるのを避けるためのものであり、実は適切な表示のしかたではなかった。というのは、ゴンザ資料のほとんどの筆跡は、これまで述べてきたように『簡単な報告Ⅱ』の本文の筆跡と同じ、すなわち筆跡Aと考えてよいものであるが、一部にそれとは異なる筆跡も見られ、その筆録には複数の人物が関わっていることが明らかだからである。『露日単語集』『日本語会話入門』『新スラヴ日本語辞典』『簡略日本文法』は、全編を通じて同じ筆跡（筆跡A）で書かれてある。途中、印象が異なる部分も見られるが、同一人物の筆致がやや雑になっただけだと判断してよいかと思われる。しかし、『友好会話手本集』と『世界図絵』については、明らかに異なる筆跡が複数箇所存在する[13]。

　まず、『友好会話手本集』（清書本）では、1ページ目から108頁の途中までは、他のゴンザ資料と同じ筆跡（筆跡A）であるが、108頁の「мисопонъ：како вос хошу возъ〜」の部分から最後の149頁までは、異なる筆跡で書かれてある。これは『簡略日本文法』の識語や『簡単な報告Ⅱ』の識語の筆跡とも異なり、また『簡単な報告Ⅰ』の筆跡とも異なるので、筆跡Dとしておく。また、この『友好会話手本集』には前述したように草稿本も存在するが、こちらは全編同じ筆跡（筆跡A）のようである。途中（通し番号316あたり）から、多少筆跡が異なるようにも見えるが、同じ筆録者による丁寧さの違いと判断すべきものとも思われるので、ここでは一応、全編、筆跡Aと見ておくことにする。

　続いて、『世界図絵』であるが、この筆跡状況はかなり複雑である。まず、冒頭の目次こそロシア語と日本語の部分が同じ筆跡で記されているが、序文

〈表〉『世界図絵』の筆跡変更

	ロシア語本文	本文の日本語訳	ロシア語単語	単語の日本語訳
p6〜p144	B	A	B	A
p145〜p155 途中	B	A	A	A
p155 途中〜p193 途中	A	A	A	A
p193 途中〜p193 途中	A	A	A	D
p193 途中〜p195 途中	A	A	A	A
p195 途中〜p196	A	A	A	D
p197〜p205	A	A	A	A
p206〜p207	A	A	D	A
p208〜p239	A	A	A	A

そして第1章からはロシア語の部分と日本語訳の部分の筆跡が異なっている。本資料は、1頁の中に、「ロシア語本文」「本文の日本語訳」「本文中のロシア語単語」「単語の日本語訳」が左から順に配置されているが、そのうち「ロシア語本文」と「本文中のロシア語単語」は同じ筆跡で記されており、「本文の日本語訳」「単語の日本語訳」がまた同じ筆跡で記されているのである。そしてそのうち、前者の筆跡は前述した筆跡B、すなわち『簡略日本文法』の識語、『簡単な報告Ⅱ』の識語の筆跡と酷似しており、後者は筆跡Aと同じものである。ただし、この形式は途中で変更され、第100章の途中（145頁）からは「本文中のロシア語単語」も筆跡Aとなり、途中でまた細かい変更を経て、最終的にはすべて筆跡Aで終了している。また、途中には、『友好会話手本集』（清書本）に現れた筆跡Dと酷似したものも見られる。第1章（6頁）以降のこれらの変更を一覧表にしてまとめると上の〈表〉のようになる。表中のA、B、Dは該当箇所それぞれの筆跡を前述の仮称に従って示したものである。

　一見して、筆跡Aを中心としつつも、途中で変則的に筆跡が替わっていることがわかる。そして、注目すべきは「単語の日本語訳」の途中で筆跡Dが現れ、さらに「ロシア語単語」にも2頁分だけとはいえ同じ筆跡が見られ

24　第Ⅰ部　ゴンザ資料について

ることである。これらは何を意味するのであろうか。従来の説に従うならば、筆跡 A はゴンザ、筆跡 B がボグダーノフの手によるものということになるが、そうだとすると、この筆跡 D の存在は、「日本語訳」の筆録者が必ずしもゴンザである必要がなかったということを物語っている。そして、ロシア語の部分も B だけでなく、途中から A に替わり、さらには単語部分には D まで登場している。このことも筆録に関して役割の明確な必然性がなかったことを示しているように思われる。

　それぞれの項目の執筆順序は、単語の配置や文字の偏り、筆致などから判断すると、上村忠昌（2006）が推察するように、6 頁から 144 頁までは、まず「ロシア語の本文」、続いて「本文のロシア語単語」が一気に記され、その後で「本文の日本語訳」「単語の日本語訳」が記されたものと思われる。このことから、おそらく「ロシア語の本文」は、本書作成に関して先導的な立場にある人物が執筆し、その後、作業が軌道に乗ってから別の人物に託されたのではないかと考えられる。つまり、筆跡 B は先導的な立場の人物によって、筆跡 A は従属的な立場の人物によってそれぞれ筆録されたと考えられるが、その点からは、筆跡 A がゴンザ、筆跡 B はボグダーノフの手によるものという説は、この点において好都合である。しかし、そのように考えた場合、かえって次のような不可解な点が生じる。次節で詳しく述べる。

4.2. ゴンザ筆録説の問題点

　ゴンザ資料全資料の筆跡は、前述のような状況であるが、本資料の筆録者がゴンザであるという従来の説はこのような状況を矛盾なく説明できるのであろうか。本資料には複数の筆跡が認められることは明らかなので、正確には本資料というより筆跡 A がゴンザの手によるものという説になるが、その説に従った場合、次のような問題点が浮かび上がってくる。

（1）ゴンザに『世界図絵』の「ロシア語の本文」を筆録することができたのであろうか。『世界図絵』は、チェコの著名な教育思想家コメニウスが著した世界初の絵入り教科書『Orbis Sensualium Pictus』のラテン語を直接訳したものであることが明らかになっている[14]。ゴンザが筆録者

Aであったとすれば、本資料の155頁以降は、ゴンザが自らラテン語をロシア語に翻訳して本文を作成したことになる。前節で述べたようにゴンザのロシア語の語彙量は高度な文章を作成するほどのものではないと思われる。そのようなロシア語でさえまだ十分でなかったはずの異国の青年にラテン語をロシア語に翻訳することができたであろうか。もし、本資料に下書きが存在し、事前にボグダーノフがラテン語からロシア語に翻訳していたということであれば、そのようなこともあり得るかもしれないが、それならば、途中から筆跡がBからAに変更していることが不可解である。本資料には今でこそ所在不明だが、もともとは清書本が存在したと考えられ、現存する本資料こそが草稿本であった可能性が高い[15]。本資料には修正箇所が多数見られることからもその可能性は高いと思われる。そうすると、本資料の筆録段階においてゴンザが直接ラテン語をロシア語に翻訳したことになると思われるが、はたしてそのようなことが可能であったのだろうか。

(2) 『友好会話手本集』は、草稿本の段階でロシア語の部分と日本語訳の部分が同じ筆跡（筆跡A）で記されているが、筆跡Aがゴンザの手によるものであったとすれば、彼が最初からロシア語の本文のテキストを創作したことになる。そのようなことが可能であったのだろうか。やはり、ゴンザの創作というよりは本資料も『世界図絵』のように原典があったと考えた方が自然だと思われるが、たとえ、そうであったとしてもロシアでそのような原典となる資料が発見されていないため、ロシア以外の国の書物をもとにした可能性もある。そうすると、『世界図絵』の場合と同じくロシア語以前の翻訳の問題が生じる。

(3) 『新スラヴ日本語辞典』は、F. ポリカルポフの『スラヴ・ギリシア・ラテン三ヵ国語辞典』の教会スラヴ語、ロシア語を土台とし、それに当時のロシア語を加え、さらに日本語訳を付けたものである[16]が、本資料には草稿本が存在せず、また、ロシア語の部分と日本語の部分の筆跡（筆跡A）が共通しているので、筆跡Aがゴンザの手によるものであったとすれば、彼がその見出し語の編集にも関わった可能性が高くなる。

26   第Ⅰ部　ゴンザ資料について

現存する本資料は、多少の下書きメモはあったにせよ、基本的にはおそらく直接的に作成されたものであろう。もし、ある程度、形式の整った草稿本が存在したのであれば、『友好会話手本集』等と同様に現在まで伝えられているはずであり、歴史上のどこかでそれに関する何らかの記述があるはずだからである。また、ボグダーノフが口頭で指示し、ゴンザがそれを筆録したという可能性もあるが、それならばボグダーノフ自身が自分で編集して筆録した方が正確で効率もよいはずである。当時のロシア語だけでなく純粋な教会スラヴ語が全体の約 40% を占めていると言われる[17]本資料の見出し語を、いくらボグダーノフの指導があったとはいえ、ゴンザが編集したとは考えにくいのではなかろうか。

(4) 『簡略日本文法』は、日本語の文法をロシア語の文法体系に合わせて記述したものであるが、当時のロシアでは、まだロシア語文法が確立していない。本資料にも草稿本は存在しないので、筆跡 A がゴンザの手によるものであったとすれば、1757 年にロシア初の文法書を作成した有名なロモノーソフより 20 年も前に、ゴンザはロシア語の文法体系に則った日本語の文法書を作成したことになる。ラテン語の文法書がボグダーノフから与えられて、それを参考にした可能性は十分に考えられるが、それでもラテン語の翻訳の問題が生じると思われる。

(5) 『世界図絵』の筆跡は前節で述べたように決して一定ではない。また、『友好会話手本集』（清書本）も途中から筆跡が異なっている。このような複数の筆跡の存在は、各資料を筆録するのが、日本人ゴンザでなければならなかったという必然性を否定する。そして筆跡が 2 種類でないということは、ゴンザとボグダーノフ以外の人物も当然、筆録者の候補として浮上してくることを意味する。

5．おわりに

本章では、ゴンザ資料の筆録者を、通説通りゴンザ自身だと考えるには不可解な点が多数見られることを指摘した。それらを簡単にまとめると次のよ

第 1 章　ゴンザ資料の筆録者　　27

うになる。

〈1〉　ゴンザの筆録を示す識語が存在する一方で、ボグダーノフの筆録を示
　　　すような識語も存在する。

〈2〉　（先行研究で指摘されているように）不自然な日本語訳が多く見られる
　　　一方で、その表記が非常に精密である。

〈3〉　ゴンザ資料と同じ筆録者によって書かれたと見られる『簡単な報告
　　　Ⅱ』は、その語彙量や記述形式、文体、内容等から判断して、ゴンザに
　　　よって書かれたとは考えにくい。

〈4〉　ロシア語の本文、または見出し語の難易度を考慮すれば、まだロシア
　　　語の学習途上にあったゴンザにそれらの編集、執筆が可能であったとは
　　　考えにくい。

〈5〉　資料全体を通して複数の筆跡が観察され、日本語訳の部分でも少なく
　　　とも 2 種類の筆跡が認められるため、ゴンザが筆録者である必然性が存
　　　在しない。

　では、筆跡 A は、ゴンザではなく、いったい誰の手によるものなのかと
いうことになるが、これまで述べてきた不可解な点をすべて払拭して合理的
な説明が可能になるのは、筆録者を、ゴンザでもなく、ボグダーノフでもな
い第三者のロシア人と想定する以外にないのではないかと考える。筆跡 B
は、その筆跡の分布状況、各種資料の識語の内容、またペトロワ（1965）の
報告[18]から判断して、ボグダーノフの手によるものと考えて間違いあるま
い。

　おそらく、ボグダーノフの身近にいた秘書あるいは教え子のような存在の
ロシア人が、ボグダーノフの指示に従って各種ゴンザ資料のロシア語本文や
見出し語を原典から翻訳したり、選出したりして筆録し、同じくボグダーノ
フの指示に従ってそれらのロシア語を日本語に訳したゴンザの言葉を聞き取
り、書き留めたのではなかろうか。その人物が筆跡 A の書き手であり、筆
跡 D も同じような立場でボグダーノフを補佐していた人物による筆跡では
ないかと考えられる。また、筆跡 C は、『簡単な報告Ⅰ』が、その内容から
判断して、ゴンザたちがサンクトペテルブルグに到着して間もない頃、すな

28　第Ⅰ部　ゴンザ資料について

わちボグダーノフの監督下にない頃に作成されたものだと考えられるので[19]、科学アカデミーの書記官か誰かであろうと推察する。

　各資料に見られるロシア語の綴りのいくつかの誤記が、ボグダーノフの筆録でないことの根拠、また、ゴンザが筆録したことの根拠に挙げられることもある[20]が、ロシア語を執筆したのがボグダーノフ以外のロシア人であれば、誤記の可能性も多少高くなるのではなかろうか。筆跡から判断して、本資料の筆録には二人以外の人物も関わっていたことが明らかであるため、このようなゴンザかボグダーノフかという二者択一的な判断は危険であろう。

　また、3.2で触れたようにロシアではゴンザのロシア語能力が高く評価されているが、そのような高い評価こそがかえって、本資料の筆録者がロシア人であったという解釈を補強するように思われる。

　最後に、冒頭で挙げた『簡略日本文法』の識語について考えてみる。本章の結論は、この識語の内容と矛盾することになるからである。とはいえ、『簡略日本文法』の識語と、『新スラヴ日本語辞典』『簡単な報告Ⅱ』の識語では、本文が同じ筆跡であるにも関わらず、前者はゴンザの筆録を語り、後者はボグダーノフの筆録を語るという明らかな矛盾をきたしているので、識語それぞれの内容に真実性を期待すること自体が無理なのかもしれない。しかし、ボグダーノがなぜ「アンドレイ・ボグダーノフのロシア語教育と監督の下、日本人によって書かれた。」との識語を残したのかは考える必要があろう。これは憶測に過ぎないが、そこには当時のボグダーノフが置かれていた立場が影響しているものと思われる。ボグダーノフは、ゴンザ資料の作成当時、帝室科学アカデミーの職員として務めてはいたが、待遇面では決して恵まれていなかったと言われている[21]。漂流民ゴンザの件に関して彼が元老院から与えられていた仕事は、「監督」と「教育」であった。そのことをよく示す『帝室科学アカデミー歴史資料3』の126（1736年6月25日付け）の記述を引用しよう[22]。

　　～元老院令と公文書の効力に従い、以下のことを命ずる。日本人たちと彼らに付けられた兵士の子供たちは給養のためアンドレイ・ボグダーノフに引き渡される。ボグダーノフは自分の下で彼らを養育し、日本人た

ちにはロシア語の読み書きを、上述の兵士の子供たちは日本語を学習す
るが、その際日本人たちはロシア語の読み書きを、兵士の子供たちは日
本語を熱心に勤勉に学ぶよう監督しなければならない。学習のためにロ
シア語とその他の言語の書籍が必要であれば、それに関してはボグダー
ノフがアカデミー事務局に上申書を提出すること。厚かましい言動、余
分な娯楽、わがままは許してはならず、彼らを畏怖させておくこと。
（以下略）

　ボグダーノフが、帝室科学アカデミーに最も誇示したかったことは、日本
人たちの監督と彼らへのロシア語教育が成功していること、すなわち、与え
られた職務を彼が忠実に果たしていることだったのではなかろうか。

注

1)　コブレンツ（1958）によると「これらの教科書（ゴンザ資料—筆者注）をボ
　グダーノフのものだとする最初の記述は、N・I・ノヴィコフの事典の中に見
　られる。（中略）この見解は18、19、20世紀の大多数の百科事典や伝記事典に
　引き継がれた」とのことである。なお、翻訳文は輿水則子（2013）に拠った。
2)　バルトリド（1911）については外務省調査部（1937）、ベルグ（1924）につ
　いては小場有米（1942）、ドストエフスキー（1930）については網屋喜行
　（1998）の翻訳文にそれぞれ拠った。
3)　ペトロワ（1965）、アルパートフ（1988）、ボンダレンコ（1999）参照。村山
　七郎（1965、1971）も同様の見方をしている。一方、ゲオルギエフ（1969）や
　クリコワ（1979）は、アンドレイ・ボグダーノフとゴンザの共著としつつも、
　筆録者については明言していない。なお、ペトロワ（1965）は江上修代
　（1997）、アルパートフ（1988）は下瀬川慧子・山下万里子・堤正典（1992）、
　クリコワ（1979）は長沼庄司・江上修代（1997）の翻訳にそれぞれ拠った。
4)　『露日単語集』『日本語会話入門』は前述のように一冊に合綴されたものが二
　種、存在するが、識語は、そのうちの『B269』の巻頭に記されている。
5)　ゴンザよりも前にサンクトペテルブルグに滞在していた漂流民は既に亡く
　なっており、また、ゴンザとともに漂着したソウザも、1736年9月に亡く
　なっているので、『簡略日本文法』が作成された1738年の時点では日本人はゴ
　ンザしか当地に存在しなかった。
6)　本書の筆者は、駒走昭二（1995）において、ゴンザが11歳で日本を離れた

30 第Ⅰ部 ゴンザ資料について

ために日本語の語彙量に限界があったこと、また、ロシアで初めて書記法を獲
得したのであれば精密な音声表記もなし得た可能性があること等を理由に、②
の見解への支持を保留した。また、江口泰生 (2006) は、「原拠とこれを訳し
たロシア語とのずれ、このロシア語と更にこれを訳した日本語とのずれ、日本
人 informant の語彙力の問題、こうした問題を含んだ日本語訳への我々の主観
的評価、などが関わる以上、日本語訳から音写者（本書における筆録者と同義。
―筆者注）を推定する方法は、あくまで想像の域を脱しえないのではないか」
としている。

7) 元ロシア科学アカデミー研究員ゴレグリヤード氏より複写物をご恵与いただ
いた。記して感謝申し上げる。

8) 種子田幸廣氏、上村忠昌氏より複写物をご恵与いただいた。両氏に感謝申し
上げる。

9) 上村忠昌 (2014) によると、ゴンザ研究会では、詳細な筆跡鑑定の結果、
『簡単な報告Ⅱ』の本文の筆跡がゴンザの手になるものだという判定に至った
とのことである。ゴンザの手になるものかどうかはともかく、その筆跡がゴン
ザ資料の筆跡と一致するという判断は本書の筆者の見解と一致する。

10) 『新スラヴ日本語辞典』の日本語訳には、ロシア語の見出し語と意味的に対
応していない例や、異なる見出し語に同一の訳語が当てられている例などが存
在するが、それでも 11,580 のロシア語見出しと、その訳出に用いられた
2,835 語（異なり語数）の日本語が記載されており、当時のロシア語の単語と
ゴンザの語彙量を知るには有益な資料である。本書第Ⅳ部第 1 章、第 2 章参照。

11) ゴンザ資料の日本語訳は、すべてキリル文字で記されているが、ここでは
便宜上、「キリル文字の片仮名転写／漢字仮名交じり表記」の形式で示すこと
にする。

12) 文章作成能力を養うには、日常の言語生活だけでなく、ある程度体系化さ
れた教育が必要だと考えられるが、ペトロワ (1965) によると、ゴンザがロシ
ア語を教育機関で学び始めたのは 1735 年だったとのことである。ゴンザ資料
を作成し始めるおよそ 1 年前、そして『簡単な報告Ⅱ』が作成された年の 2 年
前のことである。

13) 筆跡の途中変更に関しては、江口泰生・米重文樹 (1998)、上村忠昌
(2006) にも指摘がある。

14) ペトロワ (1965)、江上修代 (1997) 参照。

15) ペトロワ (1965) には、本資料が 2 部存在することが明記されており、分
類番号まで記載されている。本書の筆者が 2015 年 9 月にロシア科学アカデ
ミー東洋学研究所を訪問した際には、その所在を確認できなかった。また、ゴ

ンザ資料全体の分類番号も整理し直されており、その存在自体が認識できない状態になっていた。

16)　村山七郎（1985）参照。

17)　ボンダレンコ（1999）参照。

18)　ペトロワ（1965）には、「ボグダーノフの肉筆は、我々がソ連邦科学アカデミーの古文書保管所にある彼のほかの筆跡や、イー・エヌ・コブレンツの論文の中で公表されているものとも照合して正確につきとめている」との報告がある。翻訳文は、江上修代（1997）に拠る。

19)　クリコワ（1979）にも、『簡単な報告Ⅰ』は「日本人自身による叙述を書き留めたものであるが、それはかなり早い段階になされたという結論に達する。この叙述は彼らの洗礼（1734 年 10 月）以前になされ、彼らの教師としての活動（1736 年）と結びつくような事実とは関係ないことが判る。」とある。翻訳文は、長沼庄司・江上修代（1997）に拠る。

20)　ボンダレンコ（1999）は、『新スラヴ日本語辞典』に見られる綴りの間違いを多数指摘し、これらの間違いを「外国人であるゴンザにはありえることですが、後に科学アカデミー図書館の古文書保管係兼副館長となったボグダーノフにはありえないことです」としている。

21)　コブレンツ（1958）には、ボグダーノフがアカデミーの役人たちから庶民出身の図書館「一般職員」として生涯軽視されていたこと、他の官吏や職員と比べて著しく薄給であったこと、給料の支払いが滞納されていたこと、彼が老後の暮らしに不安を抱いていたこと、彼の死後、妻が生前の夫の勤務に対して正当な評価とそれに見合う報酬を求めて嘆願書を提出したが却下されたこと等が紹介されている。輿水則子（2013）参照。

22)　翻訳文は江上修代（1997）に拠る。

引用文献

網屋喜行（1998）「ロシアにおける最初の日本人とペテルブルグ日本語学校〔論文「ロシアの太平洋への進出と日本との最初の接触」第 2 章から〕」（会報『ゴンザ』29）

江上修代（1997）「18 世紀前半のロシアにおける日本語」（会報『ゴンザ』20）

江口泰生・米重文樹（1998）『友好会話手本集』（鹿児島県立図書館）

江口泰生（2006）『ロシア資料による日本語研究』（和泉書院）

外務省調査部（1937）『ウェ・バルトリド著　欧州殊に露西亜における東洋研究史』

上村忠昌（2006）『漂流青年ゴンザの著作と言語に関する総合的研究』（私家版）

32　第Ⅰ部　ゴンザ資料について

上村忠昌（2014）『薩摩漂流船とゴンザ』（南日本新聞開発センター）

輿水則子（2013）「〈翻訳〉Ａ・Ｉ・ボグダーノフの出自：その生涯と仕事　Ｉ・Ｎ・コブレンツ」（『むうざ』28）

小場有米（1942）『カムチャッカ発見とベーリング探検』（龍吟社）

駒走昭二（1995）「ロシア資料と方言史研究」（『名古屋大学国語国文学』77）

迫野慶徳（1991）「『新スラヴ・日本語辞典』の「オ」の表記」（大友信一博士還暦記念論文集刊行会編『辞書・外国資料による日本語研究』和泉書院）

下瀬川慧子・山下万里子・堤正典（1992）『ロシア・ソビエトにおける日本語研究』（東海大学出版会）

田尻英三（1981）「18世紀前半の薩隅方言」（『鹿児島大学教育学部研究紀要 人文・社会科学篇』32）

長沼庄司・江上修代（1997）「ロシアにおける日本語研究の起源」（会報『ゴンザ』18）

村山七郎（1965）『漂流民の言語』（吉川弘文館）

村山七郎（1971）「新スラヴ・日本語辞典における18世紀初めの薩摩方言語彙」（『文学研究』68 九州大学文学部）

村山七郎（1985）『新スラヴ・日本語辞典 日本版』（ナウカ）

八杉貞利（1909）「十八世紀に於ける露西亜の東洋語研究」（『東洋時報』127）

アルパートフ（1988）Владимир Михайлович Алпатов, Изучение японского языка в России и СССР

クリコワ（1979）А. М. Кулкова, Начало изучения Японского языка в России, Народы Азии и Африки. 1971, No. 1

ゲオルギエフ（1969）「日本語を学ぶロシア人―18世紀のペテルブルグ日本語学校―」（『今日のソ連邦』ソ連邦大使館 日本語版）

コブレンツ（1958）И. Н. Кобленц, Андрей Иванович Богданов 1692-1766 Москва

ドストエフスキー（1930）M. Dostojewsky, Rußlands Vordringen zum Stillen Ozean und Seine ersteBerührung mit Japan. Japanisch-Deutsche Zeit schrift, Neue Folge 2. 1930, Hft. 4-6

バルトリド（1911）В. Бартольд, История изу чени я Востока в Европе и России, издание, 2-ое, Ленинград

ペトロワ（1965）О. П. Петрова, Японский язык в России в первой половине XVIII в. (по архивным материалам), Народы Азии и Африки. 1965、No. 1

ベルグ（1924）Lev Semenovich Berg, Otkrytie Kamchatki i ekspeditsii Beringa 1725-1742

ボンダレンコ（1999）「ゴンザのロシア語について」（会報『ゴンザ』30）

『帝室科学アカデミー歴史資料3』Матеріалы для исторі и императорской Академіи наукъ．томъ третій（1736-1738）Санктпетеръбургъ 1886

第2章　ゴンザの出身地

1．はじめに

　ゴンザの出身地が薩摩であることには疑いの余地がない。ロシア科学アカ
デミー東洋学研究所に残された二つの手稿、すなわち、前章で述べた『簡単
な報告Ⅰ』に「города называемого сацма（サツマと呼ばれる町）」に居住し
ていたことが記され、もう一つの『簡単な報告Ⅱ[1)]』でも、ゴンザの乗った
船が「ωт сацма города（薩摩から）」出航したと明記されているからである。
　しかし、さらに踏み込んで薩摩のどこなのかということになると、それを
明らかにできる資料がなく、決定的な出身地の解明には至っていない。廃仏
毀釈が徹底的に行われた薩摩においては、過去帳など、庶民の個人情報を記
した歴史資料がほとんど存在しないのである。その点、同じく18世紀のロ
シアへの漂流民で、その息子アンドレイ・タタリーノフが後に『レクシコ
ン』を作成することになる南部藩のサノスケの出身地が、過去帳や墓碑から
下北半島北西部に位置する佐井村であると特定できたのとは異なる[2)]。
　これまでも間接的な資料を分析し、さまざまな出身地が候補として挙げら
れてきたが、定説を得るには至っていないのが現状である。
　本章では、ゴンザの著作物や、当時の情勢などをもとに、一つの推論を展
開したいと思う。決定的な証拠の提示は不可能であろうが、前章の筆録者の
問題と同様に、まずは私見を明らかにしておくべき問題だと考える。

2．先行研究

　ゴンザの出身地に関して、薩摩内部の具体的な地名が挙がったのは、ゴン
ザ資料研究の嚆矢となった村山七郎（1965）の中での「鹿児島市」が最初で

あろう。ただ、その根拠は明らかにされておらず、その後の村山七郎（1985）においては、明言を避け、「ゴンザは薩摩の国 город Сацма の出身であるが、鹿児島の出身か又は他の町の出身かは、その薩摩方言の音声面、形態面の特徴や特殊な語彙を調査すれば決定されるであろう」としている。

　続いて、田尻英三（1987）は、ゴンザの言葉に見られる言語学的特徴のいくつかに注目し、出身地を特定しようとした。そこでは、まず「テ・デがチェ・ヂェに転化している」「一部の語においては、語中尾のタ・ダ行が有声化する」「セ・ゼにあたる音節は、シェ・ジェとしてあらわれる」などの特徴が採り上げられ、串木野市（現 いちき串木野市）周辺が候補に挙げられた。しかし、そうすると、その他の「形容詞はカ語尾・イ語尾併用」「語末にイ・ウ母音をもつ音節は無声化はしているが、現在の薩隅方言の特徴とされる「促音化」は見られない」「二重母音から変化したïがみられる」という特徴の説明ができないことから、結局は、「直接どの地域の出身であると特定することは出来ないと考えている」という結論に至っている。

　その後、ゴンザ研究会が中心となって、鹿児島県ほぼ全域の語彙調査が行われ[3]、出身地の絞り込み作業が行われたが、調査の困難さに加え、270年以上もの時代の推移が、その特定をなかなか許してくれないようである。

3. 特徴的な語から

　ゴンザ資料に記された語彙は、18世紀の薩隅方言を知る上で、非常に有益である。ロシア語の文章、単語に対して、ゴンザが自分の話し言葉を用いて日本語訳を行っているからである。しかも、表音文字であるキリル文字を用いて日本語が記されているため、仮名資料よりも、細かな形態の復元が可能である。そこで、まずは、彼の著作物に見られる特徴的な語に注目し、それをもとに、彼の出身地を推定してみたいと思う。

　現代薩隅方言の資料としては、『日本言語地図』を用いる。そこには、鹿児島県内の91地点での調査結果が記録されており、近世期における薩摩国に限定しても33の地点での調査結果が記されている。現代薩隅方言の資料

とはいえ、第 1 集の初版が 1966 年と、今から 50 年以上前のものであるが、当然、現在よりも古い薩隅方言を留めているはずであり、18 世紀前期薩隅方言の残存状況を探る上では、かえって都合がよい。ただ、注意しなければならないのは、それでも、『日本言語地図』に記されている言葉と、ゴンザが薩摩を離れた時点で話していた言葉とは約 240 年もの隔たりがあるということである。当然のことながら、時代の推移を考慮に入れなければならず、ゴンザの言葉が現在、どの地域に残っているかという分布を見るだけでは、判断を見誤りかねない。言葉の分布は時間の推移とともに変動するものだからである。したがって、ここでは各語形の分布を通時的にとらえる方言地理学的な考察が必要になってくる。

3.1.「кибисъ（キビス）」から

まずは、ゴンザ資料の中で、ロシア語「лодыжка（くるぶし）」の対訳として用いられている「кибисъ（キビス）」を検討してみる。この語は『日本言語地図』の第 128 図に記載されているが、便宜上、簡略化し、西日本のみを記したものを［地図 1］として示す（但し、ここでの考察に関連のない語形に関しては省略してある）。これを見ると、「KIBISU」は、宮崎県の一部と鹿児島県のいちき串木野地区にのみ見られることがわかる[4]。ここでは、やはり薩摩国に属していた、いちき串木野での存在が注目される[5]。他の語形については、以前の薩摩国（現在の鹿児島県の西半分）に限定して観察して見ると、北部に「ASINOKOBU」「MOMOBUSI」「KOBUSI」等がわずかに見られ、中南部では、広範囲に「MOMOZANE」が分布している。この点に関して、『日本言語地図』付録の『日本言語地図解説—各図の説明—』（以下『解説』）は次のように説く。

> MOMOBUSI が九州のみに発見されるのに対して、MOMOZANE は 2 か所の離れた地域を持っている。MOMOZANE とたとえば TORIKOBU-SI が混交して MOMOBUSI が生じたと考えることはできないであろうか。もしそうだとすれば、MOMOZANE は TORIKOBUSI などが西進してくる前の、西日本における古い表現かもしれないと言えることになる。

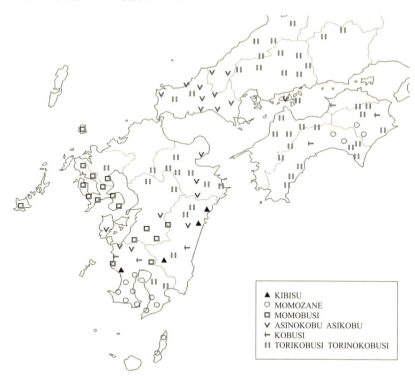

地図1 「くるぶし（踝）」

　ここでは、「MOMOZANE」が、西日本における古い表現であることが述べられているが、その根拠は、次の2点である。
　① 「MOMOZANE」が、九州以外の離れた地点（四国の南東部）にも分布していること。
　② 九州において、「MOMOZANE」のすぐ北部に隣接して分布する「MOMOBUSI」が、その形態上、「MOMOZANE」と「TORIKOBUSI」等の混交によって生じたと考えられること。
　「MOMOZANE」という語形を、このようにとらえると、薩摩国において、「くるぶし」を意味する語形としては、もともと、「MOMOZANE」が全体を覆っていたところへ、「KIBISU」「MOMOBUSI」「KOBUSI」「ASINOKOBU」

等が順に伝播、もしくは発生したと見るべきであろう。そして、そのように「くるぶし」の方言形の推移を考えたとき、18世紀前期に「KIBISU」が分布していたのは、少なくともいちき串木野地区よりも北であるということが言えるのではなかろうか。

3.2.「бобра（ボブラ）」から

次に、「тыква（かぼちゃ）」の対訳「бобра（ボブラ）」について。これは、『日本言語地図』の第180図に記載されているが、これを簡略化して示したものが［地図2］である。一見して、「BOBURA」は、九州の北西部に広く分布していることがわかる。また、鹿児島県内では、北西部の大口、薩摩川内、いちき串木野周辺と、南西部の枕崎地区に分布しており、その他の地域では、「KABOCYA」となっている。『解説』では、鹿児島県の「KABOCYA」類と「BOBURA」類の分布について、2つの解釈を示している。一つは、「KABOCYA」類と「BOBURA」類の併用地域での被調査者の注記等から判断して、「BOBURA」の方が古く、この表現が一時代前は県全体を覆っていたであろうという解釈。もう一つは、各地に「BOBURA」類が広まった後に、この作物を栽培ないし食するようになり、その時には、当初から「KABOCYA」類を採用した、すなわち鹿児島の中心部において「BOBURA」を用いていた時代はなかったという解釈である。

ここで注意しなければならない点がある。言葉の伝播と物の伝播の関連である。「かぼちゃ」という作物自体は、どのように広まっていったのであろうか。前述の「くるぶし」とは異なり、「かぼちゃ」はその存在自体が、日本においては比較的新しい。『草木六部耕種法 巻十七』には、次のようにある。

> 南瓜は最初東印度亜・東坡塞國に生じたる物也、故に又「かんぼちゃ」とも名く、此物の日本に渡たるは、西瓜の渡りたるより百年程以前、天文年西洋人始めて豊後の國に来舶し、國主大友宗麟に種々の物を獻じ、大友の許しを得て其後毎年来れり、（以下略）

要するに、「かぼちゃ」は、天文（1532〜1555）年間に、西洋人（おそらく

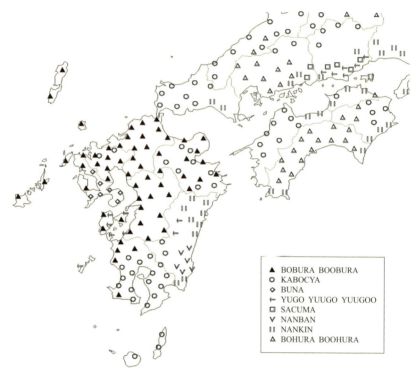

地図2 「かぼちゃ（南瓜）」

ポルトガル人）によって、まず豊後国にもたらされたことがわかる。そして、よく知られているように、その原産地が、東坡塞國すなわちカンボジアであると考えられたために、「ぼうぶら」とは別に、「かんぼちや」という別名がついたということである[6]。

しかし、一方で次のような記録も残されている。『大和本草 巻之五』の記述である。

　　　南瓜　本邦に来る事、慶長元和中なるべし。西瓜より早く来る。京都
　　　には延寳天和年中に初て種をうゝ。其前は無之。（以下略）

ここでは、慶長（1596～1615）元和（1615～1624）年間に日本に伝来して来たとなっている。ただ、その伝来地については不明である。この点、清水桂

一（1980）の記述が興味深い。

　　カボチャ【南瓜】長崎では天正（一五七三〜九二）ころからボウブラ（カボチャの外国名）を作り始めた。その種は、もと回紇（ウイグル）から渡ってきた。薩摩には元和年間（一六一五〜二四）にカンボジア（柬埔寨）からボウブラというウリが渡来し、寛永年間（一六二四〜四四）に世に広まった。

　残念ながら典拠が示されていないが、『大和本草 巻之五』の記述と一致することから、元和年間に南瓜が伝来してきた地は薩摩であったと考えられそうである。

　再び、言葉の伝播に戻ろう。筆者は、上記のような「かぼちゃ」という作物自体の伝播を踏まえて、次のように推測する。この作物は、まず西洋人によって、大分（豊後国）あるいは長崎に「BOBURA」（『解説』によると、ボーブラという語は、ポルトガル語の abobura に由来するということである）として伝わり、続いて鹿児島にカンボジアからもたらされ、その作物を原産地名から、「KABOCYA」と呼び始め、さらにその呼び方が物とともに拡張し始めたのではないだろうか。つまり、大分あるいは長崎を発信源として九州北部から、作物と同時に「BOBURA」という語が拡張していったが、南端の鹿児島まで席巻する前に、鹿児島にこの作物が伝来し[7]、そこを発信源とした「KABOCYA」という語が縄張りを拡張し始め、鹿児島北西部で衝突したという解釈である。鹿児島を発信源とする「KABOCYA」は、その後、「BOBURA」の縄張りである九州北部を飛び越えて、或いは、「BOBURA」と併用されながら、全国へと広まり、既に「BOBURA」が伝わっていた地域をも侵食し始めたのではなかろうか。岡山南部に分布する「SACUMA」類や「YUUGO」類は、その傍証となるかもしれない。沢木幹栄（1979）は、これらの語形について「この二つの語形はサツマユーガオから生じた片割れ同士であろうと推論できる」としている。物の名前が、伝播してきた土地の名前から付けられることはよくある。岡山南部でのこれらの語形は、「かぼちゃ」という作物が薩摩から伝播してきたことを意味するのであろう。

　上記のような推察が許されるならば、『解説』の二つ目の解釈と同様に、

42   第Ⅰ部　ゴンザ資料について

現在、「KABOCYA」類が分布している地域に、「BOBURA」類が分布していた時代はなかったことになる。ということは、薩摩国の中で 18 世紀前期に「BOBURA」が分布していたのは、現在の分布と同様に、北西部に位置する、大口、薩摩川内、いちき串木野周辺と、南西部に位置する枕崎周辺ということになる。

3.3.「ɸe（フェ）」から

　続いて、「мyxa（蠅）」の対訳「ɸe（フェ）」について。『日本言語地図』の第 232 図である。これまでと同様、簡略化したものを［地図 3］として示す。この地図の解釈には、やや注意を要する。というのは、一見、北西部と鹿児島湾岸を除く、鹿児島県のほぼ全域に「HEE［he:］」が分布しており、あたかもゴンザ資料中の「ɸe（フェ）」が子音変化を起こしただけの語形が広く残存しているかのように見えるからである。しかし、長音は短く発音されるという現代薩隅方言の特徴から判断して、18 世紀において短音だった語が、現代では長音として発音されるということは、やや考えにくい。現在、「HEE［he:］」と伸ばして発音する地域では、18 世紀においても、同様に「HEE［he:］」と伸ばして発音していたのではなかろうか。宮崎県の一部にはゴンザ資料の「ɸe（フェ）」と全く同形と思われる「HWE」が分布しているが、ここは旧薩摩国に含まれないので、無視して問題あるまい。ここでは、短音という点から、「HE」に注目したい。子音が両唇音でないという点で、ゴンザ資料の場合とは異なるが、周知の通り、日本語音韻史上、ハ行子音の［Φ］音が、［h］音へ変化することは、十分にあり得ることである[8]。

　これらから、18 世紀前期に「ɸe（フェ）」が分布していたのは、『日本言語地図』で「HEE［he:］」が分布している地域ではなく、「HE」が分布している地域であった可能性の方が高いように思われる。そこで、この「HE」が分布している地域を旧薩摩国の中で探してみると、薩摩川内市周辺と鹿児島市ということになる。

　ここまで、ゴンザ資料の中から三つの語を選出し、その語形と『日本言語

第 2 章　ゴンザの出身地　43

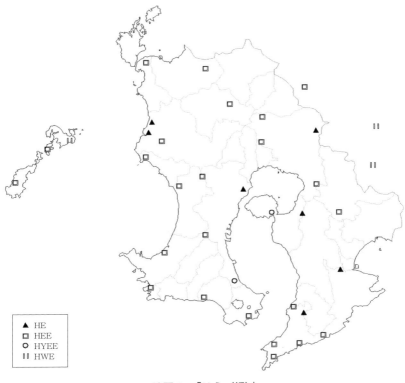

地図 3　「はえ（蠅）」

『地図』の分布を照合しながら検討してきた。他の単語についても詳しい考察が必要であるが、標準語形と大きく異なる語で、現代でも残っている、あるいは『日本言語地図』に記載されているもの、そして、旧薩摩国内で多様性のあるものとなると、それらの条件を満たす語がなかなか存在しない。しかし、ここで挙げた 3 例は、ゴンザの方言を考える上で、有力な手がかりとなるのではなかろうか。そして、ここまでの検討に基づいて、一応の結論を出すならば、ゴンザの方言は、現在の薩摩川内市周辺の言葉であったと考えれば、最も無理がないということになる。

44   第Ⅰ部　ゴンザ資料について

4．18世紀の薩摩の情勢から

　次に、当時の薩摩の情勢から、ゴンザの出身地を探ってみようと思う。

　前述の『簡単な報告Ⅰ』によると、ゴンザたちは、「мацдере осиманокамъ（マツデレ オスィマノカム）」すなわち松平大隅守の命を受け、大坂に住む領主奉公人たちに生活用の米などを届けるために出航したということである。つまり、彼らの航海の目的は私的なものではなく、藩命を受けた公の仕事としての貨物輸送だったわけである。そこで、当時の薩摩藩における海上交通について見てみることにする[9]。

　『旧記雑録追録 巻三十五』に、参勤交替に関する次のような文書が収載されている。

　　　覚

　　西目道程

　　一　薩州鹿児嶋城下乗舩場より同國之内舩場京泊迄、海上道程五拾七里、

　　一　京泊より肥前國平戸迄、海上七拾一里餘、

　　一　平戸より豊前國小倉迄、海上五拾五里、

　　一　小倉より大坂迄、海上百三十五里、

　　一　大坂より御當地迄、陸路百三十里、

　　　海陸道程合

　　　四百四拾八里餘

　　東目道程

　　一　薩州京泊より日州細嶋迄、海上百貳拾四里、

　　一　細嶋より豊州鶴崎迄、海上五拾二里、

　　一　鶴崎より大坂迄、海上百廿八里、

　　一　大坂より御當地迄、陸路百三十里、

　　　海陸道程合

　　　四百三拾四里

これは、宝永2年（1705）正月の文書なので、ゴンザたちの出航よりも24

年ほど前のものであるが、当時の薩摩藩が利用した交通手段を知るには十分であろう。この記述から、城下鹿児嶋から大坂・江戸へ向かう手段としては二つの道程があったことがわかる。その二つの道程のうちでは、そこに記されている数字が示すように東目道程の方がやや距離が短いのであるが、この文書の直後には、東目の途中にある野間崎、佐多之御崎、都井の御崎が浪の荒い難所であったことも記されている。つまり、距離は長いが安全な西目道程（但し、こちらの道程も秋から春にかけては西北からの強い風のために不自由であったと、直前の文書に記されている）と、距離は短いが危険の伴う東目道程という選択肢があったことがわかる。

　さて、ゴンザたちが利用した道程は、どのようなものであったのであろうか。参勤交替の行程でないとはいえ、藩の御用で大坂に向かうのであるから、上記の道程と同様に考えてよいであろう。では、上記二つの道程のうち、どちらの可能性が高いのであろうか。ここで思い出されるのが、前述の『簡単な報告Ⅱ』に記されているゴンザたちの船の名前「фаяикьмар（ファヤイキマル）」である[10]。村山七郎（1965）は、これを「速・行・丸」であると推定しているが、その蓋然性は高いと思われる。『簡単な報告Ⅰ』では、ゴンザたちの乗っていた船の名は「вакашивамар（ワカシワマル）」となっているので、おそらく、こちらが正式な船名（村山の推定によれば若潮丸）であり、「фаяикьмар（ファヤイキマル）」の方は、通称なのであろう。漂流の原因が、「速行丸」すなわち最短距離の航路を行く船にあったと考えるゴンザの無念が、ボグダーノフの質問に対してこのような回答となって現れたのかもしれない。そのように考えると東目道程を辿ったのではないかと思われるが、やはり想像の域を出ない。ただ、それでも、上記の文書から、次のことは明らかに言える。それは、西目道程、東目道程のいずれを取るにせよ、薩摩国を出るときには、必ず京泊を起点にしているということである。京泊は、現在の薩摩川内市にあり、古くから商港としてにぎわった港である。物資の運搬に重要な役割を果たした川内川の河口にある。中国との貿易港としても栄え、同じ河口の対岸には、藩の軍港として栄えた久見崎もあった。そして、ここのやや上流には、参勤交代の時の宿泊地となっていた御仮屋があり、その周

46   第Ⅰ部　ゴンザ資料について

辺には、上納米などの物資を保管する蔵が建ち並んでいた[11]。状況証拠だけとはいえ、藩の命を受けて、多くの荷物を積み、当然それなりの積載能力を備え、大坂へ向かったゴンザの船が、この川内川河口の町から出航した可能性は高いと言えるのではなかろうか。そして、『簡単な報告Ⅱ』によれば、ゴンザは、当時 11 歳という年少であったにも関わらず、船の舵手であった父親に連れられて乗船している。住居も出港地の近くにあったと考えるのが自然であろう。

　因みに、文化 9 年（1812）には、藩米を運ぶために川内川河口の船間島から江戸に向かっていた永寿丸が、途中で遭難し、ロシアに漂着したとの記録がある[12]。状況が似ているだけに興味深い。

5．『簡単な報告Ⅱ』再読

　以上のような根拠により、ゴンザの出港地ならびに出身地は、現在の薩摩川内市辺りではなかったかと推察するが、そのように考えると、『簡単な報告Ⅱ』の記述も、今までとは異なる見方ができる。そこには、冒頭に示したように、ゴンザが薩摩から（ωт сацма города）、大坂（озака）へ向かったとある。これまで、この「сацма города」は、薩摩国のことを指すものだと考えられてきた。しかし、そうだとすると、目的地の方が摂津の国ではなく、大坂という都市の名前が挙げられていることと釣り合いがとれない。大坂の知名度を考えれば気に留めることではないのかもしれないが、再考の余地はありそうである。村山七郎（1965）が述べる[13]ように、この「город」というロシア語を、ゴンザが各資料において、「кунь」（クニ）と訳しているのも事実であるが、『簡単な報告Ⅱ』は、前章で述べたように第三者のロシア人が記したものである可能性が高く、あるいはそうでなくて文末の識語に素直に従ったとしても、ゴンザではなく、ロシア人のアンドレイ・ボグダーノフが記したものということになり、いずれにしても、ゴンザが、この「город」というロシア語の意味をどのように認識していたのかということは、直接的には関係がない。「город」というロシア語には、国という意味はなく、町、

第2章　ゴンザの出身地　47

都会という意味しかない。それでは、近世期において、「薩摩」という「国」ではなく、「町」が存在したのかというと、現在でも存在する「薩摩郡」という地方がある。この薩摩郡の地名は、古くから存在し、平安初期の『日本後紀　巻十二』（桓武天皇　延暦廿三年）の記録に早くも登場する。

　　庚子。太宰府言。大隅國桑原郡蒲生驛與薩摩國薩摩郡田尻驛。相去遙遠。
　　（以下略）

　近世においても、「薩摩十四郡」の中の一つとして存在していることが、元禄四年版『日本海山潮陸圖』などで確認できる。そして、この薩摩郡こそ、まさに今の薩摩川内市界隈なのである。当時、川内川河口の北側は高城郡で、河口南側と川内川の中上流域が薩摩郡であった。ゴンザたちが出航したと思われる港、京泊自体は高城郡に位置するが、面積は高城郡より薩摩郡の方がかなり広く、当時の繁栄状態から判断しても、ゴンザの住居が薩摩郡にあった可能性は高いと思われる。そのように想像を逞しくすると、『簡単な報告Ⅱ』に記された「сацма города」とは、「薩摩国」のことではなく、「薩摩郡」のことであった可能性も出てくる。年少のゴンザが、ボグダーノフから出身地を尋ねられたとき、広い見地には立たず、身近な地元名を答えたということは考えられるのではあるまいか。

　ここで、もう一点、思い出されることがある。前述の『簡単な報告Ⅰ』の中に登場する、日本の地名に関する江口泰生（2006）の指摘である。『簡単な報告Ⅰ』には、「日本国家には都の他、66の都会があり、それは大体次のように呼ばれる」とあり、「штакава（白川）」「нара（奈良）」など31の地名が挙げられているが、漢字ではなく、キリル文字で記されているため、地点の同定が困難なものがいくつかある。その一つに「чуго（チュゴ）」という地名があるが、この地名に関して、江口泰生（2006）は、長音短呼という当時の薩隅方言の特徴も考慮に入れながら、「薩摩川内市中郷」ではないかとしている。挙げられている他の地名が「日向」「豊後」など藩名であるのに対して、局地的すぎるのが難点であるが、他にも「平戸」「松島」など藩名以外の地名が挙がっているのも事実である。そして、他と比べてやや異質な点について、江口はむしろ、「この「中郷」は極めて局所的であり、注目さ

48   第Ⅰ部　ゴンザ資料について

れる」とし、だからこそ「（ゴンザの）出身地の可能性もあると思う」と推
測する。これもゴンザの年齢を考えれば、あり得る推測である。「中郷」と
は、川内川中下流域にあり、近世期には、薩摩郡に属していた地域である。

6．おわりに

　以上、ゴンザが残した語彙や、当時の情勢、『簡単な報告Ⅰ』ならびに
『簡単な報告Ⅱ』の記述から、ゴンザの出身地を探ってみた。ここでは、一
応、現在の薩摩川内市の辺りではなかったかという結論に至ったが、あくま
でも状況証拠に頼ったものであり、冒頭に述べたように、決定的な証拠を提
示することが不可能である状況にかわりはない。しかし、ここで敢えて大胆
に推定を行ったのは、一つの可能性として、議論の材料になればと考えたか
らである。今後とも、語彙分野をはじめとして、多方面からの推察を行いた
い。

注

1)　後にゴンザたちの存在を世に広く知らしめることになったクラシェニンニコ
　フの『カムチャトカ地誌』は、この『簡単な報告Ⅱ』を参考にして記されてい
　る。村山七郎（1965）25 頁参照。

2)　村山七郎（1965）211〜212 頁参照。『レクシコン』は、1782 年にロシア科学
　アカデミーに提出された、ロシア語と日本語の対訳資料である。著者は、日本
　からの漂流民サノスケ（ロシア名：イワン・タタリーノフ）の息子、アンドレ
　イ・タタリーノフである。

3)　ゴンザ研究会（当時の名称はゴンザファンクラブ）が中心となって、1999
　年 12 月から 2000 年 3 月にかけて実施。ゴンザ資料に記されている語のうち、
　300 語を選出し、各地での現存状況を調査。県下 75 地域からの回答を得てい
　る。調査結果は、『ゴンザの鹿児島方言の語彙調査の報告』（2000）で報告され
　ている。

4)　「KIBISU」は、九州では珍しい表現であるため、全国で広く用いられている
　「かかと」のことを指す「KIBISU」との混同による、偶然の出現の可能性も疑
　われかねないが、東日本にまで視野を広げてみると、実は、茨城、福島辺りに

も「くるぶし（踝）」の方言形として分布していることがわかる。このため、この語形が、単なる偶然の出現ではなく、歴とした方言形として存在していたと考えて問題ないように思われる。
5) 本章に登場する地名については下の地図を参照されたい。

6) 文頭の「南瓜」には、振り仮名がないが、直後の頁には、同じ漢字に「ぼうぶら」の振り仮名が見られる。
7) 『和漢三才図会 巻第百』を見ると、「ぼうぶら」「かぼちゃ」はそれぞれ「南瓜」と「南京瓜」として立項されているため、もともとは別の作物であったという見方もできる。
8) 当時においても［h］音を表したであろうと思われるロシア語の「x」という文字は、現に、ゴンザ資料の日本語訳の部分では用いられていない。18世紀前期薩隅方言の音韻体系には［h］音としてのハ行子音は存在していなかったことがわかる。
9) 大坂への交通手段としては、他にも、陸路と海路を併用する方法もあった。幹線街道の出水筋、大口筋を利用して、豊前小倉まで出たあと、そこから海路を取る方法と、高岡筋を利用して日向細島に出て、そこから海路を取る方法である。しかし、『簡単な報告Ⅰ』『簡単な報告Ⅱ』によると、ゴンザの乗った船は、米以外にも、紙、布、絹織物、白檀等を積んでいたということであり、そ

50 第Ⅰ部 ゴンザ資料について

の量も 17 人の乗組員が半年以上も漂流して生存を可能にしたほどなので、か
なりのものであったと推測される。そのように考えると、途中まで陸路を使う
という手段をとったとは考えにくく、薩摩国内の港から、直接、出航したと考
えるのが妥当であろう。『鹿児島県史 第 2 巻』553〜556 頁参照。

10) クラシェニンニコフの『カムチャトカ地誌』の記述は、「фаянкмар（ファ
ヤンクマル）」であったが、その元になったアンドレイ・ボグダーノフの手稿
『簡単な報告Ⅱ』の記述から、実は「фаяикьмар」であったことが村山七郎
（1965）によって明らかにされた。

11) 『川内市史 上巻』902〜905 頁参照。

12) 木崎良平（1982）参照。この漂流事件は島津重豪の命により『魯西亜漂流
記』（木場貞良著）、『漂海紀聞』（川上親信著）としてまとめられている。山下
恒夫（1992）580〜581 頁参照。

13) 村山七郎（1965）26 頁参照。

引用文献

江口泰生（2006）『ロシア資料による日本語研究』（和泉書院）

木崎良平（1982）『永寿丸魯西亜漂流記』（明玄書房）

沢木幹栄（1979）「物とことば」（徳川宗賢編『日本の方言地図』中央公論社）

清水桂一（1980）『たべもの語源辞典』（東京堂出版）

田尻英三（1987）「九州弁の言語史料」（『国文学 解釈と鑑賞』52-7）

村山七郎（1965）『漂流民の言語』（吉川弘文館）

村山七郎（1985）『新スラヴ・日本語辞典 日本版』（ナウカ）

山下恒夫（1992）『石井研堂コレクション江戸漂流記総集 第 3 巻』（日本評論社）

『鹿児島県史 第 2 巻』（鹿児島県 1940）

『旧記雑録追録 巻三十五』（鹿児島県維新史料編さん所編 1972）

『川内市史 上巻』（川内郷土史編さん委員会編 1974）

『草木六部耕種法 巻十七』（佐藤信淵著 1833（『日本経済大典 第 19 巻』啓明社
1929 所収））

『日本海山潮陸圖』（1691 復刻版 人文社 1995）

『日本言語地図』（国立国語研究所 1966-1974）

『日本後紀 巻十二』（国史大系 吉川弘文館 1966）

『大和本草 巻之五』（貝原益軒 1709（益軒会編纂『益軒全集巻之六』1911 所
収））

『和漢三才図会 巻第百』（寺島良安 1712（島田勇雄 竹島淳夫 樋口元巳訳注『和
漢三才図会 18』平凡社 1991 所収））

第3章　ゴンザ資料による方言史研究

1．はじめに

　これまで方言の研究と言えば、ほとんどの場合、現代語がその対象の中心となり、また、日本語史の研究と言えば、中央語の歴史がその主な対象となってきた。このことが資料の制約という絶対的な障壁に起因していることは言うまでもない。方言史の研究に耐えられるだけの資料が中央語史のそれに比べて圧倒的に乏しいのである。しかし、そのような状況にあって、キリシタン資料や、朝鮮資料のような外国資料は、比較的、方言史の構築に有意な資料を提供してくれる。このような外国資料の一つにロシア資料がある。

　ロシア資料とは、村山七郎（1965）で紹介されたような漂流民たちが残した記録に代表される、ロシア語を媒体として記された日本語の記録のことである。彼等の口頭言語がロシア語を通じて記され、しかも量的にも研究に耐えられるだけのものが残されており、それによって方言史の断面を知ることができるのである。

　本書で対象としているゴンザ資料は、このロシア資料の一種として位置づけられる。

　ゴンザの事跡については、『外交志稿』によって日本国内で初めて紹介され、また、彼が残した資料——ゴンザ資料——については、まず、村山七郎（1965）、吉町義雄（1966）等によって、研究報告がなされた[1]。その後も多くの研究がなされ、18世紀の薩隅方言の実態が明らかになりつつある。このゴンザ資料を方言史の資料としてだけでなく、中央語史との対照言語学的な考察にも生かそうという提言もなされており[2]、ゴンザ資料の研究は大いに進展しつつある。

　ここでは、18世紀の薩隅方言に関する具体的な考察に入る前に、ゴンザ

52 　第Ⅰ部　ゴンザ資料について

資料がどのように扱われるべきかということを考えてみようと思う。

2．先行研究

2．1．キリル文字で記されているということ

　ゴンザ資料の最大の特徴は、18世紀前期の薩隅方言がキリル文字で記されているということである。このことは仮名で記された国内資料よりも、方言の研究に、特に音声面での研究にはかなり有効である。そのため、初期の頃の研究ではゴンザの音声的特徴が特に注目され、それに基づいた18世紀前期薩隅方言の特徴がいくつも指摘されてきた。例えば、「テ・デがチェ・ヂェに転化している」ことや、「共通語のセ・ゼにあたる音節は、シェ・ジェとしてあらわれる」ことなどがそれである。

　しかし、これらの分析結果はおそらく見当違いではないにしても、最初の段階で、基本的かつ重要な問題を含んでいた。それはこれらの研究のほとんどが、資料中のキリル文字を対応するローマ字や片仮名に転写し、その転写されたものを用いて考察を行ってきたということである[3]。たしかに資料の内容を一般に公開するためや、語彙等を研究するためには、便宜上、ローマ字や片仮名に転写してわかりやすくする必要があろう。しかし、この資料での文字と音声との対応を充分に検討することなく、ローマ字、片仮名に転写された資料を用いて音声面の研究を行なうことはいくらか危険なように思われる。例えば、柴田武（1967）は、村山七郎（1965）のいくつかの誤記を指摘しているが、その中に、

　　・p.66 mononnarán k 　→ 　mononnarán k'
　　・『日本語会話入門』のなかで、49. koʃù karè「胡椒辛い。」とある（p. 87）
　　　が「胡椒」は「とうがらし」ではないだろうか。

という指摘がある。しかし、ロシア科学アカデミー東洋学研究所蔵の原本（アカデミー本）で確認すると、前者は実は「мононнаránъ ки」であり、ローマ字に転写しても「mononnarán ki」となるから、村山七郎（1965）、柴田武（1967）ともに正しい記述ではないことがわかる。また、後者については、

おそらく九州で「とうがらし」のことを「コショー」と言う地方があるので、方言としての特徴を考慮に入れて、このような推察となったのであろう。しかし、これもアカデミー本で確認すると、この日本語訳に対するロシア語は「пéрецъ（胡椒）」であり、村山七郎（1965）の日本語訳も「胡椒」のままで何等問題のないことがわかる。この例からだけでも、ローマ字転写また日本語訳された後の資料にのみ頼ることの危険が伺えるであろう。

　また、同様の誤りが村山七郎（1965）の中にも見られる。そこでは、ゴンザ資料に見られる日本語の特徴がいくつか紹介され、その1つとして「ě（ロシア字ѣ。今は用いず）とe（ロシア字e）とは可なり厳密に区別されている。」ということが挙げられている。そしてその説明の中で、

　　　　　半母音jの後ではeが用いられる。「枝」jeda（イェダ），「画家」jekak'（イェカキ̥）。

と指摘されている[4]。しかし、これもアカデミー本で確認してみると、「半母音j」に相当するキリル文字は見られない。これは、この記述の直前で、

　　　　　本来の日本語のエ列音の母音はěで表わされ，ai，oiから発達した音はeで表わされěが用いられるのは例外的である。

と記されていることから、おそらく日本語の通事的な変化を根拠にして、まずěとeの音価が推定され、そこから演繹的にローマ字に転写され、その後でこれにもとづいた特徴の考察がなされたために起こったのであろう。村山七郎（1965）では、このěとeの音価推定に関してロシア語史の立場からも考察がなされているが、結局そこからは明確な判断がなされていないところを見ると、やはり日本語を根拠にして音価が推定されたのであろう。しかし、この推定の是非に関わらず、そもそもキリル文字の音価推定の根拠を日本語に求めること自体に問題があるのではなかろうか。本資料は、18世紀当時の薩隅方言の資料としてだけでなく、ロシア語史にとっても有益な資料となり得るはずである。そのため、キリル文字の音価推定を目的とするロシア語史の立場からは、そのような研究方法も有効であろう。しかし、薩隅方言の解明を目的とする立場に立つならば、キリル文字の音価推定は日本語を抜きにして行われるべきであろう。もし、日本語を根拠にしてキリル文字の音価

54   第Ⅰ部　ゴンザ資料について

を推定すれば、それを用いた日本語の研究は循環に陥ってしまう。やはり、キリル文字はキリル文字自体の問題として、少なくとも日本語を除いた観点から追究してこそ、ロシア資料の一種としてのゴンザ資料の価値が出てくるというものであろう。

2.2. アカデミー本とアッシュ本

　ゴンザ資料研究の初期においては、明らかにそのほとんどが、「『漂流民の言語』に所収されているローマ字あるいは片仮名に転写された『露日単語集』ならびに『日本語会話入門』」を用いているのであるが、実は『漂流民の言語』に所収されている『露日単語集』『日本語会話入門』は、そこに明記されているように、アカデミー本ではなく、ドイツのゲッチンゲン大学所蔵の「アッシュ・コレクション No. 148」（以下、アッシュ本と称する）を底本として転写されたものである。このアッシュ本とアカデミー本とを比較してみると、転写されている文字については不明な点もあるが、アクセント符号に関して言えば、前者にはかなりの欠落箇所が見られる。そのような記録状況から判断すると、やはり原本であるアカデミー本こそが研究対象となるべきであろう。

　ここで、研究初期における『露日単語集』『日本語会話入門』に関する研究過程を整理すると次のようになる。

　〈1〉原本（アカデミー本）の『露日単語集』『日本語会話入門』

↓

　〈2〉アッシュ本の『露日単語集』『日本語会話入門』

↓

　〈3〉『漂流民の言語』所収の『露日単語集』『日本語会話入門』

　〈1〉から〈2〉の過程では、転記した者の誤写や書き落としがあったであろうし、また〈2〉から〈3〉の過程を経れば、それが単純な文字の書き写しではなく、ローマ字に転写されたものである以上、いかに厳密な音声に近い転写であったとしても、それは村山七郎氏というフィルターを通した資料ということになる。ゴンザ資料研究における村山七郎『漂流民の言語』の功績

は計り知れず、その功績のお陰で、その後の研究が成り立っていることを忘れてはならない。しかし、この後に続く研究は、特に音声面での研究であれば、その転写を参考にしながらも無批判にこれに従って研究すべきではなく、前にも述べたように転写以前のしかも〈1〉の資料にあたって研究すべきであろう。

これらを要するに、研究初期の『露日単語集』『日本語会話入門』に関する研究のほとんどが、あくまで最初にローマ字あるいは片仮名転写して紹介された村山七郎氏の著書『漂流民の言語』に所収されている『露日単語集』『日本語会話入門』の研究であり、純粋な『露日単語集』『日本語会話入門』の研究ではなかったということである。この2書に限らず、ゴンザ資料をキリル文字で表記されたロシア資料として最大限に活かすためにも、まず気を付けなければならない点であろう。

3．ロシア語を媒体とした資料として

3．1．ロシア語正書法の検討

ゴンザ資料のようなロシア資料を扱う際に、次に注意しなければならないのは、仮名ではなくキリル文字で表記されているのであるから、そこには表記上、ロシア語特有の制約が働いている可能性があり、その検討なしには日本語の考察もできないということである。ゴンザ資料で言えば、18世紀前期のロシア語の正書法がどのようであったのか、もっと厳密に言えば、これを筆録した者の正書法規範がどのようであったのかということを考えてみる必要がある。

ゴンザ資料の筆録者は、第1章で述べたように、ボグダーノフの身近にいた秘書あるいは教え子のような存在のロシア人ではないかと考えられる。おそらく、彼らがゴンザの言葉を聞き取り、それを書き留めたのではなかろうか。もっとも、確証はないため、ゴンザ自信が筆録したという可能性も完全には排除できない。しかし、いずれにしても、ここで唯一明らかなことで、かつ最も重要なことは、次のことではないかと考える。つまり、この資料の

56　第Ⅰ部　ゴンザ資料について

筆録者がボグダーノフの身近にいたロシア人であろうと、ゴンザ自身であろうと、あるいはボグダーノフであろうと、いずれにしても、本資料はロシア語に精通した人物がロシア語の側からとらえ、キリル文字によって記した記録であるということである。

　そこで、次にこの筆録者がどのような正書法規範に則って書いたのか、あるいは全く制約を受けていなかったのかということを本資料のロシア語の部分から判断してみることにする。

　18 世紀前期のロシア語正書法はかなり複雑な、或いは混乱した状況にあったようである[5]が、ゴンザ資料のロシア語においてはどうであろうか。正書法と言えるような規範があるのかどうか、あるとすればどのようなものか、そのすべてを明らかにすることはここでは到底できないが、『露日単語集』のロシア語において一部ながら筆者が見出した特徴を挙げてみる。

　まず、現代ロシア語に比べて母音文字の数が多い。現代ロシア語では硬母音、軟母音含めて、а、ы、у、э、о、я、и、ю、е、ёの 10 種類であるが、『露日単語集』のロシア語の部分には、а、ы、и、ï、у、е、ѣ、о、ѡ、я、ю、ю の 12 種類の母音文字が見られる[6]。そして、これらのうち「ы」「ï」「ѣ」には次のような制約がある。

　①「ы」は前接する子音が限られている。

　　「ы」は『露日単語集』のロシア語の部分だけで 261 例あるが、単独の用例、つまり語頭で用いられたり、母音の後で用いられたりしている例は一つもない。子音と結合する場合の各子音の用例数は次の〈表 1〉の通りである。

〈表 1〉「ы」の前接子音

前接子音	б	в	г	д	ж	з	к	л	м	н	п	р	с	т	ф	х	ц	ч	ш	щ	計
用例数	11	28	0	18	0	4	0	16	12	86	4	25	11	39	0	0	7	0	0	0	261

　ж や ш などの後では「ы」は決して現れない。「ы」が他の子音、特に нとの結合が 86 例も見られ、また、ж や ш などが他の母音とはよく結合することなどを考え合わせれば、何等かの規制が働いていると考えるのが自然で

あろう。

②「ï」は母音の前でしか用いられない。

　「ï」の用例は 131 例あるが、後接する音は 7 種類だけである。その内訳は次の〈表 2〉の通りである。131 例中 129 例が母音であることがわかる。

〈表 2〉「ï」の後接音

後接音	a	e	и	й	р	ю	я	計
用例数	10	49	1	44	2	6	19	131

③「ѣ」も前接する子音が限られている。

　「ѣ」の用例は 233 例あるが、そのうち、語頭に現れる例が 3 例、子音と結合する場合が 230 例ある。前接する子音の用例数は次の〈表 3〉の通りである。

〈表 3〉「ѣ」の前接子音

前接子音	б	в	г	д	ж	з	к	л	м	н	п	р	с	т	ф	х	ц	ч	ш	щ	計
用例数	17	40	0	21	0	2	1	49	35	13	16	15	8	9	0	0	4	0	0	0	230

　上の表から、ж や ш などの後には「ѣ」が決して現れないことがわかる。これも①の「ы」の場合と同様に単なる偶然ではなく、正書法の制約を受けた結果に他ならないであろう。

　ここで参考までに 18 世紀の文法家グレーニングの記述を引用しておく。彼はその著書『ロシア文法すなわち Grammatica Russica またはロシア語の基礎的な手引』の中で、文字「ы」「ï」「ѣ」について次のように述べている[7]。

・ロシア語では ы はいかなる音のはじめにも来ることがなく、従ってこれは母音文字、二重母音文字の後にも、また半母音文字の後にも、それが語中であるか語末であるかに関わりなく、用いることができない。

（Ⅰ § 60）

・（ы と и の区別に関して）文字 ы を用いることができるかどうか、それによって多くの場合に実際に知ることができる最後の特徴は、子音文字

58　第Ⅰ部　ゴンザ資料について

ж、г、к、х、ч、ш、щ のうちに存する。これらの文字の後には常に ы でなくて母音文字 и が置かれるが、それは語中あるいは語尾にみられる。　　　　　　　　　　　　　　　　　　　　　　　　　（Ⅰ§62）

・ï はいかなる純粋なロシア語の語頭にも語末にも立たず、次の場合に用いられる。

　　1）専ら外国語から借用された語で、もとの言語においても ï をもって書かれる場合。

　　2）母音の前ではそれが純粋なロシア語であるか、あるいは他の言語から借用された語であるかに関わりなく、語頭および語中の両方において、常に и ではなく ï と書かれる。　　　　　　　（Ⅰ§51）

・（e と ѣ を区別する）第三の方法は、いつ二重母音（ここでは ѣ を指す―筆者注）を用いることができなくて、代りに文字 e を書かなければならないかを示すいくつかの文字によって得られるものである。すなわち語尾を除外して、ある種の語の中に ж、ф あるいは θ、х、ч、ш、щ の文字が存在するときであり、この時 ѣ はこれらの文字の後に用いることができない。例えば、честь〈尊敬〉、жесть〈ブリキ〉、шерсть〈羊毛〉、шека〈頬骨〉のような語およびこれに類する多くの語は、決して ѣ で書かれることはなく、e によって書かれる。　　　　　（Ⅰ§56）

　要するに、ゴンザ資料のロシア語の部分には少なからず正書法による制約が働いていると考えられる。このことは日本語のキリル文字表記も当時のロシア語の正書法から影響を受けている可能性が十分にあることを示している[8]。よって、本資料の日本語の部分の表記から 18 世紀の薩隅方言を知ろうとする場合には、一つの現象を考察する度ごとに常にロシア語の正書法との関わりを考慮に入れる必要がある。

3.2. アクセント

　ゴンザ資料はキリル文字で記録されていることが、その資料的価値を高めていることは前に述べたが、さらに単語ごとにアクセント符号が記されているものもあり、より一層資料的価値を高めている。これは 18 世紀薩隅方言

のアクセント体系を知る上で非常に有効なものであると考えられるため、これまでも格好の研究対象となってきた。特に、坂口至（1983、1984、1985a、1985b）や崎村弘文（1985、1986）ではそれぞれの立場から用例が帰納的に処理され、18世紀薩隅方言のアクセント体系の再構が試みられた。しかし、両者によって再構されたアクセント体系はいずれも処理しきれない例外が多く、そこに再考の余地が残されているように思われる。筆者はここでも、本資料がロシア資料であるということを十分に考慮に入れるべきだと考える。薩隅方言はもちろんピッチアクセントであるが、ロシア語はストレスアクセントである。ゴンザ資料がロシア語を媒体として記録されたものである以上、そこに記されているアクセント符号はストレスを反映したものと考えるのが自然ではなかろうか。坂口至（1985a）は「●○」となるはずの2音節名詞、「鱗」「蓋」「北」などが「○●」と記されていることに対し、「stress accentとpitch accentの微妙なズレの具体的な例」としており、日本語とロシア語のアクセントの性格の違いを考慮に入れていることがわかる。しかし、この考え方は例外処理だけではなく、全体に対しても言えるのではなかろうか。また、木部暢子（1997a、1997b、2000）でも体系が示されているが、論証過程においてやや不明な点が残る。よく発音における高低と強弱は並行的であると言われるが、はたしてゴンザ資料においてもそうであろうか。少なくとも現代ロシア語においてはこの2つは必ずしも並行的だとは言えない[9]。また、現代薩隅方言においても単語によっては並行的でない場合が数多くある[10]。このように考えると、ゴンザ資料に記されているアクセント符号をそのまま処理し、そこから仮にアクセント体系が帰納されたとしても、それは発音における高低と強弱が並行的になりやすいという性質から生じた偶然の結果であると言える。この資料の筆録者は、前述の通り、ロシア人である可能性が高いと考えるが、仮にゴンザ自身だったとしてもそこに記されたものはロシア語としてのアクセント、つまりストレスアクセントであろう。なぜなら、ゴンザが、薩隅方言のアクセントはピッチによっているという知識を持っており、ロシア語のアクセントとの性質の違いを明確に理解し、その上で自分の著作の日本語訳にはピッチを反映させたとはとても考えられない

60　第Ⅰ部　ゴンザ資料について

からである。

　それでは、この資料のアクセント符号ははたして信頼できるものなのであろうか。その検討は、前述の正書法の場合と同様に、日本語においてではなく、ロシア語において行われるべきであろう。そこで、ゴンザ資料のロシア語と現代ロシア語とを比較してみると、符号の種類こそ、現代語では1種類しかなくゴンザ資料では鋭アクセントと重アクセントの2種類が語末か否かで使い分けられているという違いがあるが、これは機能的には特に問題にならない。肝心な、それぞれの符号が記されている位置についてはほぼ一致していると言える。ただし、次のような場合には現代語と一致していない。

　　・格変化に伴って、アクセントも移動する場合
　　・形容詞の長語尾形と短語尾形でアクセントが異なる場合
　　・йли 等の一部の単語

　しかし、その数は少なく、また一致しない傾向も明らかであるので、これらから本資料のアクセント符号が全くでたらめに記されているということにはならないであろう。結局、このアクセント符号は概ね信用して問題ないと考えられる。

　このように資料中のアクセント符号の性質や、その符号が信用できるか否かを検討した上で初めて日本語の部分のアクセントの検討が可能になるはずなのであるが、このアクセント符号がストレスを反映していると考えられる以上、ここから18世紀薩隅方言のアクセント体系を再構させることは難しい。むしろ、不可能と言うべきかもしれない。このアクセント符号に関しては、具体的な用例を整理して、第Ⅱ部第3章で再考することにする。

4．おわりに

　以上、『露日単語集』を中心として、初期の頃の先行研究も踏まえながら、ゴンザ資料の取り扱いについて述べてきた。ゴンザ資料は、18世紀の薩隅方言を反映している可能性が高いとはいえ、直ちにこれを信じることはあまりにも危険である。ロシア語を媒体として、キリル文字で記されているから

第 3 章 ゴンザ資料による方言史研究 61

こその長所もあれば短所もあるのであり、これを方言史研究の分野に活用するためには、キリル文字で記された日本語を直接的に分析対象とし、それぞれの文字や符号の性質を十分に吟味した上で考察することが肝要である。

注

1) 網屋喜行（1996）によると、吉町義雄（1966）は、実は 20 年以上も前の 1944 年の段階で完成していたとのことである。

2) 江口泰生（1993）参照。

3) 先行研究の全てが、ローマ字や片仮名に転写されたものだけを用いているというわけではない。しかし、キリル文字を考慮に入れたものでも、それは確認程度に利用されているに過ぎないのが一般的であった。

4) 『漂流民の言語』の 35 頁。なお、「キ」は母音の無声化した「キ」を表している。

5) 山口巌（1991）によって、18 世紀前期のロシア語文法の概略を簡単に示すと次のようである。

17 世紀の後半までは、大まかに言えば、古代スラヴ語にロシア語的要素が混入した、いわゆる教会スラヴ語（またはこれに近い言語）と、民衆の口語（または、これに基づいた官庁語、商業語などの言語）が、2 つの極をなしていた。それが、17 世紀から 18 世紀にかけて、このような二分極化が解消され、融合され始めるのであるが、この時期に登場したピョートル大帝は、啓蒙君主としてロシアの後進性を脱却するために、外国の進んだ知識の吸収を奨励し、1710 年には、特別の勅令によって文字改革を行なった。しかし、これは非常に意義のあるものであったにも関わらず、逆にこれまでの均衡を崩し、一時的な混乱を招くという面も併せ持っていた。そしてこれらを解消し、中世的なロシア語から完全に脱却するには 1757 年のロモノーソフの『ロシア文法』（россїйская грамматика）まで待たねばならなかった。

ゴンザ資料が書かれたのは 1730 年代であるが、当時の明確な正書法はこれまで明らかにされていないようである。

6) これらの文字が母音を示していることは、現代ロシア語との対照や、アクセント符号が付されていることなどから明らかである。

7) 山口巌（1991）の日本語訳に拠った。

8) ロシア語の部分で確認できる正書法の制約が、日本語の部分にどのように反映されているかを検討しなければならないのであるが、ここで示した母音と子音の結合に関する制約については、本書第 II 部第 1 章、第 2 章で詳しく述べる

62   第Ⅰ部　ゴンザ資料について

ことにする。

9)　服部四郎（1937）は、ロシア人の読本朗読の観察から「ロシヤ語の如き強弱アクセントの言語に於ても、単語の音調に或法則の存する事」に気づいたこと、そして、それが次のような法則にまとめられることを報告している。

　　　「頭音節と核音節との声の高低の差が最も著しく且つ注意すべきもので、その高低関係は単語の文中に於ける位置によって逆にさへなる。」
　　　（一）頭音節（高）、核音節（低）……単語が文の最後の位置にある場合又は単独の場合。
　　　（二）頭音節（低）、核音節（高）……単語が文の最後以外の位置にある場合。

　　これは、1936年に報告されたものであるが、このような傾向は現代ロシア語においても明らかに確認することができる。

10)　薩隅方言話者の発音を音声機器を用いて調べてみれば、このことは容易に確認できる。例えば、「tane（種）」や「∫ocu（焼酎）」などは薩隅方言においてはB型に属し、2音節目を高く発音する単語であるが、個人差によってやや左右されるものの、その強弱の力点は1音節目にあたる場合が多い。この原因は明らかでないが、薩隅方言において長音が短く発音されたり、母音の無声化が起こりやすいなどの方言的特徴とも無関係ではないように思われる。

引用文献

網屋喜行（1996）「村山七郎氏以前における薩摩漂流民ゴンザの研究：『外交志稿』から吉町義雄氏まで」（『鹿児島県立短期大学　研究年報』24）

江口泰生（1993）「国語方言史におけるロシア資料の対照言語学的考察（一）」（『洋学資料による日本文化史の研究Ⅵ』吉備洋学資料研究会）

木部暢子（1997a）「ゴンザ『項目別露日辞典』の名詞のアクセント体系」（『国語国文薩摩路』38）

木部暢子（1997b）「18世紀薩摩の漂流民ゴンザのアクセントについて―助詞のアクセントとゴンザのアクセントの位置づけ―」（『国語学』191）

木部暢子（2000）『西南部九州二型アクセントの研究』（勉誠出版）

坂口　至（1983）「漂流民ゴンザのアクセント（上）」（『文献探究』13）

坂口　至（1984）「漂流民ゴンザのアクセント（下）」（『文献探究』14）

坂口　至（1985a）「漂流民ゴンザのアクセント―追考―」（『宮崎大学教育学部紀要人文科学』57）

坂口　至（1985b）「ゴンザ『新スラヴ・日本語辞典』のアクセント」（『文献探究』16）

崎村弘文（1985）「ゴンザのアクセント・私考」（『文献探究』15）

崎村弘文（1986）「ゴンザのアクセント・私考 続」（『文献探究』17）

柴田　武（1967）「書評：村山七郎著『漂流民の言語―ロシアへの漂流民の方言学的貢献』」（『国語学』68）

服部四郎（1937）「ロシヤ語の単語の音調について」（日本音声学協会編『音声の研究6』文学社）

村山七郎（1965）『漂流民の言語』（吉川弘文館）

山口　巌（1991）『ロシア中世文法史』（名古屋大学出版会）

吉町義雄（1966）「露都創刊欽定萬国奇語の日本語―二〇〇年前の奥九方言」（『創立四十周年記念論文集』九州大学文学部）

付記　本章のもとになった「ロシア資料と方言史研究」は1995年に発表されたものである。そのため、現在の研究水準に鑑みて、言わずもがなの部分もある。先行研究があってこその現在の進展であることは言うまでもないが、研究史を整理し、さらに今後のゴンザ資料研究の発展につなげるために大幅に改編のうえ、ここに掲載することにした。

第Ⅱ部　音韻

第1章　エ列音の表記と音韻

1．はじめに

　日本語の音韻史において、現代語のエ列音「ケ」「ヘ」「メ」「ゲ」「ベ」に相当する音節は、古くは2種類の音節が存在していたが、8世紀末には一つに統合したというのが通説になっている。また、ア行とヤ行の「エ」も10世紀中頃には統合し、この統合された音節が、13世紀中には、ワ行の「ヱ」をも吸収したとされている。しかし、日本語の音韻史が指す日本語の範囲は決して定かではない。そのことが、エ列音の統合の現象自体はともかく、具体的な音価やその音価推移の時期の問題を複雑にしているように思われる。地方語の音韻史は、記録の乏しさ故に、見逃されがちではあるが、中央語とは質の異なるエ列音の歴史がそこにも存在していたはずである。

　本章では、ゴンザ資料『露日単語集[1]』の表記を通して、18世紀の薩隅方言のエ列音について考察する。本資料には、現代薩隅方言の「エ」に当たる音節や、「ケ」「ネ」などに当たるエ列音節の母音の部分に2種類の文字「е」「ѣ」が使われている。各文字の使用度数は、「е」が232例、「ѣ」が151例である。これらの文字の使い分けが意味するものについて考えてみたい。

2．日本語表記に見られる使い分けの特徴

　まずは、本資料中での「е」「ѣ」の使用例を観察し、その特徴を指摘する。考察は、「е」「ѣ」の各文字が、それぞれ単独音節として用いられている場合と、子音文字と結合して用いられている場合とに分けて進めていくことにする。

68 第Ⅱ部 音韻

2.1. 単独で用いられている場合

単独音節として用いられている場合、すなわち現代薩隅方言の「エ」に当たる音節を表示していると思われる例は、「е」が41例、「ѣ」が7例存在する。まずは、その使用例を以下に示すことにする。[2]

・「е」の例（計41例）

ено мюжо（エノミョジョ／宵の明星）、тоетафиӥой（トエタフィヨイ［とえた日和］／静かな日和）、фаено каже（ファエノカジェ［南風］の風］／南風）、екъротасата（エクロタサタ［酔い喰ろうた沙汰］／酩酊）、мино етатъ（ミノエタト［身の焼いたと］／肉焼）、еда（エダ／枝）、какѣе（カケエ［掛絵］／聖像）、саенъ（サエン［菜園］／庭園）、шивоїе（シオイエ／塩入れ）、уе（ウエ／上）　他

・「ѣ」の例（計7例）

ѣбукъ-ро（エブクロ［餌袋］／胃袋）、ѣкьре（エキレ／疫癘）、ѣншу（エンシュ／煙硝）、ѣкакь（エカキ／絵描き）、ѣтта（エッタ［穢多］／靴屋）、ѣтта（エッタ［穢多］／皮革業者）、ѣ（エ／家）

用例を通覧すると、「е」と「ѣ」では、その使用環境に違いがあることがわかる。「е」が、語頭でも語中語尾でも環境を選ばず使用されているのに対し、「ѣ」の方は、語中語尾では全く使用されず、語頭でのみ使用されているのである。これらの環境ごとの使用度数を表にして示すと〈表1〉のようになる。

〈表1〉単独の「е」「ѣ」

	語 頭	語中尾	計
е	5	36	41
ѣ	7	0	7
計	12	36	48

2.2. 子音文字と結合している場合

次に、子音文字と結合して用いられている場合、すなわち現代薩隅方言の「ケ」「セ」などに当たると思われる場合について見てみる。用例数は「е」

が 191 例、「ѣ」が 144 例である。以下にそれらの使用例を挙げる。

・「e」の例（計 191 例）

шеке（シェケ／世界）、каже（カジェ／風）、камьнаре（カミナレ／雷）、банмадже（バンマヂェ／晩まで）、ототе（オトテ／一昨日）、асачче（アサッチェ／明後日）、менечь（メネチ／毎日）、фесо（フェソ／臍）、ясе（ヤセ／野菜）、деконъ（デコン／大根）　他

・「ѣ」の例（計 144 例）

фодокѣ（フォドケ／仏）、фкагѣ（フカゲ／日陰）、уамѣ（ウアメ／大雨）、камьнокѣ（カミノケ／髪の毛）、фигѣ нашъ（フィゲナシ／髭無し）、мунѣ（ムネ／胸）、цумѣ（ツメ／爪）、нѣко（ネコ／猫）、дѣклекъ（デクレク［歴々］／主人）、конабѣ（コナベ／小鍋）　他

　紙幅の都合により、全用例を挙げることができないので、上に挙げた例からだけでは、ややわかりにくいが、ここにも注目すべき特徴が確かに存在する。「e」が比較的どの子音文字とも満遍なく結合するのに対し、「ѣ」は子音文字のうち к、н、м、г、д、б としか結合していないのである。ここでは、それぞれが結合する子音文字の用例数を〈表 2〉として示すことにする（便宜上、母音と結合したときの発音も、現代ロシア語に基づいて片仮名で示す）。

〈表 2〉「e」「ѣ」と結合する子音文字の用例数（日本語）

ロシア文字	к	с	ш	т	ч	н	ф	м	р	л	в	г	ж	д	дж	б	計
片仮名転写	ケ	セ	シェ	テ	チェ	ネ	フェ	メ	レ	レ	エ	ゲ	ジェ	デ	ヂェ	ベ	
e	22	7	29	17	26	9	9	9	11	1	1	12	14	11	7	6	191
ѣ	48	0	0	0	0	50	0	31	0	0	0	9	0	1	0	5	144

3．先行研究

　この「e」と「ѣ」の問題については、村山七郎（1965）に、第 I 部第 3 章でも示した次のような指摘がある。

　　ѣ（ロシア字 ѣ。今は用いず）と e（ロシア字 e）とは可なり厳密に区別

70 第Ⅱ部 音韻

されている。本来の日本語のエ列音の母音は ѣ で表わされ，ai，oi から
発達した音は e で表わされ ѣ が用いられるのは例外的である。（中略）
しかし，例外が無いわけではなく，「紅差指」は bensaʃ ib'（ベンサシイ
ビ），「五年」は gonenn（ゴネン）であり，また「言葉に」kotobani ＞
kotobai が kotobĕ（会話序文）である。また口蓋化した子音の後では ѣ で
はなく，e が書かれる。「手」če（チェ），「船頭」ʃendu（シェンドゥ）な
ど。（中略）ゴンザにあっては，e は ai、oi から発達したものが圧倒的に
多く，他方，ѣ は日本語古来のエ列音母音を表わすのに用いられ，従っ
て，ѣ は e よりも狭い母音を表わしたと見られる。

　確かに、「e」の用例を通覧してみると、ai、oi から発達したものが多いこ
とがわかる。前に挙げた使用例からも、その傾向は明らかである。しかし、
上記引用文中でも指摘されているように例外も存在し、その数は決して少な
くない。例えば、「ye（ウエ／上）」や「вагамае（ワガマエ［我が前］／自分）」、
また、「фeco（フェソ／臍）」や「фebь（フェビ／蛇）」などの使用例があり、
これらは

　　・本来のエ＝ѣ
　　・ai、oi から発達したエ＝e

という規則では説明できない。また、なぜ、口蓋化した子音の後では、この
規則が適用されないのかも不明である。これらの問題が存在する以上、まだ
この問題の本質は完全に解明されたとは言い難い。そして、そもそも、各「エ」
が、ai、oi から発達したものであるかどうかという歴史的事情と、18 世紀
の薩隅方言という共時態の音韻を考えることとは、密接な関係があり参考に
しなければならない部分もあるが、基本的には質の異なる問題ではあるまい
か[3]。ここで注目しなければならないことは、本資料中、複数見られる「フ
ォドケ［仏］／神」の「ケ」は必ず「кѣ」で表示され、複数見られる「ド
ケ／何処に」の「ケ」には必ず「кe」が表示されていて、両者が決して混用
されていないということである。そして、その他の「нe」と「нѣ」、「мe」
と「мѣ」等においても同様に明確な使い分けが見られるということである。

第1章　エ列音の表記と音韻　71

4．ロシア語の正書法

4．1．『露日単語集』におけるロシア語の正書法

　本資料は、第Ⅰ部第1章で述べたように、ゴンザは見出し語となっている
ロシア語を日本語に訳し、それを発音しただけで、他にロシア人の筆録者が
いたと考えた方が、いろいろな点で合理的な説明がつくと考えられるが、仮
にゴンザ自身が自ら記したものであったとしても、本資料の筆録者がかなり
ロシア語に精通していたことは、この記録の精密さから推して明らかである。
そうすると、前述した文字の使い分けには、ゴンザの発音の違いが反映され
ているというだけでなく、ロシア語の正書法が影響している可能性もある。

　そこで、本章で問題にしているキリル文字「е」「ѣ」の使用に関して、本
資料の筆録者がどのような規範意識を持っていたのかということをロシア語
の部分から探ってみることにする。因みに、本資料のロシア語の部分と日本
語訳の部分の筆録者が同一人物であることは、筆跡から明らかである。

　「е」と「ѣ」は、ロシア語の部分でも、それぞれ多数用いられている。そ
してそれらの全用例を、前述した日本語の部分の特徴に照らし合わせながら
見てみると、次のような興味深い事実を指摘することができる。

① 「ѣ」は、一部の例外を除いて、語頭や、母音の後で用いられている
　　例は見られず、そのほとんど（233例中230例）が子音文字の後で用い
　　られている[4]。

② 「е」は、語頭・語中語尾に関わらず、また前接する文字が子音・母音
　　文字に関わらず、多数用いられている。

③ 　第Ⅰ部第3章でも述べたように、「е」が比較的どの子音文字の後にも
　　続くのに対して、「ѣ」は前接する子音文字に偏りが見られる。両者に
　　前接する子音文字の用例数を一覧表にして示すと〈表3〉の通りである。

72　第Ⅱ部　音韻

〈表3〉「e」「ѣ」に前接する子音文字の用例数（ロシア語）

前接子音	б	в	г	д	ж	з	к	л	м	н	п	р	с	т	ф	х	ц	ч	ш	щ	計
e	10	55	4	64	28	21	0	41	18	33	22	81	43	42	1	0	3	56	25	18	565
ѣ	17	40	0	21	0	2	1	49	35	13	16	15	8	9	0	0	4	0	0	0	230

　以上が、本資料のロシア語の部分における「e」「ѣ」の文字使用の特徴であるが、これこそが本資料の筆録者が有していた規範を示すものと言えるのではなかろうか。

4.2.　グレーニングの正書法

　本資料のロシア語の部分における前述のような規範は、当時の文法書からも裏付けられる。当時のロシア語文法の記述として最も高い水準にあるとされているグレーニングの文法書『ロシア文法すなわち Grammatica Russica またはロシア語の基礎的な手引き』には、文字「e」「ѣ」に関して次のような記述がある。ここではその要点とその記述が見られる部門番号を示す[5]。

（1）「ѣ」はïとeという二個の母音字からなっている。　　　　　　（Ⅰ§10）

（2）「ѣ」は二重母音であり、「e」は単純な母音である。　　　　　（Ⅰ§55）

（3）語頭にあるか、或いは母音の後に続く場合の「e」は、「ѣ」と同じ、つまり、ïとeの両方からなる二重母音として発音される。　　　（Ⅰ§55）

（4）「ѣ」は2つの動詞 ѣду（乗っていく）、ѣму（食べる）と、その派生語以外には語頭に立たない。また、その2つの動詞も「ѣ」が語頭に立つ重要な理由があるのではなく、単に慣用に従っているだけにすぎない。

　　　　　　　　　　　　　　　　　　　　　　　　　　　　　（Ⅰ§56）

（5）ж、ф（あるいはθ）、х、ч、ш、щ の文字の後では、「ѣ」ではなく「e」を用いなければならない。例えば、честь（尊敬）、жесть（ブリキ）、шерсть（羊毛）、щека（頬骨）など。　　　　　　　　　　　（Ⅰ§56）

　このようにグレーニングの記述は、前述の『露日単語集』のロシア語の部分における文字の使い分けの特徴とよく合致する（①と（4）、③と（5））。このことから、前述した本資料のロシア語の部分における文字の使い分けの特

徴は、単なる偶然ではなく、ロシア語の正書法規範として明らかに存在していたものと考えられる。

5．日本語表記に見られる文字の使い分けの解釈

これまで本資料の日本語表記に見られる文字の使い分けの特徴と、ロシア語の正書法を見てきたが、ここでは、それらがどのような関係にあるのかを考えてみる。そしてその関係を踏まえた上で、文字の使い分けが何を意味するのかということを探ってみたい。

5．1．単独で用いられている場合

5．1．1．語頭の場合

まず、単独音節として語頭で用いられている場合、すなわち語頭の「エ」について考えてみる。前述したグレーニングの記述（4）から、当時のロシア語の正書法では、ごく一部の例外を除いて、

・語頭では「ѣ」ではなく、「е」を用いる。

という規範が存在していたことがわかる。そして、本資料の筆録者もこの規範に従っていたことは、前に挙げたロシア語の部分の特徴①から明らかである。本資料のロシア語の部分において、「ѣ」が語頭で用いられている例外的な 3 例のうちの 2 例が、グレーニングが挙げる例外的な単語「ѣду とその派生語」にあたる「ѣзжу（乗る）」「ѣду（乗り物で乗っていく）」であることからも、この規範意識は、かなり明確なものであったろうと推察される。

それでは、このような規範意識を持った筆録者が日本語の部分では、語頭の「エ」をどのように記したのであろうか。〈表 1〉で示したように、日本語の部分では、語頭において、「е」だけでなく、「ѣ」も用いられている。日本語という外国語なので、グレーニングの記述にあるような「慣用」に従ったということはあり得ない。そこには規範に抵触してまでも、両者を使い分けて記さなければならなかった、明らかに異なる 2 種類の音節が存在したと考えるのが自然ではなかろうか。おそらく、ロシア語においては、グレーニ

74　第Ⅱ部　音韻

ングの記述（3）にあるように、語頭の「e」と「ѣ」の発音の区別がなくなってしまっていて、そのため語頭では表記を「e」に統一しつつあるが、「e」と「ѣ」は本来、異なる発音を表す文字のはずで、発音が異なりさえすれば書き分けるべきものなのであろう。グレーニングも前掲書の中で次のように述べている。

　　　どこにeではなく、むしろѣを書くべきかについては、まだ都合よく決定することはできない。このことは専ら発音にのみ存しているのである。その語がどのように発音されるかをよく注意する以外には、語中のどこにѣあるいはeを用いるべきかを知る、いかなるよい方法もない。

（Ⅰ§56）

　ここで、もう一度使用例を見てみよう。

　「ѣ」の例は、「エブクロ（餌袋）」「エキレ（疫癘）」「エンシュ（煙硝）」「エカキ（絵描き）」「エッタ（穢多）」2例「エ（家）」の6種7例である。一方、「e」の例は、「エノミョジョ（宵の明星）」「エクロタサタ（酔い喰ろうた沙汰）」「ミノエタト（身の焼いたと）」「エダ（枝）」「エクロタトント（酔い喰うたとのと）」の5例である。

　後者の例は、「エダ（枝）」を除いて、「ヨイノミョジョ」「ヨイクロウタサタ」「ミノヤイタト」「ヨイクロウタトント」から転じた語であることは明らかで、「e」の該当箇所は「ヤイ」＞「エ」、「ヨイ」＞「エ」の変化を経た音であることがわかる。

　このような明確な使い分けは、この2文字の違いが、一時的な表記の揺れではなく、ゴンザの発音の違いによっていることを示している。

　前述したグレーニングの記述（1）（2）から判断すると、「ѣ」は、[je] のような音を表しているものと推察される。これは現代薩隅方言において、高齢者が「映画」や「鉛筆」の語頭の「エ」を、[je] と発音することと合致するものである。一方、「e」は、単母音 [e] を表しているということになる。

　これらの推察は、ロシア語と世界の言語を対照させた P. S. パラスの『欽定全世界言語比較辞典[6]』の記述からも支持される。そこでは、「e」に

ついては「ギリシャ語のイプシロン、他の言語のE」とされ、「ѣ」について
は「頭にイオータを伴ったE」とされている。これは、「e」が［e］、「ѣ」が
［je］ということとほぼ同義であろう。

　しかし、本資料の「e」の場合、もう少し検討を要する。それは、「e」の
使用例には、村山七郎（1965）が指摘するように、［ai］［oi］から転じた音
が多いとはいえ、それらが全て［jai］［joi］から転じた音であるからである。
［ai］＞［e］、［oi］＞［e］という変化が生じても、半母音［j］が存在して
いる以上、キリル文字「e」の音価が単母音の［e］であるとは考えにくい。
ここは、［j］の存在を認めた方が無理がない。そして、このように考えれば、
「エダ（枝）」の「エ」に、［ai］［oi］から転じた音ではないにも関わらず
「e」が用いられていた[7]ことも理解できる。「枝」の「エ」は、本来、ヤ行
音であり、また現代薩隅方言においても、高齢者の間では、半母音［j］を
伴って発音されるからである。ゴンザの発音においても「エダ（枝）」の
「エ」は、やはり半母音［j］を伴った音だったのではなかろうか。この推察
は、当時のキリル文字の音価とは多少異なることになるが、日本語を表記す
る際、最優先されたことは、2文字の絶対的な音価ではなく、相対的な対応
であったと考えられるので、このようなことも当然あり得ると考える。

　さて、このように推察してくると、今度は、語頭において、「ヤイ」「ヨ
イ」からではなく、「アイ」「オイ」から転じた「エ」はどのように表記され
ているのかということが問題になってくる。しかし、本資料中にはそのよう
な例が見られない。別のゴンザ資料『新スラヴ日本語辞典』には、「会いつ
く」「追いつく」を表したと思われる例が見られるが、「会いつく」は、外来
語に用いる文字「э[8]」を使用して「эцукъ（エツク）」と記し、「追いつく」
の方は、「エ」に転じることなく「ойцукъ（オイツク）」と記している。そし
て他には該当例が存在しない。語頭で「アイ」「オイ」から転じた「エ」が
異常なほどに少ないという事実が単なる偶然に過ぎないのかどうかは現時点
では判断しかねるが、いずれにしても「アイ」「オイ」から転じた単独音節
の「エ」を「e」で表記した例は存在せず、本資料の「e」が半母音［j］を
伴わない単母音の［e］を表しているとは考えにくい。

76   第Ⅱ部　音韻

　つまり、本資料の日本語の部分で、語頭に見られる「e」「ѣ」はいずれも、単母音の［e］ではなく、半母音「j」を伴った音であると考えられる。そして、両者の違いは、口蓋性の強弱に依るものであり、グレーニングの記述（1）（2）と本資料の使用例から総合的に判断すると、「e」が口蓋性が弱い［ʲe］、「ѣ」が口蓋性が強い［je］のような音を表しているのではないかと考えられる。

　現代薩隅方言では、語頭の「エ」は常に［je］であるが、「エサツ＜アイサツ（挨拶）」など、［ai］より変化した「エ」は［e］である[9]。『露日単語集』からは単母音［e］の音価を持つ「エ」を確認できなかったが、語頭「エ」の複数の存在自体は、18世紀前期から現代に至るまで続いていると言える[10]。

5.1.2. 語中語尾の場合

　次に語中語尾の「エ」について考えることにする。この場合は〈表1〉からもわかるように「e」の例しか見られない。このことから、ゴンザの発音では語中語尾において1種類の「エ」しか存在していなかったと考えられる。なぜなら、もし、2種類の音節が存在していれば、語頭の場合と同様に、文字によって書き分けていたはずであるのに、そのようになっていないからである。

　但し、前述のグレーニングの記述（2）や、P. S. パラスの記述に従って、この「e」が単母音の［e］を表しているものと判断するのは早計である。ここでは文字が1種類しか存在しないため、ロシア語の正書法が厳密に守られているもの、換言すれば、ロシア語正書法に反して表記しなければならない事情が日本語の発音に存在しなかったものと考え、グレーニングの記述（3）にあるように、「e」は「ѣ」の本来の音と同じ、すなわち［je］であったと考えるのが穏当であろう。

　現代薩隅方言においては、大部分が［je］であるが、「ウエ（上）」「マエ（前）」など、単語によっては［e］となるものもある[11]。18世紀前期には、確固としていた語中語尾の「エ」の発音が、近年、揺れ始めているということであろうか。

5.2. 子音と結合して用いられている場合

　ここでも、まず、前に挙げた本資料のロシア語の部分の特徴とグレーニングの記述から、本資料の筆録者が有していた規範を探ってみることにする。前述したように、「е」「ѣ」と、前接する子音との関係について、ロシア語の部分の特徴③とグレーニングの記述（5）は合致している。このことから、本資料の筆録者は、

　・「ѣ」は、ж、ф、х、ч、ш、щ の文字の後では用いることができない。

という規範を有していたと考えられる。そしてこの規範が、日本語表記の部分にも及んでいるのである。前に示した〈表2〉がそのことを物語っている。つまり、日本語表記に見られた、「ѣ」は子音文字к、н、м、г、д、б とは結合するが、それ以外の子音文字とは結合しないという特徴は、ロシア語の正書法の規範に従った結果だったのである。

　しかし、〈表2〉における ж、ф、ч、ш の空白はその規範によるものだとしても、制約を受けるはずのない с や т などが「ѣ」と結合していないのはなぜかという問題は残る。そして、逆に к や н のように「е」と「ѣ」の両方と結合する子音文字が存在するのはなぜかということも明らかにしなければならない。

　まず、к、н、м、г、д、б が「е」と「ѣ」の両方と結合することに注目してみる。これは前述の、語頭の「エ」の場合と同様に、それぞれ2種類の音節が存在していたと考えるのが自然ではなかろうか。つまり、ゴンザの発音においては現代薩隅方言の「ケ」「ネ」「メ」「ゲ」「デ」「ベ」に相当する音節に、2種類の音節があったのではないかということである。

　この2種類の文字は、語頭の場合と同様、表記または発音の揺れや、異音の関係にある2つの音を表したものではない。なぜなら、前述したように、単語によって、「ケ」「ネ」「メ」「ゲ」「デ」「ベ」を「е」で表示するか、「ѣ」で表示するかが決まっており、ごく一部の例外[12]を除いて混用されることがないからである。そして、「е」で表されたエ列音と「ѣ」で表されたエ列音との間に、両者が棲み分けるような音声環境の違いが全く認められないからでもある。

78　第Ⅱ部　音韻

　また、「e」と「ѣ」は意味の弁別に関わっていた可能性も高い。「e」と
「ѣ」には最小対の表記が存在するのである。例えば「менокѣ（メノケ／眉）」
と「мѣнокѣ（メノケ／睫毛）」、「ке（ケ／櫂）」と「кѣ（ケ／毛）」である。こ
れらの音声的環境は全く同じであり、意味の弁別は「e」と「ѣ」の発音にの
み依っている。

　以上から、ゴンザの発音ではエ列音「ケ」「ネ」「メ」「ゲ」「デ」「ベ」に、
発音が明確に異なる2つの音節が存在していたと考えられる。

　次にc、ш、т、ч、ф、р、л、в、ж、に注目してみる。これらは「e」と結
合するばかりで「ѣ」とは結合しないので、「ケ」「ネ」「メ」「ゲ」「デ」
「ベ」のような2種類の音節は存在しないと考えられそうであるが、日本語
の音節との対応を考えてみたときに、必ずしもそうではないことがわかる。

　例えば、現代薩隅方言で「セ」に相当する音には、本資料で「ce」と
「ше」の2種類の表記が見られるのである。具体例を挙げれば、「ニセ［二
歳］／青年」「ヤセ／野菜」などはそれぞれ「нисе」「ясе」であり、「セ」を
「ce」で表示している。一方、「セナカ（背中）」「アセ（汗）」などは、それぞ
れ「шенака」「аше」であり、「セ」が「ше」で表示されている。また、「テ」
に相当する音は、例えば、「オトテ／一昨日」「アサッテ／明後日」が、それ
ぞれ「ототе」「асачче」と記されていることからもわかるように、「те」と
「че」で書き分けられている。「ゼ」に関しては、子音の音価から判断して
「зе」と「же」での書き分けが予想されるが、「же」は、「カゼ／風」を
「каже」と記しているなどの例が多数見られるものの「зе」の例は、本資料
中に見当たらない。しかし、ゴンザが本資料と同時期に作成した『日本語会
話入門』まで調査の対象を広げるならば、「ゼモク／材木」を「земок」と記
した例が見られ、「ゼ」にもやはり、2種類の書き分けが存在することが確
認できる。

　つまり、「ケ」「ネ」「メ」「ゲ」「デ」「ベ」が母音文字の使い分けによって
2種類の音節を表記し分けたのに対し、それ以外のエ列音は子音文字の使い
分けによってそれを表記し分けたのである。但し、「ヘ」「エ」については母
音文字によっても子音文字によっても区別が見られず、1種類の音節しか存

第1章　エ列音の表記と音韻　79

在しなかったと考えられる。また、「レ」に関しては、「カミナレ／雷」「デ
クレク［歴々］／主人」をそれぞれ「камьнаре」「дѣклекъ」と記しているこ
とから、「ре」と「ле」によって書き分けていた可能性もあるが、「ле」が1
例しか存在せず、また、「рѣ」の表記が存在し得るにも関わらず、それを採
用していない点は、他の音節の書き分けとは事情が異なる可能性もあり、こ
こでは保留としたい。

　ここで各エ列音に存在した2つの音節のそれぞれの表記の仕方をまとめて
示すと次の通りである。

　　ケ：「ке」「кѣ」、セ：「се」「ше」、テ：「те」「че」

　　ネ：「не」「нѣ」、メ：「ме」「мѣ」、ゲ：「ге」「гѣ」

　　ゼ：「зе」「же」、デ：「де」「дѣ」、ベ：「бе」「бѣ」

　但し、「デ」については、「дѣ」の例が1例しか見られず、「де」と「дѣ」
による使い分けの機能が低いように感じられるが、「デ」に相当する音節に
は、他に「дже」という表記が見られ、これは、前掲の〈表2〉で、先取り
して示したが、7例存在する。いずれも「банмадже（バンマデ／晩まで）」
「содже（ソデ／袖）」など、本来の「デ」を示すものである。よって、「デ」
は「де」と「дже」による書き分けもなされていたと考えられる。これは
「テ」の表示に用いた「т」と「ч」のような2つの子音文字がロシア語に存
在しなかったために、「д」と、「д」に「ж」を後接させた「дж」によって表
記し分けた筆録者の工夫なのではなかろうか。「дже」と「дѣ」は、前者が
本来の「デ」を示し、後者が「レ」から転じた「デ」を示している点で、発
音に違いがあったと思われるが、「дѣ」の例が1例しか存在しないため、こ
れ以上の推察は控えたい。

　ここまで述べてきた表記法の違いは、それぞれの音節を区別するのが母音
の違いによるものなのか、子音の違いによるものなのかということまでは包
含しない。ただ、日本語を表記する手段がキリル文字であったため、その文
字数や正書法上の制約から、2種類の音節を2通りの表記法で表すことに
なったものと考えられるのである。

　次に音価について考える。まず「セ」「テ」「ゼ」「デ」の各2種類は、使

80　第Ⅱ部　音韻

用されている子音文字の音価から判断して、片方、すなわち「ше」「че」「же」「дже」が口蓋性を持つ音を表し、それぞれのもう片方が、直音を表していたものと考えられる。これは、現代薩隅方言において、「アイ」「オイ」から転じた「エ」は［e］でありながら、本来の「セ」「ゼ」が［ʃe］［ʒe］である地域（出水地方・大隅南部など）があることや、本来の「テ」「デ」が［tʃe］［dʒe］である地域（薩南地方・大隅南部など）があること¹³⁾等を考え合わせれば、蓋然性の高い推測だと思われる。

　また、「ケ」「ネ」「メ」「ゲ」「ベ」の文字の使い分けも、口蓋性の有無を反映したものと考えるのが穏当であろう。それは、ここにも口蓋性を持つ音節が存在したと考えた方が、前述の「セ」「テ」「ゼ」「デ」と体系的に整うからであり、また、前述したグレーニングの記述から、「ѣ」が［je］という音を表す文字である可能性が高いからである。

　現代薩隅方言にも、［ɲego］猫、［ɸuɲe］舟など、口蓋化した「ネ」が存在する地方（頴娃町など）がある。その他にもかつては存在した地域があったようである¹⁴⁾。このことも、18世紀の薩隅方言において、口蓋性を持つ「ケ」「ネ」「メ」「ゲ」「ベ」が存在したという推察を補強するかもしれない。現代では、一部の地域に、一部の音節にしか存在しない口蓋性を持ったエ列音が、18世紀の薩隅方言においては多くの音節に存在していたということではなかろうか。

5.3. 音節表記のまとめ

　ここまで、母音文字「e」「ѣ」ならびに、それらと子音文字の組み合わせによる複数の音節表記が、エ列音の違いに対応することを述べてきた。各音節の特徴をまとめて示すと次の〈表4〉のようになる。

第1章　エ列音の表記と音韻　　81

〈表4〉「e」「ѣ」と子音文字との組み合わせによる各音節の特徴

	e		ѣ	
	語例	口蓋性	語例	口蓋性
なし（語頭）	エタ（焼いた）	＋	エカキ（絵描き）	＋＋
なし（語中尾）	カケエ（掛け絵）	＋＋	（なし）	
к	ケ（欅）	－	フォドケ（仏）	＋
с	ヤセ（野菜）	－	（なし）	
ш	セ（背）	＋	（なし）	
т	オトテ（一昨日）	－	（なし）	
ч	テ（手）	＋	（なし）	
н	～ネ（～ない）	－	ムネ（胸）	＋
м	メネチ（毎日）	－	ユメ（夢）	＋
г	ゲジョ（下女）	－	フカゲ（日陰）	＋
з	ゼモク（材木）	－	（なし）	
ж	カゼ（風）	＋	（なし）	
д	デコン（大根）	－	デクレク（歴々）	＋
дж	ソデ（袖）	＋	（なし）	
б	サンベ　倍	－	カベ（壁）	＋

6．おわりに

　これまでの考察により、ゴンザの発話においては、語頭の「エ」に少なく
とも2種類の音節が存在したということと、現代薩隅方言で「ケ」「セ」
「テ」「ネ」「メ」「ゲ」「ゼ」「デ」「ベ」に相当する音節に2種類の音節が存
在したことが明らかになった。一部を除いたほとんどのエ列音に2種類の音
節が存在し、そのうちの一つが口蓋化した音であった可能性が高いというこ
とは、いわゆる日本語の音韻史を考える上でも興味深い。

　エ列音、特に子音を伴ったエ列音の音価推移の時期に関しては、音価推定
に有効な各種外国資料の表記が異なっていることもあり、未だ定説が得られ

82　第Ⅱ部　音韻

ていない。15 世紀末の『伊路波』に記されていた口蓋性が、後のキリシタン資料には記されず、さらにその後の『捷解新語』等で再び記されているという事実に対して、多様な解釈が可能だからである。そこには、本章で扱った問題と同様に、表記文字と音価の対応の問題や、日本語表記法の固定化の問題[15]等、記録した側の問題があり、その一方で、各資料に記されている言葉を同じ日本語として一括に扱ってよいものなのか、換言すれば、そこに方言的要素は考えられないのかという記録された側の問題も関わっている。18 世紀前期、薩隅方言という九州の一地方の言葉に、口蓋性を有するエ列音が存在していた可能性は高い。このことも、既存の資料を解釈する上で、また無視できないことのように思われる。

注

1) 『露日単語集』には、前述したように 2 種類の資料が存在するが、本書においては、より精密かつ丁寧な表記が見られる方、すなわち科学アカデミーの整理番号「B269」を考察対象とした。なお、ロシア語訳は主に村山七郎（1965）に拠った。

2) 使用例はキリル文字のままで示し、片仮名転写と、対応するロシア語の意味も添える。また、適宜、片仮名転写の後に漢字仮名交じり表記による対応形も挿入することにする。つまり、「キリル文字で記されたゴンザの日本語（ゴンザの日本語の片仮名転写［ゴンザの日本語を漢字仮名交じりで表した対応形］／ロシア語の意味)」の形で表示する。但し、ロシア語の意味が同時に対応形を兼ねる場合は対応形の表示を省略する。

3) 江口泰生（2001）も、この日本語の事情から導かれた規則に基づいて異例率を算出しているが、筆者は、本資料における日本語の特性は、日本語の側からではなく、まずロシア語の側から捉えるべきだと考える。それには、当時のキリル文字の音価、ロシア語の正書法、そして本資料の筆録者の規範意識を把握する必要がある。これらは、当時の文法書の記述の検討と、本資料のロシア語の部分の観察を通して初めて明らかになるものである。本書第Ⅰ部第 3 章参照。

4) 例外は次の 3 例である。14 章「ѣль」、39 章「ѣду、еши」、39 章「ѣзжу、иши」

5) 『ロシア文法すなわち Grammatica Russica またはロシア語の基礎的な手引き』（1750）は、山口巌（1991）で全文が日本語に訳されている。本書でのグレーニングの記述の要約は同書の日本語訳に拠っている。

第 1 章　エ列音の表記と音韻　　83

6）　ロシア科学アカデミー会員 P. S. Pallas が作成した『Linguarum Totius Orbis Vocabularia Comparativa Augustissimae Cura Collecta』（1787~1789）。第 1 巻の最初にロシア文字の音価についての説明がある。東洋文庫所蔵本を利用させていただいた。感謝申し上げる。

7）　小倉肇（2001）では、『土佐日記』において、ア行［e］とヤ行［je］の書き分けの異例が 1 例だけ存在することが述べられている。その異例が「衣た（枝）」である。単なる偶然か、あるいは「エダ（枝）」の「エ」には、他のヤ行［je］と異なる音声的な特徴があったのであろうか。

8）　グレーニング『ロシア文法すなわち Grammatica Russica またはロシア語の基礎的な手引き』の I § 49 に「э は外来語にのみ用いられ、すべての場合に子音の後の e のように発音される」とある。この記述からは、「эцукъ（エツク）」も「э」でなく「e」で表しても問題なさそうである。また、なぜこの「エツク（会いつく）」だけが外来語扱いなのかも不明である。この不可解な「э」の使用は、「アイ」「オイ」から転じた第 3 の「エ」の存在を想像させるが、語頭に用いられている「э」はこの 1 例のみであるため、詳しい考察はここでは保留としたい。いずれにしても、この「э」の使用は、「e」が単母音［e］でないことの傍証とはなるであろう。

9）　上村孝二（1992）参照。

10）　語頭における、この 2 文字の音価は非常に似ていて、また、意味の弁別機能も低かったと思われる。ゴンザが後に著した『新スラヴ日本語辞典』では、語頭でのこの 2 文字の区別が失われているからである。この両者の区別が失われ統合した後、その隙間へ「アイ」「オイ」から転じた「エ」が流入し、現代の 2 種類の「エ」の区別に至ったのではないかとも考えられるが、これは想像の域を出ない。

11）　木部暢子（1997）参照。

12）　表記が混用されている例、すなわち「e」と「ѣ」の両形が見られるのは、「ゴネン（五年）」の「ネ」、「ヒゲ（髭）」の「ゲ」、「ナベ（鍋）」の「ベ」のみである。

13）　上村孝二（1991）参照。その他、平山輝男（1992）によれば、現代でも九州各地に、この特性は存在する。

14）　上村孝二（1991）参照。また、奥村三雄（1991）によれば、肥前島原方言の一部でも見られるという。

15）　森田武（1993）は、時代的に隔たりのある『伊路波』『捷解新語』『倭語類解』の三書が、エ列音を同じハングルで表記していることに対し、「日本語にあてるハングル表記は，先例に倣って，それで統一を図ったのではなかったか．

84　第Ⅱ部　音韻

換言すれば，ハングルによる日本語表記法が固定化し，いわば日本語の歴史的仮名づかいのような伝統的なものになっていたのではあるまいか.」としている。

引用文献

江口泰生（2001）「ロシア資料のエ列音」（『筑紫語学論叢』風間書房）

奥村三雄（1991）「音韻の歴史」（辻村敏樹編『日本語と日本語教育　第 10 巻』明治書院）

小倉　肇（2001）「「衣」と「江」の合流過程─語音排列則の形成と変化を通して─」（『国語学』204）

上村孝二（1991）「九州方言の各県別解説　鹿児島」（九州方言学会編『九州方言の基礎的研究　改訂版』風間書房）

上村孝二（1992）「鹿児島方言」（平山輝男編『現代日本語方言大辞典　第 1 巻』明治書院）

木部暢子（1997）「Ⅰ 総論　方言の特色」（平山輝男編『鹿児島県のことば』明治書院）

平山輝男（1992）『現代日本語方言大辞典　第 1 巻』（明治書院）

村山七郎（1965）『漂流民の言語』（吉川弘文館）

村山七郎（1993）「漂流民が語る日本とロシア〈インタビュー〉」（山下恒夫再編『石井研堂コレクション　江戸漂流記総集　第 6 巻』日本評論社）

森田　武（1993）『日葡辞書提要』（清文堂出版）

山口　巌（1991）『ロシア中世文法史』（名古屋大学出版会）

第2章　イ列音の表記と音韻

1．はじめに

　前章では、ゴンザ資料におけるエ列音節の表記に注目し、その書き分けの意味について考察したが、同様の書き分けがイ列音節にも見られる。そこで、本章では、イ列音節についても同様の考察を行うことにする。資料としては、ここでも『露日単語集』を主な対象とする。

　『露日単語集』には、現代薩隅方言のイ列音に相当する音節の母音部分に、4種類のキリル文字が使用されている。すなわち、「и」（347例）、「ï」（10例）、「ы」（16例）、「й」（53例）である。現代の薩隅方言では、1種類しか存在しないイ列音の母音が、18世紀の資料においては4種類の文字で書き記されている事実は何を意味するのであろうか。これらの文字の本資料における使用状況と、当時のロシア語の正書法、現代薩隅方言の実態等をもとに分析を行いたいと思う。

2．日本語表記に見られる使い分けの特徴

　まずは、これらの4種類の文字が、単独音節として用いられている場合と、子音文字と結合して用いられている場合とに分けて、それぞれの使用状況を観察してみることにする。

2.1．単独で用いられている場合

　単独で用いられている例、すなわち現代語の「イ」に相当する音に用いられている例は、「и」が83例、「ï」が5例、「й」が53例存在し、「ы」は全く見られない。それぞれの用例を次に挙げる[1]。

86　第Ⅱ部　音韻

・「и」の例（計83例）

　ичьде（イチデ［一代］／世紀）、ицъ（イツ／何時）、икѣ（イケ／池）、
　игава（イガワ［井川］／井戸）、инака（イナカ［田舎］／農村）、ибь
　（イビ／指）、фано итаго（ファノ　イタゴ［歯の痛ご］／歯痛）　他

・「ї」の例（計5例）

　тамагонъ намаїд（タマゴン　ナマイデ［卵の生茹で］／半熟卵）、джогаїя
　（ヂョガイヤ／両替屋）、шивоїе（シヲイエ／塩入れ）、суїе（スイエ／酢入
　れ）、кокоїясунаръ（ココイヤスナル［心安くなる］／より容易である）

・「й」の例（計53例）

　акай（アカイ／明かり）、фуй（フイ／冬）、койбь（コイビ／小指）、теой
　（テオイ［手負い］／負傷）、цуйбай（ツイバイ［釣針］／釣竿）、яйноте
　（ヤイノテ［槍の手］／槍兵）、окѣй（オケイ／桶屋）　他

　全用例を観察してみると、次のような特徴が見出せる。まず、「и」は、
そのほとんどが語頭で用いられている。語頭以外で用いられている例は、わ
ずか5例のみである。また、「ї」は必ず語中で、「й」は語中語尾で用いられ
ていて、この両者は、決して語頭では使用されない。さらに、興味深いのは、
「ї」と「й」は後接文字によってほぼ相補的な使い分けがなされているとい
う点である。すなわち、後に母音文字が続く場合には「ї」が用いられ、そ
れ以外ではほとんど「й」が用いられているのである。これらの環境ごとの
使用度数を表にして示すと〈表1〉のようになる。

〈表1〉単独の「и」「ї」「й」

	語頭		語中		語尾	計
	母音前	非母音前	母音前	非母音前		
и	0	78	0	5	0	83
ї	0	0	4	1	0	5
й	0	0	0	17	36	53
計	0	78	4	23	36	141

2.2. 子音文字と結合している場合

　次に子音文字と結合して用いられている例、すなわち現代薩隅方言の「キ」や「シ」などに相当する場合について見る。用例数は、「и」が264例で、「ï」が5例、「ы」が16例、そして、「й」は全く例が見られない。まずそれぞれの用例を挙げる。

　・「и」の例（計264例）

　　джигок（ヂゴク／地獄）、фината（フィナタ／日向）、шигвацъ（シグァツ／四月）、минато（ミナト／港）、кино фашъ（キノファシ／木の橋）、чичи（チチ［乳］／牛乳）、ибикь（イビキ／鼾）、зинко（ズィンコ［沈香］／香脂）、ни（ニ［荷］／商品）、шаггинъ（シャッギン／借金）他

　・「ï」の例（計5例）

　　кïуй（キウイ／胡瓜）、фïучь（フィウチ［火打］／火打用の鉄又は石）、кïесумь（キエスミ［消え炭］／木炭片）、мïяма（ミヤマ［深山？］／砂漠）、кïенатонтъ（キエナトント／綺麗な）

　・「ы」の例（計16例）

　　ацы（アツィ／暑い）、цытачь（ツィタチ／一日）、сыдо（スィド／水道）、фидарыı（フィダルィ［饑い］／飢え）、сыква（スィクァ／西瓜）、сышо（スィショ／水晶）、фуры（フルィ／篩）、нымѣ（ヌィメ／縫い目）、сугвы（スグィ［直ぐに］／真直に）、фтоцы（フトツィ［一つに］／一緒に）他

　ここでも次のような特徴が見出せる。まず、「ï」は、前述の単独の場合と同様、後に母音文字が続く場合にのみ用いられている。これには例外がない。そして、「и」「ï」「ы」には結合する子音文字にそれぞれ偏りが見られるようである。それぞれの用例数を示すと〈表2〉のようになる（便宜上、片仮名転写も添えて示す）。

88　第Ⅱ部　音韻

〈表2〉「и」「ï」「ы」と結合する子音文字の用例数（日本語）

キリル文字	к	с	ш	ц	ч	н	ф	м	р	в	г	з	ж	дж	б	計
片仮名転写	キ	スィ	シ	ツィ	チ	ニ	フィ	ミ	リ	ヰ	ギ	ズィ	ジ	ヂ	ビ	
и	33	0	44	0	24	33	50	47	0	0	5	2	8	9	9	264
ï	3	0	0	0	0	0	1	1	0	0	0	0	0	0	0	5
ы	0	5	0	6	0	1	0	0	3	1	0	0	0	0	0	16

3．ロシア語の正書法

3．1．ロシア語の部分における規範

　前章で述べたように、本資料におけるエ列音の表記には、当時のロシア語の正書法が影響を及ぼしていた。ここでもその影響を考えてみる。

　まずは、本章で扱っている4つのキリル文字について、本資料のロシア語の部分ではどのような使用上の特徴が見られるか観察してみよう[2]。日本語の部分と同じ筆跡で書かれているロシア語の部分を観察することによって、この4文字に関する本資料での規範が読み取れるであろうと考えるからである。

　観察の結果、次のような特徴が見出された。第Ⅰ部第3章で述べたものも含めて、箇条書きにして示す。

　①子音文字に後接しない「и」は、そのほとんどが語頭で用いられている。（73例中70例）

　②「ï」は、そのほとんどが語中で用いられている。（131例中129例）

　③「ï」は、そのほとんどが母音の前で用いられている。（131例中129例）

　④「ы」は、全て子音文字の後で用いられている。（261例中261例）

　⑤「й」は、全て母音文字の後で用いられている。（214例中214例）

　⑥「и」「ï」「ы」が子音の後に続く場合、「и」と「ï」が比較的どの子音文字にも満遍なく続くのに対し、「ы」には偏りが見られる。それぞれの前接子音の用例数を一覧表にして示すと〈表3〉の通りである。

〈表3〉「и」「ï」「ы」に前接する子音文字の用例数（ロシア語）

前接子音	б	в	г	д	ж	з	к	л	м	н	п	р	с	т	ф	х	ц	ч	ш	щ	計
и	8	27	2	19	12	2	24	54	4	86	15	33	13	28	1	6	0	19	98	12	463
ï	3	2	3	2	5	22	1	3	2	43	5	6	4	16	2	3	0	3	0	4	129
ы	11	28	0	18	0	4	0	16	12	86	4	25	11	39	0	0	7	0	0	0	261

　以上が、本資料のロシア語の部分における「и」「ï」「ы」「й」の文字使用の特徴である。

3.2. グレーニングの正書法

　上記のような特徴は、これらの文字に関して本資料の筆録者が有していた規範であると思われるが、それが決して個人的、一時的なものでなく、当時のロシア語正書法として確かに存在していたことを、グレーニングの文法書[3]で確認しておこう。そこには、これらの文字に関して次のような記述が見られる。その要点とその記述が見られる部門番号を箇条書きにして示す。

(1)「ï」は原則として語頭や語末では用いられない。ただし、外国から借用された語の場合はその限りではない。　　　　　　　　　　（Ⅰ§51）

(2) 母音の前では語頭語中を問わず、「и」ではなく「ï」が用いられる。

　　　　　　　　　　　　　　　　　　　　　　　　　　　　　（Ⅰ§51）

(3)「ы」が語頭で用いられることはないが、「и」はよく語頭で用いられる。　　　　　　　　　　　　　　　　　　　　　　　　　　（Ⅰ§59）

(4)「ы」は語頭だけでなく、母音文字、二重母音文字、半母音文字の後でも用いられることはない。　　　　　　　　　　　　　　（Ⅰ§60）

(5)「ы」は子音文字 ж、г、к、х、ч、ш、щ の後で用いられることはなく、代わりに「и」が用いられる。　　　　　　　　　　　　（Ⅰ§62）

　グレーニングの記述が、前に挙げたロシア語の部分における、これら4文字の使い分けの特徴とよく合致することが直ちに理解できよう。具体的にその対応を示せば、3.1で挙げた本資料のロシア語の特徴①とグレーニングの記述（3）、同じく②と（1）、③と（2）、④と（4）、⑥と（5）の内容が、そ

90 第Ⅱ部 音韻

れぞれよく合致している。このことから、前述した本資料のロシア語の部分における文字の使い分けの特徴は、ロシア語の正書法を反映したものであったと考えられる。またそのことは同時に、本資料の筆録者が、ロシア語の正書法に対して明らかに規範意識を有していたことも示している。

4．日本語表記に見られる文字の使い分けの解釈

これまでの考察により、次のことが明らかになった。
〈1〉 本資料の日本語の部分には、現代薩隅方言のイ列音に相当する音の母音を表記していると思われる文字が、「и」「ï」「ы」「й」の4種類見られるが、これらの使用状況には、特徴的な偏りが見られる。
〈2〉 本資料のロシア語の部分でも、「и」「ï」「ы」「й」は偏って使用されていて、それは、本資料の筆録者が、当時のロシア語の正書法に従った結果であった。

ここでは、この両者の関係について考えることにする。そして、その関係を踏まえた上で、18世紀の薩隅方言のイ列音について探ってみたい。

また、ここでもそれぞれの文字が単独で用いられている場合と、子音文字と結合して用いられている場合とに分けて考えることにする。

4．1．単独で用いられている場合

まず、各文字が子音の後に接していない場合のロシア語の正書法を確認する。

最初に「ï」であるが、ロシア語の部分の特徴②と③、グレーニングの記述（1）と（2）から、
・「ï」は必ず母音文字の前で用いなければならず、原則として語頭にも立たない。

という規範が存していたようである。原則から外れて、「ï」が例外的に語頭で用いられている例が、2例存在するが、それは「ïюнь（6月）」「ïюль（7月）」であり、2例とも母音文字「ю」の前で用いられている。従って、語頭にこそ立っているが、

第 2 章　イ列音の表記と音韻　　91

　・母音文字の前で用いる。
という規範は守られていることになる。おそらく、この規範はかなり厳密な
ものであったと考えられる。これらから、子音の後以外で用いられる「и」
「ï」「й」には、まず、ロシア語の正書法に基づいた次のような使い分けの基
準を認めることができる。

　　・母音の前——「ï」
　　・母音の前以外——「и」または「й」

　この規範は、日本語の部分にも影響を及ぼしているのであろうか。〈表 1〉
で確認すると、全用例 141 例中、語中の非母音前で用いられている「ï」の
1 例[4]を除いた 140 例が、この規範に従っていることがうかがえる。つまり、
この点に関して、日本語の部分に見られた文字の使い分けは、当時のロシア
語の正書法に従った結果だったと言える[5]。

　では、母音の前以外で用いられている「и」と「й」の使い分けは、何に
基づいているのであろうか。〈表 1〉を見ると、日本語の部分においては、
語頭で「и」、語中語尾では「й」という使い分けの傾向が見られる。ここで
も、ロシア語の正書法の影響を検討してみることにする。

　まず、「й」の方は、ロシア語の特徴⑤でも示したように、その全てが例
外なく語中語尾で用いられていることから、ロシア語の正書法上、「й」は
語中語尾でしか用いることができないということがうかがえる。そして、こ
のことは日本語の部分にも見られる。

　一方、「и」の方は、ロシア語の特徴①で示したように、例外も 3 例では
あるが存在すること、また、グレーニングの記述（3）は、「и」が語頭でよ
く用いられることを示していても、語中語尾で用いられないことを示してい
るわけではないこと、さらには、グレーニングの記述（2）が「и」の語中
での使用を前提にしていることから判断して、ロシア語の正書法に、「и」
は語頭でしか用いられないという規範があったというわけではなさそうであ
る。現に、日本語の部分においても、〈表 1〉からわかるように、語中で用
いられている「и」が 5 例存在する。つまり、語頭においてはともかく、語
中語尾では、「и」と「й」は並立し得るのである。そして実際に語尾では並

92 第Ⅱ部 音韻

立していないが、語中では並立している。

では、語中における「и」と「й」の使い分けは何を基準にしているのであろうか。ここは、発音の違いによるものと考えるのが自然であろう。「и」と「й」は現代ロシア語にも存在する文字で、「и」が母音 [i] を表すのに対し、「й」は、短い [i] の音を表すとされ、正式な母音としては扱われていない。この発音の異なる2文字の使い分けが、発音の異なる日本語のイ列音表記にも用いられたと考えられる。そして、これらを〈表1〉に当てはめて考えたとき、18世紀の薩隅方言におけるイ列音の次のような特徴を見出すことができる。すなわち、語中語尾におけるほとんどの母音「イ」は、短く発音されていたということである。従って、「акай（アカイ／明かり）」や「ксуй（クスイ／薬）」のように子音脱落により母音が連続した場合や、「асай（アサイ［浅い？］／浅瀬）」や「теой（テオイ［手負い］／負傷）」など、母音が融合せずにそのまま連母音として残っている場合の後部要素「イ」は、独立した音節とはなり得ず、前の母音と結合して1音節になっていたと考えられる。つまり、この点に関して、シラビーム方言である現代薩隅方言と同じ音節構造だったと言える。

4.2. 子音と結合して用いられている場合

まず、「и」と「ï」の関係から見てみよう。〈表2〉〈表3〉からは両者が並立するように思われるが、前述したように「ï」には、子音文字の後であるかどうかに関わらず《母音文字の前で用いる》という規範が厳然と存しており、それは、2.2で挙げた「ï」の用例（全5例）からも明らかなように、日本語表記にも完全に反映されている。よって、この2つの文字の使い分けはロシア語の正書法に従っているだけで、ゴンザの発音の違いを反映しているとは考えにくい。

一方、この2文字と「ы」との関係はやや複雑である。ロシア語の正書法では、ロシア語の部分の特徴⑥、グレーニングの記述（5）からも明らかなように「ы」が結合する子音には制約があることがわかる。すなわち、

・「ы」は子音文字ж、г、к、х、ч、ш、щの後では用いることができない。

というものである。それでは日本語の表記はどうかというと、〈表2〉から明らかなように、この制約がよく守られている。ここにもやはり、ロシア語の正書法の規範が及んでいるのである。

　しかし、〈表2〉をよく観察してみると、ロシア語の正書法では説明できない現象が存在することに気付く。それは、「и」「ï」と「ы」が、子音「н」に接続する場合を除いて相補的な分布をしているという点である。前述した正書法の規範によって、〈表2〉の「ы」が子音文字к、ш、ч、г、жと結合していないのは理解できる。しかし、「ы」が、ф、м、з、бと結合しないという理由は見当たらない。また、「и」がс、ц、р、вと結合しない理由もロシア語の正書法上はないはずである。これらの子音は用例自体が少ないので、偶然の不在という可能性もあるが、検討の余地がある。また、これらの偏りの不自然さは、〈表3〉の分布と比較すればよりいっそう明白である。これらの棲み分けについてもう少し考えてみよう。

　まず、「ы」の用例を確認してみる。2.2で挙げた例からも明らかなように、「ы」はすべて/ui/から転じた音を表していることがわかる。「сыдо（スィド＜スイドゥ［水道］）」「ацы（アツィ＜アツイ［暑い］）」といった具合である。これについては、早くに、柴田武（1967）が「指摘すべき重要な特徴」として、「uiから転じた音ï音がある。」と記している[6]。この「ы」の音価は、通時的な変化からの推測以外にも、当時の資料からも知ることが出来る。ロシア科学アカデミー会員P. S. パラスの『欽定全世界言語比較辞典[7]』には、「ギリシャ語のΥ（ウプシロン）のような音」と記されている。ギリシャ語のΙ（イオタ）ではなく、Υ（ウプシロン）で喩えているところから、普通の「イ」よりも「ウ」に近い音であることがわかる。グレーニングの前掲文法書にも次のような記述がある。

　　・我々は文字ыが文字yとиの中間の発音を持つことを、明瞭に聞くことができる。
　　　　　　　　　　　　　　　　　　　　　　　　　　　　　　　（Ⅰ§58）

　これらから「ы」が、[u]と[i]の中間的な音を表していたことは間違いなさそうである。従って、「и」と「ы」とは明らかに、異なる音を表示しており、そのため、唯一の例ではあるが、前述したように、〈表2〉のнが

94   第Ⅱ部　音韻

「и」と「ы」の両方に出現し得るのであろう。「ни」の例は、「ниватой（ニ
ワトイ／鶏）」であり、本来の「ニ」を表し、「ны」の例は「нымѣ（ヌィメ／
縫い目）」であり、/nui/ から転じた音を表している。

　このように「и」と「ы」の発音が異なり、並立することが可能で、ロシ
ア語の正書法上もこれらが相補的な分布をする理由が全くないことを考える
と、〈表 2〉の「ы」がф、м、з、бと結合していないというのは、偶々、本
資料において、これらの子音が、/ui/ から転じた音と結合する例がなかった
のだと考えるべきであろう[8]。但し、「кемуй（ケムイ＜ケムリ［煙］）」のよ
うな例は見られる。これは、/mui/ 自体が、/muri/ の子音脱落によって生じ
た音であるため、まだ「ы」の段階には至らず、「уй」という 2 つの母音連
続で表せる状態に止まっていたことを物語っていると考えられる。

　一方、〈表 2〉の「и」がс、ц、р、вと結合していないという事実は、ど
のように解釈すべきであろうか。これは、18 世紀の薩隅方言における次の
ような音声的な特徴を示すものと考えるべきであろう。

　まず、「си」が存在しないということは、ゴンザの「シ」の発音が［si］
ではなかったということを示している。また、「ци」が存在しないことも、
ゴンザの「チ」が［ti］ではなかったということを意味する。ゴンザ資料に
おいて、「シ」「チ」に該当する音は、［ʃi］［tʃi］の音価を持つ「ши」「чи」
で表記されているが、ゴンザの発音における「シ」「チ」が、本当に［si］［ti］
ではなく、［ʃi］［tʃi］であったということは、「си」「ци」という表記があ
り得るにも関わらず、使用例が存在しないという事実があって初めて確かな
ものとなるのである。

　また、「ри」の不在は、ゴンザの発音に［ri］という音が存在しなかった
ことを示す。現代語で「リ」に相当する音は、『露日単語集』では、「форь
（フォリ／堀）」「ксакирь（クサキリ／草刈る人）」のように、「рь」で表されて
いる。これは［r］音を表すрに軟音符ьがついたもので、［r］が軟音化して
いることを示す。軟音化した子音は、子音の後にごく短い「イ」の音を伴う
とされている。従って、本資料において、「リ」に相当する音が「ри」では
なく、「рь」で表記されているということは、母音の［i］音が、完全に発音

されずに無声化しかけている状態を示しているものと考えられる。別のゴンザ資料『日本語会話入門』では「дику（ディク＜リコウ／利口）」のように、「ди」で表されている例も見られる。これは、現代薩隅方言において、ラ行音がダ行音化する現象と同質のものであろう。いずれにしても、ゴンザは、[ri] という音価を持つ「リ」を持たなかったようである。

　そして、「ви」の不在については、[vi] 音がなかったことを示す。この表記が存在しないということは、日本語音韻史上の問題に即して考えれば、ワ行の「イ」が存在しなかったということも推測させる。これに対し、「ы」はв と結合し「вы」という例が一例ながら見られる。これは「сугвы（スグィ［直ぐに］／真直に）」という例である。「スグニ」＞「スグイ」の変化を経て、他の/ ui / から変化した音の場合と同様に、「гы」と記したいところであるが、前述の通り、г に「ы」を後接させることは正書法規範に抵触するため、筆録者の工夫によりв を間に立てたのではないかと思われる。同様のものとして「квы」という表現も『日本語会話入門』には見られる。「фиквы（フィクィ／低い）」「квыкакѣ（クウィカケ／食いかけ）」などの例であり、これも正書法規範の範囲内で、/ ui / から転じた音を表現しようとしたものであろう。

　最後に「жи」について述べる。これはロシア語の正書法規範に従って、「ы」と結合することなく「и」の例しか見られない。キリル文字の音価から判断して、ゴンザの「ジ」を表現するものであろうが、本資料中の用例を観察してみると、この「жи」は、「нижинъ（ニジン／人参）」等の「жи」8 例と、「джигок（ヂゴク／地獄）」等の「джи」9 例に分けるべきものだということがわかる（〈表2〉では先取りして分けて示した）。この両者は、柴田武（1967）が「四つ仮名の区別がある。dʒi「祖父」ʒi「文字」。」と指摘する通りであろう。

5．おわりに

　最後に、以上の考察結果と現代薩隅方言との関係について述べておく。

96　第Ⅱ部　音韻

『露日単語集』のイ列音表記は、一見、複雑に見えるが、該当する各文字の使用状況をよく観察し、当時のロシア語の正書法やキリル文字の音価も含めて考察することによって、単にロシア語の正書法に従って複数の文字が使い分けられているだけの場合と、発音の違いによって文字が使い分けられている場合とがあることが明らかになった。そして、後者をさらに分析することによって、18世紀の薩隅方言には、語中尾の「イ」が1音節として独立していない点や、「シ」「チ」の音価が［ʃi］［tʃi］である点など、現代薩隅方言と共通する部分と、語中語尾の「リ」に子音が脱落している場合と母音の無声化が行われている2種類がある点や、四つ仮名の区別がある点など、現代薩隅方言とは異なる部分があることも明らかになった。

　また、薩隅方言の史的変遷を考える上で、興味深い表記も見られた。連母音から転じたイ列音のそれである。

　現代薩隅方言のイ列音にも、「サミ」＜「サムイ（寒い）」、「ウシ」＜「ウスイ（薄い）」など、/ui/から転じた音があるが、この/ui/から転じた部分は［sami］［uʃi］のように［i］と発音される。一方、『露日単語集』においては、前述したように、この部分が、キリル文字「ы」で表記されていた。この文字は、完全な［i］を示すわけではなく、［u］と［i］の中間的な音と解釈した方がよさそうである。なぜなら「ы」は「и」（または「ï」）とも、「уй」とも区別されているからである。

　また、現代薩隅方言においては、/ui/が［i］に転じる現象は、「寒い」「薄い」のような形容詞や、名詞に助詞「に」が接続する場合、例えば、「ヒトチ＜ヒトツイ＜ヒトツニ（一つに）」や「ショガチ＜ショガツイ＜ショウガツニ（正月に）」等では見られても、その他の品詞、例えば「スイドウ（水道)」や「ツイタチ（一日)」「ヌイメ（縫い目）」等では見られない。しかし、『露日単語集』の場合、品詞に関わらず、「スイドウ（水道）」などでも、「уй」ではなく「ы」で表されている。

　これらを整理すると、薩隅方言史において、/ui/は一様に融合して、いったん［u］と［i］の中間音になり、その後、形容詞と、名詞に助詞「に」が接続する場合は、さらに変化が進み、［i］となったが、その他の品詞におい

ては、連母音の［ui］に回帰したと考えられる。

　なお、現代でも鹿児島の主な方言は前述の通りであるが、その周辺にまで目を向けると、トカラ列島の小宝・宝島、また宮崎県の高千穂町を中心とする地域に、［os ë ：~os ï ：］（遅い）、［m ï ：ta］（向いた）など、連母音から転じた中舌母音［ï］が存在する[9]。ゴンザの発音における /ui/ から転じた音は、このような音だったのではないかと思われる。

注
1)　用例の表示のしかたについては前章の注2を参照されたい。
2)　本書第Ⅰ部第3章でも、「ï」と「ы」のロシア語の部分の特徴については触れた。そこでも用例数を示したが、ここでは、この2文字に加えて、「и」と「й」についても、使用状況に見られる特徴を用例数とともに挙げておく。
3)　前章でも参照したグレーニング『ロシア文法すなわち Grammatica Russica またはロシア語の基礎的な手引き』（1750）。山口巌（1991）の日本語訳に拠った。
4)　例外は、2.1で示した次の1例である。
　　　「тамагонъ намаïд（タマゴン ナマイデ／半熟卵）」
5)　江口泰生（1995）には、別のゴンザ資料『日本語会話入門』の「и」「й」「ï」に関する同様の指摘がある。また、同論文には、これらの文字の、日本語の部分における使い分けは、ロシア語の部分ではあまり厳密でないという指摘もある。しかし、『露日単語集』に限って言えば、本章の「3.1」において数値で示したように、ロシア語の部分でも、日本語の部分と同様の使い分けが、かなり厳密に行われていると言える。
6)　ここでのï は音声表記の［ï］であってゴンザ資料の「ï」ではない。
7)　ロシア科学アカデミー会員 P. S. Pallas が作成した『Linguarum Totius Orbis-Vocabularia Comparativa Augustissimae Cura Collecta』（1787~1789）。ここでも東洋文庫所蔵本を利用させていただいた。感謝申し上げる。
8)　現に、別のゴンザ資料『新スラヴ日本語辞典』には、次のような例が見られる。
　　　「фытатъ（フィタト／吹きたる）」
　　　「мыкантъ（ムィカント［六日のと？］／八日の）」
　　　「куродзытатъ（クロヅィダト／寝付いたところの）」
　　　「катабычмиръ（カタブィチミル［傾いて見る］／こっそり覗く）」
　　このように「фы」「мы」「зы」「бы」の使用例が見られることからも『露日

98　第Ⅱ部　音韻

単語集』にφ、м、з、6 の例が見られないのは、偶然の結果であったことが察せられる。

9)　上村孝二（1998）参照。

引用文献

江口泰生（1995）「「外国資料」としてのロシア資料」（『岡山大学文学部紀要』
　　　24）

上村孝二（1998）「方言研究補遺」（『九州方言・南島方言の研究』秋山書店）

柴田　武（1967）「［書評］村山七郎著「漂流民の言語─ロシアへの漂流民の方言
　　　学的貢献─」」（『国語学』68）

山口　巌（1991）『ロシア中世文法史』（名古屋大学出版会）

パラス（1787~1789）P. S. Pallas, Linguarum Totius Orbis Vocabularia Comparativa
　　　AugustissimaeCura Collecta

第3章　アクセント符号について

1．はじめに

　ゴンザ資料のうち、『露日単語集』と『日本語会話入門』、そして、『新スラヴ日本語辞典』『世界図絵』の一部には、アクセント符号が付されている。筆者は、このアクセント符号について、第Ⅰ部第3章でも述べたように、『露日単語集』のロシア語の部分に付されているアクセント符号の信憑性の高さから類推して、日本語の部分のアクセント符号も信頼できるもの、すなわち、ゴンザの発音をほぼ正確に反映しているものと考えている。しかし、本資料の筆録者が——それは第Ⅰ部第1章で述べたように、ゴンザやボグダーノフの周辺にいたロシア人であった可能性が高いと考えられるが、たとえそれがボグダーノフ、あるいはゴンザ自身であったとしても——ロシア語の言語感覚で記録している以上、アクセント符号は、ロシア語のアクセント符号と同じ意味を有している可能性が高い。本資料がロシア語話者の感覚で記されていることは、これまで述べてきたように、日本語の部分にもロシア語の正書法が反映されていることや、日本語の言語感覚しか持ち合わせていない人物ならば、不可能であったと思われる細密な音声表記等がなされていること等から判断して明らかである。要するに、ゴンザ資料のアクセント符号は、ロシア語のアクセントと同じ性格のもの、すなわちストレスアクセントを意味するものであり、日本語のアクセントであるピッチを反映したものではないと考えられる。そのため、ゴンザ資料のアクセント符合は信頼できるが、日本語のアクセント研究には耐えられないはずである。

　しかし、その一方で、資料に残された大量かつ貴重なアクセント符合の存在意義を考えたとき、それを手がかりとして、ゴンザのアクセント、さらには18世紀の薩隅方言のアクセント体系を再構しようとする姿勢はあって然

100 第Ⅱ部 音韻

るべきである。但し、その場合には、本資料のアクセント符合をピッチの反映として解釈するための理論的な説明が必要であるように思われる。実際に、先行研究[1]では、本資料のアクセント符号を積極的に整理、分類することによって当時のアクセント体系が再構されているが、その点は、はたして明確に示されているのであろうか。

　本章では、先行研究を検証することによって、本資料のアクセント符号が意味するものをあらためて考えてみることにする。

2．再構されたアクセント体系

　先行研究によって提示されたゴンザのアクセント体系は、次の通りである。ここでは、名詞の場合と、名詞に助詞が接続した場合を示す[2]。

【名詞の場合】

　　〈現代鹿児島〉　　　　　　〈項目別露日辞典[3]〉

　　A 型動詞　：　○　○○́　○○○　○○○○　　　　○́○○○○

　　B 型動詞　：　○　○○́　○○○́　○○○○́～○○○○́　　　？

【名詞の単独形と、助詞が接続した場合】（▷は助詞を表す）

タイプ	例	型	1音節語	2音節語	3音節語
独立式	w o《を》	α型	○～○́▷	○○～○○́▷	○○○～○○○́▷
		β型	○～○́▷	○○～○○́▷	○○○́～○○○́▷
従属式	g a《が》	α型	○～○́▷	○○～○○́▷	○○○～○○○́▷
		β型	○～○́▷	○○～○○́▷	○○○́～○○○○▷
吸収式	n・《の》	α型	○～○́	○○～○○́	○○○～○○○́
		β型	○～○́	○○́～○○́	○○○́～○○○́

　上のアクセント体系は、一見して納得しやすいものである。それは、「2音節以上の語には2種類のアクセントがあり，現代鹿児島方言のA型，B

型ときれいに対応している[4]」とあるように、現代鹿児島方言の体系との対応が明瞭であり、その推移の遡りが容易だからである。また、現代長崎方言の体系と類似しており、西南部九州二型アクセントという類型の中での史的変遷を想像するのに十分な体系だからでもある。

　しかし、この鮮やかな結論は、あまりにも脆弱な根拠の上に成り立っているように思われる。アクセント符号がロシア語のアクセント、すなわちストレスを反映するものである以上、ピッチアクセントであるゴンザのアクセントを再構するには、まずストレスとピッチの関連性が明確に証明されなければならないはずであるが、それがなされていないからである。

３．現代鹿児島方言とのきれいな対応

　前述したように、先行研究では、ゴンザのアクセントが「現代鹿児島方言のＡ型，Ｂ型ときれいに対応している」と言う。現代鹿児島方言のアクセント体系とは、以下のようなものである。

　　Ａ型　：　◯　◯◯　◯◯◯　◯◯◯◯　◯◯◯◯◯
　　Ｂ型　：　◯　◯◯　◯◯◯　◯◯◯◯　◯◯◯◯◯

すなわち、「ヒ（日）」「アメ（飴）」「サクラ（桜）」「ヒマワリ（向日葵）」のように、必ず語末から2音節目だけが高くなるＡ型と、「ヒ（火）」「アメ（雨）」「ツバキ（椿）」「アサガオ（朝顔）」のように、必ず語末だけが高くなるＢ型に分けられる。そして、助詞が付属した場合でも、その体系は維持され、Ａ型は、「ヒガ（日が）」「アメガ（飴が）」「サクラガ（桜が）」「ヒマワリガ（向日葵が）」となり、Ｂ型は、「ヒガ（火が）」「アメガ（雨が）」「ツバキガ（椿が）」「アサガオガ（朝顔が）」となる。

　この現代鹿児島方言のアクセント体系と先行研究によって再構されたゴンザのアクセント体系とを見比べてみると、Ｂ型は、ほぼ一致するが、Ａ型では、現代語が語末から2音節目が高いのに対し、ゴンザの場合は、語頭から2音節目が高いという違いがある。これは先行研究でも認められていることであり、むしろ、この違いこそが史的変遷を考える上で興味深い結果なので

102 第Ⅱ部 音韻

あるから、もちろん、その結果自体は全く問題がない。筆者が問題にしたいのは、ゴンザのアクセントが、なぜ、現代鹿児島方言と同じ二型なのかということである。日本全国のアクセント体系の中で、二型アクセントというのはそれほど多くない。現代鹿児島方言が二型だからといって、ゴンザの時代、すなわち 18 世紀前期においても、そのようであった保証はどこにもないはずである。現在、近隣の熊本や宮崎、大分など、九州内でも多様なアクセントの型が存在することは周知の通りである。型の内容だけでなく、型そのものが違っていたという可能性まで考えることが、史的変遷を考慮に入れるということなのではなかろうか。もし、ゴンザ資料の用例を、アクセント符号の位置によって分類し、帰納的に二種類の型が得られたのであれば、何ら問題はない。しかし、詳しくは後述するが、全用例をアクセント符号に素直に従って分類した限り、ある程度の偏りは認められても、決して単純な二型にはならないはずである。

　また、なぜ、ゴンザのアクセントも、現代鹿児島方言アクセントと同様に、アクセントの高点が一箇所だと断定できるのであろうか。前述したように、現代鹿児島方言では、A 型の語は、語末から 2 音節目だけが高く、語末ではまた低くなる。そして B 型の語は、語末の一音節だけが高くなり、他の音節はすべて低い。この一音節だけが高くなるという現代鹿児島方言の特徴が、ゴンザの時代、すなわち 18 世紀前期においても存在していた保証はないはずである。確かに、ゴンザ資料には、アクセント符号が一単位（ほとんどの場合、一文節である）につき、一箇所だけ付されている。しかし、これは、この資料がロシア語の基準で書かれているのであるから当然のことである。ロシア語のアクセントはストレスアクセントであり、一つの単位の中で一箇所だけがマークされる。このマークは、通常、最も強く発音する音節を表示するものだが、実際には長さや高さも関与しており、これらの要素を一つだけに限定することは難しいとされている。しかし、いずれにしても、ストレスアクセントは、一箇所だけの際立ち部分を持つアクセントであり（副アクセントというのもあるが、それでもその際立ちは「点」である）、高部を連続して複数持ち得るピッチアクセントとは、この点において本質的に大きく異な

第3章　アクセント符号について　　103

るはずである。現代鹿児島方言は、他の日本各地の方言と同じく、高さが意味を持つピッチアクセントである。しかし、際立ち部分が一箇所だという点においては、ストレスアクセントと変わりはない。現代鹿児島方言のアクセントとゴンザ資料に記されたアクセントは異質なものであるにも関わらず、両者とも際立つ音節を一箇所しか持たないというこの偶然の一致が、両者を結びつけてしまう原因になっているのではなかろうか。もし、ゴンザ資料の用例を、帰納的に処理した結果、高点が一箇所しかないという特徴が現れたのであれば、何ら問題はない。しかし、ゴンザ資料のアクセント符号が一単位に一箇所しか付されていない以上、それを証明することは不可能である。繰り返しになるが、18世紀前期においても、アクセントの高点が一箇所であった保証はどこにもないのである。現代の鹿児島県下においても、薩摩半島南部の枕崎地方などでは、「●●○」のように高部が2音節に渡っているアクセントが存在する[5]。また、京都地方の方言において、「ウサギ（兎）」「ネズミ（鼠）」などのアクセントが、近世中期まで「○●●」でありながら、それ以降「○○●」に変化したことなどを考えれば、現代鹿児島方言の「ウサギ（兎）」「ネズミ（鼠）」などB型の語が、かつては「○●●」のように、連続した複数の高点を持っていた可能性もあり得る。史的変遷を考慮に入れるというのは、そのようなあり得るすべての可能性を考えるということではなかろうか。

　ここまでを要するに、先行研究によって提示されているゴンザのアクセント体系は、初めから現代鹿児島方言との対応が前提となっており、その枠からはみ出ようとする方向性が遮られ、言わば、導かれるべくして導かれた結論という印象が拭えないのである。

　尤も、確実に把握することが可能な現代語を基準にして考えること自体は、妥当な方法である。しかし、それが単なる出発点や比較の対象としてではなく、実際の用例を束縛する枠として存在してしまっては、データ整理は演繹的なものとなってしまい、本質を見誤ってしまう可能性がある。上に掲げたゴンザのアクセント体系が、現代鹿児島方言という枠の束縛を受けながら導かれたものでなかったかどうか、続けて検証してみることにしよう。

104　第Ⅱ部　音韻

4．長音節の排除

　先行研究においては、まず、全用例が、品詞・音節数・アクセント符号の位置・現代鹿児島方言の AB の型別に基づいて、グループ化されて示される。そして、各グループの用例数が数値化され、一覧表としてまとめられる。例えば、2 音節名詞では、次のような一覧表が示される[6]。

(15)『項目別露日辞典』と現代鹿児島方言との対応（2 音節名詞異なり語数）

露日 ＼ 現代鹿児島	A型	B型	X	合計
○○	103	109	35	247
○◯	11	110	12	133
合計	114	219	47	380

　この表を見る限り、『項目別露日辞典』（『露日単語集』と同じ、以下同）のアクセント表記と、現代鹿児島方言のアクセントとは、必ずしもきれいに対応しているとは言い難い。『項目別露日辞典』の○○が、現代鹿児島方言の B 型に偏っているとは言えるが、○○は、完全に A 型と B 型の両方に割れている。この結果に対し、先行研究では次のように述べられている。

　　　『項目別露日辞典』の○○に現代鹿児島方言の A 型語が少ないという
　　傾向が現れているものの，それ以外に『項目別露日辞典』と現代鹿児島
　　方言の対応関係を表わすような数値は現れていない。

　つまり、用例を素直に整理するだけでは、現代鹿児島方言アクセントと対応しないことが認められているのである。しかし、これに対して、次のような理由をもとに再整理が行われる。

　　　ところが，語の音節構造に注目してみると，○○に属する語には明ら
　　かにある偏りがあることに気がつく。すなわち，用例に示したように○
　　○の語には第 1 音節目に長音節を持つ語が多く，特に B 型語でこの傾

向が顕著なのである。そこで，語の音節構造に注目して（15）を整理し
直したのが（16）である。

引用文中の（15）とは、上記の一覧表のことであり、（16）とは下の表の
ことである。

**(16) 音節構造別『項目別露日辞典』と現代鹿児島方言との対応
（2 音節名詞異なり語数）**

第1音節目が短音節の語				第1音節目が長音節の語			
現代鹿 露日	A型	B型	合計	現代鹿 露日	A型	B型	合計
○○	62	19	81	○○	41	90	131
○○	10	91	101	○○	1	19	20
合計	72	110	182	合計	42	109	151

そして、この再整理をもとに、次のような法則が指摘される。

「第1音節目が短音節の語」の欄では，○○が81語、○○が101語で，
用例数にそれほど偏りがないのに対し，「第1音節目が長音節の語」の
欄では，○○が131語，○○が20語で，圧倒的に○○に偏っている。
ここには明らかに，「第1音節目が長音節の語には第1音節目にアクセ
ント符号を付ける」という意識が見てとれる。

すなわち、第1音節目が長音節の時は、そこが強く長く発音されるため、
実際には「○○」であっても、第1音節目が優先的にマークされる可能性が
高く、現代鹿児島方言でB型でありながら「○○」と記されている用例は
信用してはならないということのようである。要するに、表（15）において、
障害となっていた○○でB型の「109」という数字を、一気に「19」に減ら
すことに成功したわけである。

この法則は、次の文が示すように、先行研究の再構作業において大きな鍵
となっているようである[7]。

ゴンザのアクセントの再構に当たっては，次のような法則に気付いた
ことが最大のポイントだった。すなわち，語頭部分に CVV・CVC・

CCV などの複雑な音節（文字連続）を持つ語では，必ず語頭部分にアクセント符号が付されるという法則である。このようなアクセント符号は，おそらく語頭部分にある長い音節，あるいは強い音節をマークしたものであって，実際のアクセントを反映してはいないだろう。

なるほど、筆者もこのことには全く異論がない。しかし、ここで疑問が浮かぶ。なぜ、「実際のアクセントを反映してはいない」のは、「CVV・CVC・CCV などの複雑な音節を持つ語」の語頭におけるアクセント符号だけであって、他の場合には、その考えが適用されないのであろうか。なぜ、ゴンザ資料はストレスアクセントを反映している可能性が高いから、ピッチアクセントである鹿児島方言の 18 世紀の体系を再構することは不可能ということにならないのであろうか。ゴンザ資料へのストレスアクセントの反映が認められていることは上記引用文中の「このようなアクセント符号は，おそらく語頭部分にある長い音節，あるいは強い音節をマークしたもの」という記述から明らかである。まさか、「CVV・CVC・CCV などの複雑な音節を持つ語」だけは、ストレスアクセントが表記され、それ以外ではピッチアクセントが表記されているというわけではあるまい。

筆者が推測するに、おそらく、先行研究では「CVV・CVC・CCV などの複雑な音節を持つ語」の語頭以外では、正しい高点のマークを阻害するものがないだろうという判断がなされたものと思われる。確かに、ストレスアクセントの要素には強さだけでなく、高さも含まれると言うが、決まって、強さと高さが一致するわけではない。服部四郎（1937）には、次のような指摘がある。第Ⅰ部第 3 章の「注」でも引用したが、あらためて掲げることにする。

　　頭音節と核音節との声の高低の差が最も著しく且つ注意すべきもので、その高低関係は単語の文中に於ける位置によって逆にさへなる。
（一）頭音節（高）、核音節（低）……単語が文の最後の位置にある場合又は単独の場合。
（二）頭音節（低）、核音節（高）……単語が文の最後以外の位置にある場合。

第3章　アクセント符号について　107

　先行研究では、現代鹿児島方言のピッチとパワーの関係を音声機械を用い
て調査した結果がいくつか示されているが、ゴンザ資料におけるアクセント
符号とピッチを関連づける証拠にはならない。ピッチアクセントの言語にお
ける発音の高低は、一種の音韻として作用し、社会的な約束事として存在す
ると思われるが、はたして、強弱はどうであろうか。多少の決まった傾向は
存在したとしても、日本語においては、個人によって、またその個人も発話
によって、一定しないのではなかろうか。また、前述したように、ゴンザの
アクセントにおいても、高点が一箇所しかなかったという保証はどこにも存
在しない。ストレスアクセントとピッチアクセントとは、本質的に異なるも
のである。ストレスアクセントのマークをいくら整理して、確からしい結論
が導き出されたとしても、それは、やはり異質なものの整理であり、本質に
迫ることはできない。極端な言い方をするならば、ストレスをマークしたゴ
ンザ資料のアクセント符号が、ピッチアクセントである現代鹿児島方言アク
セントと、たとえ 100％一致したとしても、それは偶然であり、「現代鹿児
島方言アクセントと全く同じ体系であったかもしれない」という想像しか許
されない。分野を問わず、歴史を扱う研究にとって、絶対的なことはあり得
ず、それは確からしさの追究に過ぎないことは言うまでもないが、その確か
らしさは、結果から得られるものではなく、論証過程から得られるものでな
ければならないはずである[8]。
　先行研究では、「第 1 音節目の長音節に注意しさえすれば，ゴンザ資料の
アクセント符号は十分信頼できる[9]」とされるが、はたして、その信頼の基
準とは何か[10]。一連の各論考から察するに、現代鹿児島方言のアクセント
体系との対応であろうが、対応しない部分については、「実際のアクセント
を反映してはいない」として排除し、対応する部分についてのみ、「十分信
頼できる」としてそれ以上疑うことをせず、そこから体系を再構するという
のでは、何か導くべき結果が先に存在するような印象を受けずにはいられな
いのである。

108   第Ⅱ部　音韻

5．表記の揺れ

　筆者の立場からは、これ以上の検討はあまり意味がなく、決して建設的でもないが、「不可能」ということを立証するには、「可能」だとする主張を否定するほかないので、もう少し検証を続けることにする。

　前掲の表（16）を踏まえて、2音節名詞に関して、次のような結論が導かれる。

　　　（16）においてアクセント型に偏りが見られるのは第1音節目が長音節の場合だけであって，第1音節目が短音節の場合には，『項目別露日辞典』と現代鹿児島方言との間に（17）のような対応がきれいに浮かび上がってくるのである。

　　　（17）　○○　：　A型
　　　　　　　○○　：　B型

　つまり、長音節を排除すれば、ゴンザのアクセント符号と現代鹿児島方言のアクセントとはきれいに対応するということであるが、実際には、前掲の表（16）からも明らかなように、第1音節目が短音節の語の場合であっても、○○の全用例81語中、B型の語が19例、すなわち約23.5％の例外が含まれており、また、○○の場合も101例中10例すなわち約9.9％の例外が存在する。これらの数値をもって「対応がきれいに浮かび上がって」きたと言えるかどうかは判断が分かれるであろうが、筆者は、後者の場合はともかく、前者に関しては、あまり「きれいに」とは感じられない。これらの例外に関しては、さらに次のような処理法が用意されている。

　　　（17）の例外となるのは「○○―B型」の19語、「○○―A型」の10語の，計29語だが，じつはこの29語にはアクセント表記に揺れのある語が多い。『日本語会話入門』の例まで含めて揺れの実態を示すと，以下の通りである。

　　　（18）・虎〈1類A〉torà（露日，10）〜tóra（入門64）
　　　　　　・桃〈1類A〉momò（露日15，15）〜mómo（入門104）（以下略）

第3章 アクセント符号について　109

　このように表記に揺れのある語が上記の「虎」「桃」を含めて、全部で7例挙げられている。その内訳は「○○—B型」という例外が4例、「○○—A型」が3例である。確かに、これらの語の表記が揺れていることは『日本語会話入門』で確認できる。しかし、これらを例外から除外しても、「○○—B型」という例外は15例、「○○—A型」は7例残ることになる。後者はともかく、前者は「○○」の語77例中15例、すなわち約19.5％の語が例外となるが、これ以上の例外処理はなされていない。例外率19.5％の数値をもって、「きれいに」対応していると言うには、筆者にはやはりいくらか抵抗感があるが、この判断は個人によって異なるであろうから、これ以上は問題視しないことにする。

　しかし、どうしても看過できない問題がここにも存在する。それは、ここで例外処理のために別のゴンザ資料『日本語会話入門』が採り上げられていることである。資料の量的不足を補うために、他の資料にまで調査対象を広げることはいっこうにかまわない。むしろその方が適切な処理をできることの方が多いであろう。だが、一つの資料を扱った統計調査において、都合の悪い部分に関してだけは、調査対象の拡大によって、その例外性を取り除き、都合のよいものは、対象を広げることなく、そのまま採用するというのは如何なものか。対象を『日本語会話入門』にまで拡大するのならば、例外29語に対してだけでなく、全語に対して行うべきである。表記に揺れが見られる語は、この例外29語の中だけでなく、他の都合の良い例の中にも存在するかもしれないからである。もし、都合の良い例の中にも表記の揺れが認められれば、それらも取り除き、都合の良さの確率も下げなければ公平でない。現に、『日本語会話入門』を観察してみると、「káca（カサ［笠］／室内帽）」「náка（ナカ［中は］／中間は）」「джи́да（ヂダ［地だは］／地は）」のような例を見つけ出すことができる。これらはいずれも、『項目別露日辞典』の中では、「касá」「накá」「джидá」と記されており、現代鹿児島方言アクセントでもB型に属するため、「○○—B型」に分類され、現代鹿児島方言アクセントに対応する好例として、そのまま論の補強に役立っている。しかし、『日本語会話入門』にまで調査対象を広げるならば、これらは「○○—B型」

110　第Ⅱ部　音韻

の例も見られるのであるから、上に挙げた7語を表記の揺れとして例外から
排除するならば、これらも排除しなければ公平でない。資料を統計的に処理
する際には、すべての用例に平等に接するべきであると考える。

6．長音節排除の基準

　これまで、2音節名詞の場合を例にとって述べてきたが、他の音節や他の
品詞においても同様に、用例を分類した後、例外を除去するという方法がと
られている。手順自体は妥当なものであるが、例外除去の方法には、前述し
たように、例外部分でだけ調査対象を広げるという問題点があった。それで
ももう一つの除去方法、すなわち長音節を除外するという方法は、ゴンザ資
料のアクセント符号の意味を考えたときに、納得しやすいものである。この
ことも前述した通りである。しかし、この除去方法も、音節が増えて来た場
合、つまり3音節、4音節名詞の場合になると、また不可解なものになって
くる。先行研究では、1音節目と2音節目に長音節があるときには、これを
正しいアクセント表記を阻むものとして、この音節を含む語を用例から除外
しているが、3音節目以後に長音節がある場合には、これを除去していない
のである。「調査の結果，単語の第3音節目に関しては長音節であるか短音
節であるかがアクセントに関与的でないことが分かったので，第3音節目に
関しては両者を区別しない[11]」とされているが、「アクセントに関与的」で
あるかどうかの判断基準は何であろうか。ここでもやはり現代鹿児島方言ア
クセントとよく対応するかどうかなのであろうか。第1・2音節目の場合に
は、ピッチが無視され、ストレスアクセントとしての際立ちが優先的にマー
クされるが、第3音節目では、ピッチの高点が優先的にマークされるという、
不統一な法則を採用するには、音声学的な説明が必要だと思われる。

7．型認定の基準

　先行研究では、すべての音節、また、名詞以外の品詞についても上記のよ

うな方法によって、例外除去がなされ、その後、現代鹿児島方言との対応が数値として示され、最終的に、各品詞・音節ごとの型が提示される。

　しかし、この最終段階でも容易に受け入れがたい処理が行われる。ここでは、結果として鹿児島式と長崎式とを区別するポイントとなる4音節名詞・5音節名詞の場合について見てみよう。鹿児島式A型では後ろから2音節目が高いのに対し、長崎式では前から2音節目が高くなるので、両者が決定的に異なるのは4音節以上の単語だからである。因みに、先行研究では、最終的に西南部九州二型アクセントの系譜について、現代鹿児島方言は長崎式を経たものであると考え、ゴンザのアクセントから得られた体系と長崎式の類似も、その主張の根拠の一つとされているようである。

　さて、4音節名詞については次のような型が提示されている。

　　○○○○́　　　　　　　　：　　A型
　　○○○○́～○○○○́　　：　　B型

　B型に幅があるのは、用例が「○○○○́—B型」7例、「○○○○́—B型」5例で割れており、尚かつ、これらにA型が存在しないので妥当な判断だと思われる。しかし、A型の方はいささか不可解である。「○○○○́—A型」の例が5例存在するのに対し、「○○○○́—A型」の例も3例存在するからである。これに対しては、例の第1・第2音節目の長音節は除去するという法則により例外除去を行っているが、それに該当するのは1例しかなく、結局、残りの「○○○○́—A型」の2例については放置される。しかも、「○○○○́」には、B型の語も2例（「курóганђ（クロガネ／鉄）」「комéмише（コメミシェ［米店］／穀物店）」）存在し、両者とも長音節を含まないので、排除するわけにはいかない。すなわち、「○○○○́」＝「A型」を認めるには、長音節の排除という処理を行った後でも、都合の悪い例が「○○○○́—A型」2例と「○○○○́—B型」2例、計4例存在する。都合の良い例は5例存在するので、数としてはこちらが1例だけ上回るが、このような状況の中で、「○○○○́」＝「A型」という型を決定するのはあまりにも危険すぎるのではなかろうか。

　さらに、5音節名詞については次のようである。

112　第Ⅱ部　音韻

　　A 型語　：　○○○○○

　　B 型語　：　　　　　　？

　B 型の用例は、「○○○○○」の例「ураомо́че（ウラオモチェ［裏表］／透して）」が 1 例あるのみで、型の再構を保留している。妥当な判断であろう。一方、A 型の方はというと、上記のように「○○○○○」という型が再構されているが、実は、こちらも「аба́рабонђ（アバラボネ）／肋骨」の 1 例しか存在しないのである。この 1 例だけから型を再構したことに関しては、次のように述べられている。

　　　　用例は少ないが，3 音節名詞，4 音節名詞に類推して○○○○○が現
　　　代鹿児島方言の A 型に対応すると考えてよいだろう。

　4 音節名詞の不確かさは、前述の通りであるが、それを根拠にしたここでの類推もやや危険が伴うように思われる。

8．助詞のアクセント

　最後に助詞が接続した場合のアクセントについて確認しよう。先行研究では、「ga（が）」「wo（を）」「no（の）」「ni（に）」「wa（は）」「dʒe（で）」「dʒa（では）」「to（と）」「kara（から）」の 9 つの助詞が扱われている。これらの助詞は、現代鹿児島方言では、前述したように、助詞が独立したアクセント単位とはなり得ず、前接する名詞と一体化して、A・B の型を維持する。例えば、A 型の「アメ（飴）」は「アメガ（飴が）」、B 型の「アメ（雨）」は、「アメガ（雨が）」のようになる。従来のゴンザのアクセント研究では、この現代鹿児島方言アクセントの特徴から生じた先入観により、助詞が一括りにして扱われてきた。しかし、18 世紀前期においても、そのようである保証はなく、これらの助詞を個々に扱った先行研究の視点は画期的であったと言えよう。

　実際に、それ以前の研究との違いについて触れ、「従来のアクセント再構には非常に多くの例外が付き物であった。その原因は音節の処理のしかたと助詞のアクセントの処理のしかたの 2 点にある[12]。」との記述があり、前述

の長音節の除去と並んで、再構作業の中での大きな鍵となっていることがわかる。

　再構された結論は、第2節で表として掲げた通りであるが、用語について少し説明を補足する。表中の「独立式」とは、助詞自体がアクセント単位となり、前接する名詞と一体化しないタイプである。従って、このタイプの助詞が接続した名詞は、助詞が接続してもしなくても高点の位置が変わらない。また、「従属式」とは、助詞自体がアクセント単位となり得ず、名詞と一体化するタイプ、すなわち現代鹿児島方言のほとんどの助詞と同じ性格をもつものである。このタイプの助詞が接続した名詞は、接続した助詞の音節数分だけ、高点が後ろに移動することになる。そして、「吸収式」とは、「фто（フト／人）」に「но（ノ／の）」が接続して「фтоно（フトノ／人の）」になるはずのものが「фтонъ（フトン／人の）」になったり、「фто（フト／人）」に「ни（ニ／に）」が接続して「фтони（フトニ／人に）」になるはずのものが「фте（フテ／人に）」になるなど、助詞が存在しながらも独立した音節を形成し得ないタイプである。これらは、前接する名詞のアクセントに影響を及ぼすことはない。なお、表中の a 型とは、ゴンザ資料に現れる2種類の型のうちのA型に対応する型を、そして β 型とは、同じくB型に対応する型を表している。第2節で挙げた表では、助詞が具体的に一例ずつしか示されていないので、9つの助詞の所属を、先行研究の記述内容に従って、本書の筆者がまとめたものを次に示すことにしよう。

〈助詞のタイプ別分類〉

タイプ	所　属　助　詞		
独立式	「を」	「(β)で」「(β)と」 「(β)では」「（2音節 a 以外）から」	
	──── 「(β)の」「(β)に」「は（吸収式以外）」────		
従属式	「が」「(a)の」「(a)に」「(a)で」「(a)と」 「(a)では」「（2音節 a）から」		
吸収式	「の（ん）」「に（い）」「は（あ）」「で（子音のみ）」		

114　第Ⅱ部　音韻

　表中の（α）とは、その助詞がα型名詞に接続する場合を示し、（β）とは、その助詞がβ型名詞に接続する場合を示す。つまり、「の」「に」「で」「では」「と」と、「から」の一部は、前接名詞の型によってタイプが異なるということである。また、「（β）の」「（β）に」「は（吸収式以外）」は、「独立式」「従属式」の両方が見られるということである[13]。

　表を見てみると、まず、その複雑さに驚かされる。これらの助詞が現代鹿児島方言では、すべて従属式（無造作な発話ではもちろん吸収式となるが）に属しているという単純さを考えればなおさらである。また、これは、上野善道（2003）が「助詞のガが従属式なのにヲは独立式という、現代諸方言では類を見ない現象」と指摘するように、非常に珍しいスタイルでもある。しかし、現代語が単純だからといって、ゴンザの時代においても単純であった保証はないのであり、他の諸方言に見られない型であるから当地でもあり得ないということにもならないはずであるから、このような複雑さや希少さをもって、その妥当性を否定することはできまい。

　しかし、ここでもやはり問題点が他に存在する。それは、第7節でも述べたように、それぞれの型を決定した根拠の不確かさである。資料的制約があるとはいえ、型の決定には、やはりある程度の数量的な支持が必要ではあるまいか。しかし、再構された、助詞が接続した場合のアクセント体系には、用例が1例しか存在しないにも関わらず、型が決定されてしまっているという場合が少なからずある。

　例えば、「wo（を）」がβ型3音節名詞に接続する場合、「○○○▷」になり、これは前接名詞のアクセントの高点を移動させないから、「wo（を）」は独立式の助詞であるという根拠の一つとなっているが、実際には、「○○○▷」の例は「тоганйнво（トガニンヲ／咎人を）」の1例しか存在しない。しかもそのアクセントマークは長音節「нин（ニン）」の部分に付されているので、「実際のアクセントを反映してはいない」という理由により排除されてもよさそうであるが、第1・第2音節では長音節排除の法則を採用するが、第3音節では、前述したように「長音節であるか短音節であるかがアクセントに関与的でないことが分かったので，第3音節目に関しては両者を区別し

ない」という不合理な理由により、例外として排除されていない。β型3音節名詞に他の型が存在しないこと、また、β型2音節名詞が「○○◁」である可能性が高いこと、そして、タイプとしての統一性から、β型3音節名詞に「wo（を）」が接続する場合は、「○○○◁」であった方が好都合ではあるが、たった1例で型を決定してしまうのは危険ではなかろうか。

　また、β型2音節名詞に「no（の）」が接続する場合、「○○◁」という型になるとされているが、これも実際には「фаенó（ファエノ／南風の）」の1例しかなく、しかも、この場合には他に「фарáно（ファラノ／腹の）」という「○○◁」の例も1例ながら存在する。用例数ではどちらも1例ずつであるにも関わらず「○○◁」のみがなぜ採用されたのか不明である。

　他にも、α型3音節名詞に「no（の）」が接続する場合、β型3音節名詞に「dʒe（で）」が接続する場合、β型3音節名詞に「to（と）」が接続する場合、β型3音節名詞に「kara（から）」が接続する場合は、確例が1例もしくは2例しかないにも関わらず、型が決定されてしまっている。その他にも、型が揺れているとされるもの、助詞が接続するとα型とβ型の区別ができなくなってしまうものが少なからずあること等、不可解な点が多い。

　このように見てくると、助詞が接続した場合のアクセントも、不確かな部分があまりにも多いことがわかる。そして、このような不確かな状況にも関わらず、敢えて型を導き出そうとすることは、筆者にはかなり不自然なことのように感じられる。

9．再びアクセント符号の意味について

　先行研究によって再構されたゴンザのアクセントは、その結果だけを見るならば非常にきれいなものであった。それは、現代鹿児島方言アクセントとの対応という点からである。そして、非常に受け入れたい体系でもあった。それは、西南部九州二型アクセントの系譜の中に位置づける上においてである。しかし、実際の用例と論証の仕方を細かく見ていくならば、それが決してきれいな体系であるとは筆者には感じられない。

116　第Ⅱ部　音韻

　なぜ、きれいな体系が再構できないのであろうか。それは、ゴンザ資料の
アクセント符号が、ストレスアクセントのマークだからである。もちろん、
アクセント符号を帰納させればある程度の想像は可能であろう。しかし、そ
れはどれほど処理を施して、きれいに形を整えても、想像の域を超えること
はできない。鹿児島方言のアクセントとゴンザ資料のアクセント符号では、
その意味が本質的に異なるからである。

　先行研究の中に、「ゴンザにアクセントの原理を教えたのはボグダーノフ
で，それはロシア語のアクセントによってであった。そのために，ゴンザは
長音節を優先的にマークするというような誤りをおかしたのではないかと思
う[14]。」「どうやら，ゴンザには長い単語になるとアクセントがやや混乱す
るという特徴があったようである[15]。」（いずれも下線は筆者）という記述が
ある。本書の筆者は、本資料の筆録者によって記されたアクセント符号を
「誤り」や「混乱」とは考えない。ゴンザの発音について、ロシア語式にそ
のストレスの際立ち部分をマークしたに過ぎないと考える。

注

1)　第Ⅰ部第3章の3.2でも述べたように、ゴンザのアクセントについては複数
　の先行研究が見られるが、ここでは特に、木部暢子（1997a）、木部暢子
　（1997b）、木部暢子（2000）を指す。
2)　上記先行論文の中でも、多少、表記や体系が違う場合もあるが、ここでは、
　それぞれ新しいものを掲載した。また、動詞、形容詞のアクセント体系も再構
　されているが、基本的に名詞の場合に準じているので、紙幅の都合上、ここで
　は省略する。なお、【名詞の単独形と、助詞が接続した場合】の表中にある
　「～」で結ばれた表示は、「～」の左側が「名詞の単独形」を、右側が「助詞が
　接続した形」をそれぞれ表している。また、呼収式の「n・」の表示は、助詞
　「の」の母音が失われていることを示している。
3)　本書で言う『露日単語集』と同書である。
4)　木部暢子（2000）163頁。
5)　上村孝二（1991）参照。
6)　注4掲出書149頁。
7)　注4掲出書5頁。「はじめに」の文。
8)　高山倫明（2000）参照。

9) 注4掲出書153頁。

10) 木部暢子（1997b）では、「ゴンザのアクセント符号はピッチアクセントで
あるところの日本語をストレスアクセントであるところのロシア語話者が観察
して付けた可能性が高いとの考えから、信憑性を疑問視する説が再び出されて
いる（江口1993、駒走1995）」と、拙論が紹介されている。木部暢子（2000）
においても同様の記述がある。しかし、これは誤解であろう。筆者は、駒走昭
二（1995）で「アクセント符号は信用して問題なさそうである。」と記してい
る。筆者は、ゴンザのアクセント符号は信用できるが、ピッチアクセントであ
る鹿児島方言の過去の体系を再構するには利用できないだろうと述べたのであ
る。また、ゴンザのアクセント符号が信頼できるかどうかは、駒走昭二
（1995）、また本書第Ⅰ部第3章で述べたように、日本語の部分ではなく、ロシ
ア語の部分を検討することによって判断すべきだと考える。

11) 注4掲出書153頁。

12) 木部暢子（1997b）。

13) 注4掲出書では、このように「独立式」「従属式」の両方の性格を有してい
る助詞を「中間式」と呼んでいる。

14) 注4掲出書163頁。

15) 注4掲出書218頁。

引用文献

上野善道（2003）「〔書評〕木部暢子『西南部九州二型アクセントの研究』」（『国
語学』212）

江口泰生（1993）「国語方言史におけるロシア資料の対照言語学的考察（一）」
（『洋学資料による日本文化史の研究Ⅵ』吉備洋学資料研究会）

上村孝二（1991）「九州方言の各県別解説 鹿児島」（九州方言学会編『九州方言
の基礎的研究 改訂版』風間書房）

木部暢子（1997a）「ゴンザ『項目別露日辞典』の名詞のアクセント体系」（『国語
国文薩摩路』38）

木部暢子（1997b）「18世紀薩摩の漂流民ゴンザのアクセントについて―助詞の
アクセントとゴンザのアクセントの位置づけ―」（『国語学』191）

木部暢子（2000）『西南部九州二型アクセントの研究』（勉誠出版）

駒走昭二（1995）「ロシア資料と方言史研究」（『名古屋大学国語国文学』77）

高山倫明（2000）「日本語音韻史の方法」（『日本語学』19-11）

服部四郎（1937）「ロシヤ語の単語の音調について」（日本音声学協会編『音声の
研究6』文学社）

第4章 特殊拍とリズム
──薩隅方言の特異性──

1. はじめに

　薩隅方言は、薩摩藩が他藩からの侵入者を発見しやすくするため、あるいは幕府の隠密に国情を知られないようにするために作ったものであるという、よく知られた俗説がある。人為的に言葉を作り出すというのはやや無理があるように思われるが、この俗説の発生と流布には、それほど薩隅方言が他方言と比べて特異であるという認識が一般化していたという背景があったように思われる。また、これに関連して、次のような伝説も存在する[1]。

　　戊辰の役黒田了介参謀を以て羽州軍中に在り秋田藩士添田清右衛門監
　　軍たり屢々陣中に相見る清右衛門弁論朴訥加ふるに土音を以てす了介も
　　亦た純然たる薩語なり奥羽辨と薩摩辨と談論日を終るも互に意味を通
　　解せず二人之を患ひ終に謡曲の調子を以て相応答し纔に其意を通ず

やはり、真偽は定かでないが、まことしやかに広まっていた逸話のようである。この逸話から奥羽方言と薩隅方言では意思の疎通が困難なほど異なっていたことが想像できるが、ここでは、その違いよりも、それを謡曲によって克服したという点に注目したい。他にも、薩隅方言に関連して、謡曲が共通語として機能したかのような話は小説、随筆等にしばしば見られる[2]。しかし、謡曲の台詞が都合よくその時々の会話に必要な台詞を備えていたとは考えにくい。むしろこれらの伝説の勘所は、謡曲を用いて会話をしたということではなく、お互いに謡曲の「調子」で応答したということであろう[3]。謡曲の調子によって、薩隅方言の特異性が喪失し、その結果、他方言と「其意を通」じたということは、その調子、韻律こそが、薩隅方言を特異なものにしていた最大の要因であったことを示唆しているとも考えられる。

　そこで、本章では、ゴンザ資料を用いて、近世期の薩隅方言のリズムにつ

120 第Ⅱ部 音韻

いて考察することにする。

2．音韻論的特徴

　言語のリズムは、その他の音韻論的な特徴と密接な関わりを持つと考えられるが、ゴンザ資料は、これまで述べてきたようにキリル文字で記されているため、各文字の音価に基づいて慎重に復元するならば、当時の薩隅方言の音韻をかなり細密に知ることができる。そこで、リズムについて考察する前に、まずは、音韻論的特徴を概観しておくことにする。以下、現代共通語と比較した場合に認められる主な特徴を箇条書きにして挙げてみる[4]。

(1) 語頭の「エ」に、おそらく広狭の違いによるものと思われる2種類の音節が存在する。詳細は第Ⅱ部第1章を参照のこと。

(2) 現代語で「ケ」「セ」「テ」「ネ」「メ」「ゲ」「ゼ」「デ」「ベ」に相当する音節に2種類の音節が存在する。詳細は第Ⅱ部第1章を参照のこと。

(3) 四つ仮名（「ジ」と「ヂ」、「ズ」と「ヅ」）の区別がある。

　　　例：жи（ジ／字）、оджиръ（オヂル／怖じる）
　　　　　казъ（カズ／数）、мидзъ（ミヅ／水）

(4) カ行合拗音が存在する。

　　　例：квашъ（クァシ／菓子）、сыква（スイクァ／西瓜）

(5) ハ行子音は/ f /音である。

　　　例：фана（ファナ／花）、фо（フォ／帆）

(6) 現代語の「セ」は［ʃe］と発音される。

　　　例：аше（アシェ／汗）、шенака（シェナカ／背中）

(7) 現代語の「テ」は［tʃe］、「デ」は［dʒe］と発音される。

　　　例：омоче（オモチェ／表）、содже（ソヂェ／袖）

(8) 音節「シ」に続くラ行音はタ行音で発音される。

　　　例：штанъ（シタン／知らない）、мушто（ムシト／筵）

(9) / ai /は/ e /と発音される。

　　　例：кетатъ（ケタト／書いたと）、секъ（セク／細工）

（10）/ ui / は/ ï / と発音される。詳細は第Ⅱ部第 2 章を参照のこと。

　　　例：ацы（アツィ／暑い）、сышо（スィショ／水晶）

（11）長音が短音化する。

　　　例：кѣшо（ケショ／化粧）、кокю（コキュ／胡弓）

（12）オ列長音は短音化し、かつ開合（/ au / と/ ou // eu /）の区別がある。

　　　例：бозъ（ボズ／坊主）、кю（キュ／今日）

（13）助詞の「に」は前接語に融合して発音されることが多い。

　　　例：бѣчи（ベチ／別に）、ваки（ワキ／脇に）

（14）助詞の「は」は前接語に融合して発音されることが多い。

　　　例：мината（ミナタ／湊は）、ю̄ра（ヨラ／夜は）

（15）語尾の「リ」「レ」の頭子音/ r/ が脱落する傾向がある。

　　　例：ксуй（クスイ／薬）、фае（ファイェ／腫れ）

（16）助詞の「の」が撥音化する。

　　　例：фтонкотъ（フトンコト／人のこと）

　　　　　варабѣнкотъ（ワラベンコト／童のこと）

（17）語中尾にイ列音、ウ列音がある場合、その母音は無声化する（「 ゜」
　　　は無声化を表す）。

　　　例：фашта（ファシ̥タ／柱）、докъ（ドク̥／毒）

　これらの特徴のうち（1）〜（8）は、現代共通語と比べれば異質であるが、いずれも音価の差異に関するものである。

　一方、（9）〜（17）の特徴は、同じく一部の音変化に関することではあるものの、単なる音価の問題に止まらない、副次的でありながらも重要な違いを生じさせている。リズムに関わる違いである。そこで、この（9）〜（17）の特徴とリズムとの関係を次に詳しく見ていくことにする。

3．音節数の相違

　まず、（9）（10）は中央語における/ ai /、/ ui / という連母音がそれぞれ単母音化する現象であり、（11）（12）は長音が短音化する現象である。これら

はいずれも、もともとの語から拍数が少なくなる現象である。また、(13)
(14) は、異なる二つの拍を構成していた母音と子音がともに脱落し、結果
としてこれも一拍分が少なくなる現象である。

　一方、(15) は子音が脱落することにより母音連続が生じる現象であり、
(16)(17) は母音の脱落によって子音＋母音の拍が子音のみになり、結果と
して子音のみの拍が生じる現象である。これらはいずれも拍数と音節数に違
いが生じる現象である。整理すると次のようになる（C は子音、V は母音を表
す）。

　　　A 型：(9)(10)(11)(12)　　　$C_1V_1V_2 \rightarrow C_1V_3$　（または C_1V_2）
　　　B 型：(13)(14)　　　　　　　$C_1V_1C_2V_2 \rightarrow C_1V_2$
　　　C 型：(15)　　　　　　　　　$C_1V_1C_2V_2 \rightarrow C_1V_1V_2$
　　　D 型：(16)(17)　　　　　　　$C_1V_1C_2V_2 \rightarrow C_1V_1C_2$

日本語では現代共通語をはじめとしてほとんどの方言のリズムが基本的に
拍（モーラ）に基づいているが、現代鹿児島方言は全国でも珍しく音節（シ
ラブル）に基づいている。周知の通り、拍と音節の決定的な違いは、拍が、
特殊拍すなわち長音、撥音、促音、連母音の後部要素をそれぞれ一つの韻律
単位として認めるのに対し、音節は母音を中心とした音の集まりであるため、
それらを認めないところにある。例えば、「虎」という語は、拍で区切って
も音節で区切っても / to‐ra / となり、単位数に違いは生じないが、「ライ
オン」は、拍で / ra‐i‐o‐n /、音節では / rai‐on / となり、四拍と二音
節という違いが生じる。現代共通語が基本的に拍に基づいているモーラ方言
であるのに対し、現代鹿児島方言はシラビーム方言と呼ばれる。近世期の薩
隅方言がどちらのリズムに基づいていたかは明らかでないが、おそらく現代
鹿児島方言と同様に音節を単位としたシラビーム方言だったと推察される。
その根拠は (9)～(12) のような現象の存在である。いずれも二つの母音が
一つの母音に縮小される現象と言えるが、このような変化は連母音の後部要
素の独立性が弱く、常に前部要素と一まとまりで発音されていなければ生じ
ないはずである。例えば、「書いた」が / ka‐i‐ta / と発音されていたので
あれば「ケタ」に転じるのは難しく、それが / kai‐ta / と発音されていたか

らこそ「ケタ」すなわち / ke－ta / に変化し得たのだと考えられる。連母音
/ ai / が / e / に転じる現象は、鹿児島以外でも現代の多くの方言で見られ
るが、そのほとんどがモーラ方言であるため、実際の発音では拍数を維持す
るために / ee / となることが多い。例えば、「旨い」の / ai / が / e / に転じ
ても、拍数を維持するために / e / は長音化し「ウメー」となるのが一般的
である。このことは、/ ai / ＞ / e / の変化が生じても長音化しない薩隅方
言が、モーラ方言ではなくシラビーム方言であったことを物語るのではなか
ろうか。

　上記 A 型、B 型の変化は拍が一つ減少することになるため、同じ単語で
あっても、当該方言と他方言との間には拍数に差異が生じる。また、C 型、
D 型の変化も各音素の結びつきに変化が生じ、音節の数が少なくなる。そし
てこれらはいずれも他方言の言葉よりも全体が短くなる現象と言える[5]。こ
れは語の認定に大きな影響を与えるものと思われる。例えば、モーラ言語で
ある日本語の話者にとって、音節言語である英語の「strike」という一音節
語は、その認定が困難である。/ su－to－ra－i－ku / と 5 拍で発音して初め
てその語の認定がしやすくなるのではなかろうか。これは一つの母音の前後
に複数の子音が接して一つの音のかたまりを形成し得る英語と基本的にはそ
のような音節が存在しない日本語との構造の違いによるものと考えられる。
もちろんこれはモーラ言語である日本語と音節言語である英語との違いであ
り、極端な例ではあるが、同じ日本語とはいえ、モーラ方言の話者にとって
は、シラビーム方言の聞き取りは程度の違いこそあるものの同種の困難を生
じるものと思われる[6]。

　このような、モーラ方言とは異なるリズム、長さで話されていた可能性の
高い語は、ゴンザ資料の中にかなり高い割合で見られる。『露日単語集』の
場合で言うならば、1,300 のロシア語見出しに対して 1,294 の日本語訳が見
られるが[7]、そのうち、上記のような語、すなわち A〜D 型の変化が生じて
いるものは 1,001 例を見出すことができ、それにもともと促音や撥音を含む
ものまでを加えるとその数は 1,033 例となる[8]。これは全体の約 80％に相
当する。

124 　第Ⅱ部　音韻

つまり、近世期の薩隅方言で使用されていた語彙のうちの約8割の語が他地域とは異なるリズム、長さで話されていたと推測できる。

4. おわりに

明治になってからも、薩隅方言の特異性は、周知のことだったようである。明治6年に発行された『文部省雑誌[9]』に、次のような一文がある。

　　　　音声アリテ其情志ヲ発シ言語アリテ其曲節ヲ尽スト雖トモ、風土ニヨ
　　　リテハ其調ヲ異ニシ習俗ニヨリテ其辞ヲ別ニス苟モ之ヲ学習ニ得ルニ非
　　　サレハ一国ノ中猶且ツ東西ノ言語通セサルモノアリ現今陸羽ノ人ノ薩隅
　　　ノ民ニ於ケル其言語全ク相通セサルカ如シ其不便勝テ言可カラス是会話
　　　単語問答ノ教科アル所以ナリ　　　　　　　　（旧字体は新字体に改めた）

これは文部少丞西潟訥が、一国でありながら言語が通じない当時の不便な状況を解消するために、「会話」の教科が必要であることを説いたものである。具体例として陸羽（陸奥と出羽）と薩隅（薩摩と大隅）の言語が「相通セサル」と述べられているが、ここでこの両地が挙げられているのは、両者が単に地理的に離れているというだけでなく、各々の言語が中央語と大きく異なり、特異であるという認識が根底にあったからだと思われる。

　薩隅方言におけるこれらの特異性は、おそらく本章で見たとおり、特異なリズムに起因していると思われる。漢字仮名表記の資料からは明らかにしにくかった問題が、薩隅方言をキリル文字で記したゴンザ資料が存在したからこそ明らかに出来たと言えるのではなかろうか。

　リズムの問題は、注目されることも少ないが、これこそが薩隅方言の最も表出しやすい音韻論的特徴であるように思われる。

注
1)　鈴木光次郎（1891）所収の「(59) 黒田了介 謠 調を以て應答す」。徳川宗賢（1988）参照。
2)　司馬遼太郎（1971）、陳舜臣（1991）等に見られる。岡島昭浩（1996）、岡本

雅享（2009）参照。

3) 武井睦雄（1988）、岡島昭浩（1996）にも同様の指摘がある。

4) ゴンザ資料の音韻論的特徴を中心的に考察したものに、村山七郎（1965）、田尻英三（1981）、村山七郎（1985）、江口泰生（1991a）、江口泰生（1991b）、迫野虔徳（1991）、上村忠昌（2006）等がある。

5) 江口泰生（2006）は、D型のような現象を「音節化傾向」と呼び、薩摩の方言を「音節化が際立つ方言である」と指摘している。

6) 現代鹿児島方言がシラビーム方言であるとは言っても、各音節はCVを中心として形成されているため、複数の子音連続が見られる英語などの音節言語とはその性質がやや異なる。江口泰生（2006）参照。

7) ゴンザ資料の語彙については、単位認定の問題等、考慮すべき問題が多く存在する。これに関しては本書第Ⅳ部で詳しく述べることにする。

8) 資料中には、対応する中央語形が不明なものもあるが、ここでは、その方言形のキリル文字表記に従って判断した。なお、長音については、その長さの変化を確定できないので、ここには含めていない。

9) 井上ひさしは、この文章を含む同雑誌の一連の記述をドラマ「国語元年」執筆の一つの契機としている。なお、ほぼ同じ内容の文章が、同誌明治七年第一号にも掲載されている。ここでは明治六年第七号に拠った。また、渋沢栄一『雨夜譚』（岩波文庫、1984年）にも「その従者は総て純粋の鹿児島言葉であるから、他郷の人にはとんと話が分らぬ」という記述が見られる。前掲井上ひさし（1985）参照。

引用文献

井上ひさし（1985）「国語元年」（『日本語を生きる ― 日本語の世界10』中央公論社）

江口泰生（1991a）「外国資料より見た一八世紀初頭の薩隅方言―助詞の融合について―」（大友信一博士還暦記念論文集刊行会編『辞書・外国資料による日本語研究』和泉書院）

江口泰生（1991b）「母音の無声化と清濁」（『鹿児島大学教育学部研究紀要 人文・社会科学篇』43）

江口泰生（2006）『ロシア資料による日本語研究』（和泉書院）

岡島昭浩（1996）「武家共通語と謡曲」（『雅俗』3）

岡本雅享（2009）「言語不通の列島から単一言語発言への軌跡」（『福岡県立大学人間社会学部紀要』17-2）

上村忠昌（2006）『漂流青年ゴンザの著作と言語に関する総合的研究』（私家版）

126　第Ⅱ部　音韻

迫野虔徳（1991）「『新スラヴ日本語辞典』の「オ」の表記」（大友信一博士還暦
　　　　記念論文集刊行会編『辞書・外国語資料による日本語研究』和泉書院）

司馬遼太郎（1971）『王城の護衛者』（講談社文庫）

鈴木光次郎（1891）『明治豪傑譚 巻之二』（東京堂書店）

武井睦雄（1988）「謡曲は方言差を克服しうるか」（『言語』17-12）

田尻英三（1981）「18 世紀前半の薩隅方言」（『鹿児島大学教育学部研究紀要人
　　　　文・社会科学篇』32）

陳　舜臣（1991）「時代劇の約束ごと」（『走れ蝸牛』二玄社）

徳川宗賢（1988）「方言差を謡曲で克服した話」（『言語』17-7）

村山七郎（1965）『漂流民の言語』（吉川弘文館）

村山七郎（1985）『新スラヴ・日本語辞典 日本版』（ナウカ）

第Ⅲ部　文法

第1章　「ゆる・らゆる」と
　　　　「る・らる」について

1．はじめに

　教育思想家コメニウス（1592〜1670）の著書『Orbis sensualium pictus』（世界図絵、1658）は、18 世紀を中心にヨーロッパ各国で翻訳され、絵入り教科書として広く普及した[1]。ゴンザは、1739 年、サンクトペテルブルグにおいて、この書物のロシア語訳に日本語訳を付けている[2]。本章で扱うのは、このゴンザ訳『世界図絵』である。章索引、入門の章、151 章の本文、結びの章で構成され、章索引以外は全てロシア語文と日本語文が対置されている。さらに、章索引以外の各頁の右半分には単語欄が設けてあり、その頁のほとんどの単語が基本の形（名詞・形容詞は主格形、動詞は一人称単数形）で抜き出されている。そのため、基本形と文中で語形変化した形とが容易に比較でき、ゴンザの言語における文法的特徴を考察するのに適している。日本語文は、ほぼ逐語訳であるが、一々の語形は当時の薩隅方言をよく反映していると考えられる。

　本章ではこの『世界図絵』の中の、動詞に下接する「ゆる・らゆる」という語形に注目し、対応するロシア語文の考察から、それが文法的意味として「受身」を表示する語であることを明らかにする。そしてゴンザが有する薩隅方言においては、この「ゆる・らゆる」と、中央語で伝統的に「受身」表示の機能を備えていた「る・らる」とが意味的に棲み分けがなされていたことも併せて示す。

130　第Ⅲ部　文法

2．『世界図絵』における「ゆる・らゆる」の文法的意味

2．1．先行研究

『世界図絵』に限らず、ゴンザ資料の「ゆる・らゆる」という語形に注目した記述は、上村忠昌（1995）に次のような指摘があるのみである[3]。

　ゴンザの鹿児島語に見られる文法・表現法上の特徴を挙げておく。

　（中略）

　○受身・尊敬のル・ユ

　タタカル（叩かれる：受身）、タタカユルコト（叩かれること：受身）、タタカイェタフト（叩かれた人：受身）、オワユル（追われる：受身）、ネチョラル（寝ていなさる：尊敬）、シショワ　オソイェラル（師匠は教えなさる：尊敬）

　ここで挙げられている「ル」「ユ」とは、筆者が本章で述べる「る・らる」「ゆる・らゆる」をそれぞれ総称したものであろうが、「ル」と「ユ」の区別がなされていない。そしてその用例からは「ル」と「ユ」が同じ意味・機能を有する助動詞であるかのようである。しかし、2つの異なる語がそれぞれ数多く、しかも多様な動詞に下接して出現しながらそれらに区別がないということには説明が必要であろう。思うに、上村忠昌（1995）が「ル」と「ユ」を区別しなかったのは、また、これまでのゴンザ資料の研究でこのことが触れられてこなかったのは、次のような判断が基になっているのではなかろうか。すなわち「ル」のr音は、時々、y音に音声推移することがあり、筆録者はこれを忠実に「ユ」と表記し、「ル」とは区別したが、意味的には区別がないという判断である。

　筆者は、ゴンザ訳『世界図絵』におけるそれぞれの全用例をロシア語文と比較しながら考察を行うことにより、この「ル」と「ユ」（本章においては「る・らる」と「ゆる・らゆる」）が異なる文法的意味を有するという結論に至った。次節以降で、実例を示しながらそのことを明らかにしていく。

2.2. 「ゆる・らゆる」の用例と文法的意味

　ここでは、ゴンザ訳『世界図絵』の「ゆる・らゆる」の用例を全て挙げる。「ゆる」の用例は、全部で171例あり、これが下接する動詞は82語存在する。また、「らゆる」の用例は、全部で44例あり、これが下接する動詞は27語存在する。括弧の中の数字は出現頻度を示す。

・「ゆる」の全用例

　遊ばゆる(2)／洗わゆる／言わゆる(23)／打たゆる(3)／歌わゆる(2)／打ち切らゆる／打ち込まゆる(2)／打ち殺さゆる(4)／打ち壊さゆる(2)／打ち破らゆる／打ち割らゆる／移らゆる／売らゆる(2)／追いつかゆる／置かゆる(4)／送らゆる／下ろさゆる／書かゆる(2)／隠さゆる(2)／切らゆる(3)／切り込まゆる／括らゆる(6)／組まゆる(3)／汲まゆる／こなさゆる／差さゆる／刺さゆる／裁かゆる／冷まかさゆる／晒さゆる／仕舞わゆる(2)／知らゆる／梳かゆる／すただらゆる／擦らゆる／据わらゆる／急かゆる／出さゆる(3)／叩かゆる(4)／千切らゆる／使わゆる(2)／突き殺さゆる／作らゆる／繋がゆる／摘まゆる(2)／貫かゆる／吊らゆる(2)／取らゆる(8)／捕らゆる(3)／為さゆる(6)／鳴らさゆる／縫わゆる／測らゆる／掃き出さゆる／張らゆる／引かゆる(3)／挽かゆる／引き出さゆる(2)／引き切らゆる／吹かゆる／吹き込まゆる／塞がゆる(5)／踏まゆる／干さゆる／掘らゆる／巻かゆる／曲がらゆる／回さゆる(4)／回らゆる(2)／回り移さゆる／持たゆる(3)／持ち込まゆる／揉まゆる／焼かゆる(4)／遣らゆる(2)／やらゆる(4)／呼ばゆる／呼び出さゆる／寄りつかゆる／分かゆる／渡さゆる／割らゆる

・「らゆる」の全用例

　開けらゆる／言いつけらゆる(2)／入えらゆる(5)／入れらゆる(2)／打ち上げらゆる／換えらゆる／垣せらゆる／書きつけらゆる／掛けらゆる(2)／させらゆる／知えらゆる(3)／据えらゆる／せらゆる(4)／添えらゆる(3)／詰めらゆる／切り集めらゆる／投げらゆる(2)／煮らゆる(2)／煮えらゆる／伸ぶらゆる／判せらゆる／見せらゆる／見らゆる／持ち上げらゆる／遣いやらゆる／用心せらゆる／分けらゆる(2)

132 第Ⅲ部 文法

　ゴンザ訳『世界図絵』の中に「ゆる・らゆる」という語形が数多く出現し、しかも数多くの動詞に下接することがわかるが、それではこの「ゆる・らゆる」は文法的にどのような意味を表示するものであろうか。「ゆる・らゆる」が出現する日本語文に対応するロシア語文をもとに検討してみることにする。以下、該当するロシア語文とゴンザの日本語訳を並記して示す。ロシア語文には筆者による日本語訳を、ゴンザの日本語訳には漢字仮名混じり文を添える。波線部は「ゆる・らゆる」を含む動詞とそれに対応するロシア語の動詞である。

　(1)「遊ばゆる」

　　　ロシア語文：гдѣ играются комедию и трогеди радостные и плачебные

　　　　　　　　дѣйства.

　　　　　　　　(そこでは喜劇と悲劇が上演される。それらは嬉しそうな芝居

　　　　　　　　と悲しそうな芝居である。)

　　　ゴンザ訳　：доке асубаюръ шибаянандо трогединандо уешкатъ канашка

　　　　　　　　суркот.

　　　　　　　　(何処に　遊ばゆる　芝居屋等　трогеди（悲劇）等　嬉しかと

　　　　　　　　悲しか　すること)　　　　　　　　　　　　　　[131章]

　(2)「洗わゆる」

　　　ロシア語文：сія когда зачернятся паки моются ѿт портомоиницы водою,

　　　　　　　　или щолокомъ, имыломъ.

　　　　　　　　(これ（ハンカチ、帽子）は黒くなったとき、再度、洗濯女か

　　　　　　　　ら、水、洗濯用灰汁、石鹸で洗われる。)

　　　ゴンザ訳　：койга ицъ куроначькара мата аравгаюръ аравъонагокара

　　　　　　　　мидзъто акто шабондже.

　　　　　　　　(これが　何時　黒うなってから　又　洗わゆる　洗う女子か

　　　　　　　　ら　水と　灰汁と　シャボンで)　　　　　　　　[60章]

　(3)「言わゆる」

　　　ロシア語文：замерзлая роса называется инеи.

　　　　　　　　(氷結した露は霜と言われる。)

ゴンザ訳　　：фатта цуя иваюрь шимо.

　　　　　　　　（張った　露は　言わゆる　霜）　　　　　　　　　［7章］

（4）「打たゆる」

　　ロシア語文：егѡ же искры дѣиствомъ укладаи кремня высѣкаются.

　　　　　　　　（その火の粉は鋼と火打ち石が打ち付けられる作用によって起
　　　　　　　　こる。）

　　ゴンザ訳　　：соно фи суркотдже фагане кадо утаюрь.

　　　　　　　　（その　火　する事で　鋼に　角　打たゆる）　　　　［4章］

　ここに挙げた用例は50音順の初めの4例に過ぎないが、この「遊ばゆる」
「洗わゆる」「言わゆる」「打たゆる」を始め、本資料における「ゆる・らゆ
る」とそれが下接する動詞に対応するロシア語動詞の観察から、筆者は次の
ような明瞭な傾向を見出し得た。すなわち「ゆる・らゆる」が下接する動詞
に対応するロシア語の動詞の大多数が受身形になっているということである。
ロシア語の受身は主に、ся動詞、被動形動詞の現在・過去を用いて表される。
例文（1）〜（4）のロシア語文の中の該当単語も全てся動詞であることが確
認できる。本資料における「ゆる・らゆる」が下接する動詞に対応するロシ
ア語動詞の全用例（「ゆる」の171例と「らゆる」の44例、計215例）につい
て示すと、次の〈表1〉と〈表2〉のようになる。

〈表1〉「ゆる」対応のロシア語形

ロシア語形	用例数	用例数	百分比
ся 動詞	154		
被動形現在	2	157	91.8
被動形過去	1		
その他	14	14	8.2
合計	171	171	100.0

〈表2〉「らゆる」対応のロシア語形

ロシア語形	用例数	用例数	百分比
ся 動詞	38		
被動形現在	0	38	86.4
被動形過去	0		
その他	6	6	13.6
合計	44	44	100.0

　「ゆる」の約92パーセント、「らゆる」の約86パーセント、合計すると
215例中195例、約90パーセントのロシア語の語形がся動詞[4]、被動形動

134　第Ⅲ部　文法

詞の現在・過去、つまり受身形であることがわかる。そして、ロシア語文に
それらの語形が表れていなくても、文脈から受身と考えた方が適当と考えら
れるもの、正確にはゴンザが受身文としてロシア語文を読んだであろうと思
われるものを含めれば、さらに高い割合になる[5]。これらから本資料におけ
る「ゆる・らゆる」は文法的意味として「受身」を表示していると判断して
よいのではなかろうか。

3．『世界図絵』における「る・らる」の文法的意味

　中央語において「受身」という文法的意味を伝統的に表示してきたのは
「る・らる」であった。そしてこれが中世以降「るる・らるる」に形を変え
たということも周知の通りである。そのため、これまで述べてきた「ゆる・
らゆる」は「るる・らるる」からの一時的な音声推移に過ぎないのではない
かとも考えられる。前述したようにゴンザ資料のこれまでの研究で「ゆる・
らゆる」という語形が注目されてこなかったのも恐らくこのような判断が
あったためであろう。しかし、この判断は、これから述べることによって否
定されると思われる。ゴンザ訳『世界図絵』には、助動詞「る」が445例出
現し、これが下接する動詞または助動詞は181語存在する。また、「らる」
は、218例出現し、これが下接する動詞または助動詞は57語存在する。そ
して、この「る・らる」と前述した「ゆる・らゆる」とは文法的意味が異
なっているようである。ここでは、比較しやすいように「ゆる・らゆる」の
ところで挙げた「遊ぶ」「洗う」「言う」「打つ」に「る」が下接している用
例を示すことにする。「ゆる・らゆる」のときと同様、該当するロシア語文
とゴンザの日本語訳を並記して示し、ロシア語文には日本語訳、ゴンザの日
本語訳には漢字かな混じり文を添える。波線部も同様に「る・らる」を含む
動詞とそれに対応するロシア語の動詞である。

第1章 「ゆる・らゆる」と「る・らる」について　135

(5)「遊ばる」

　ロシア語文：и иногда же и пляшетъ хареватый игрецъ играетъ.

　　　　　　（そして（奇術師は）ときどき踊り、仮面をつけた楽師は演奏
　　　　　　する。）

　ゴンザ訳　：ицджемъ одораръ мѣнкабутафто асубаръ.

　　　　　　（何時でも　踊らる　面被った人　遊ばる）　　　　　［132章］

(6)「洗わる」

　ロシア語文：моетъ над блюдцемъ щелокомъ или водою теплою которая
　　　　　　течетъ изъ рукомоиника яко имыл омь.

　　　　　　（（理髪師は）小さな鉢の上で、灰汁、または手洗い器から流れ
　　　　　　出る石鹸のような温かいお湯で（髪を）洗う。）

　ゴンザ訳　：араваръ фачно уедже акдже мата ацкамидзъдже донотъ
　　　　　　агаераръ чеарекара согень шабондже.

　　　　　　（洗わる　鉢の　上で　灰汁で　又　熱か水で　どのと　あが
　　　　　　えらる　手洗いから　そげに　シャボンで）　　　　　［75章］

(7)「言わる」

　ロシア語文：и ѡсуждаетъ виноватаго къ платежу денегъ или к
　　　　　　тѣлесному наказанїю.

　　　　　　（そして（裁判官は）罪人に罰金か或いは身体の処罰の有罪判
　　　　　　決を下す。）

　ゴンザ訳　：варуиваръ тоганиннво модоскотъ канѣ мата мїучно
　　　　　　ицкуркоте.

　　　　　　（悪う言わる　各人を　戻すこと　金　又　身内の　言いつく
　　　　　　ることに）　　　　　　　　　　　　　　　　　　　　［125章］

(8)「打たる」

　ロシア語文：на черчивает правилом, потомъ слагаетъ стѣны и
　　　　　　сколачиваетъ гвоздми деревянными.

　　　　　　（（大工は）直定規で図面を書き、その後、壁を立て、そして木
　　　　　　製の釘を叩いて接合する。）

136　第Ⅲ部　文法

　　ゴンザ訳　：шурушъшераръ фоннотдже сошчь тачераръ кабѣнандо
　　　　　　　　утаръ кугьдже кино.
　　　　　　　（記しせらる　本のとで　そして　立てらる　壁等　打たる
　　　　　　　釘で　木の）　　　　　　　　　　　　　　　　　　　[63章]

　(5)～(8)の「る・らる」が下接する動詞に対応するロシア語からは、
「る・らる」の文法的意味は判断できない。ロシア語形が（現在形以外の）特
別な文法的意味を持つような語形変化をしていないからである。しかし、前
に示した (1)～(4)の「ゆる・らゆる」が下接する動詞のロシア語形は受身
としての文法的意味を持ち、全体的にも約90パーセントがそれに相当して
いたことを考えれば「る・らる」と「ゆる・らゆる」はゴンザによって異
なった扱いを受けているのは明らかである。

　それでは助動詞「る・らる」はどのような文法的意味を持っているのであ
ろうか。対応するロシア語形が特別な文法的意味を持つ語形変化をしていな
いため、その意味を明確にすることは困難であるが、「ゆる・らゆる」との
違いをより明らかにするためにもできる限りの推測をしておこうと思う。

　まず、前提として明らかにしておかねばならないのは、そもそも「る・ら
る」という語形が取り出せるのかということである。つまり「遊ばる」「洗
わる」などを「遊ぶ」の活用形＋「る」、「洗う」の活用形＋「る」などと考
えてよいのかということである。しかしこれは問題ない。というのは、資料
中の単語欄にある形、つまり基本形では「асубъ（遊ぶ）」「аравъ（洗う）」な
どとなっているのに、本文では「асбаръ（遊ばる）」「араваръ（洗わる）」など
となっている。この違いは、文脈上、ゴンザが必要と感じて、本文の動詞に
「る・らる」を意図的に付け加えたために生じたものに違いないからである。
そして、この「る・らる」の意味は、ロシア語文にはなくても、日本語に訳
す際に自由に付け加えられるもの、また、それを付け加えなければ（ゴンザ
からは）薩隅方言として不自然に感じられるものであったと思われる。

　日本語に訳す際に、わざわざ「る・らる」を用いて、ゴンザは何を表現し
ようとしたのか、それを探るために全文において「る・らる」が出現する文
とそうでない文とを比較してみた。すると、「る・らる」が下接している動

詞と、下接していない動詞とでは、その動作主の種類に違いがあることに気付く。例えば、第29章と第93章にはいずれも「имѣетъ（持っている）」という動詞が出てくるが、ゴンザの日本語訳では、前者が「моччоръ（持っちょる）」と訳され、後者は「моччораръ（持っちょらる）」と訳されている。該当する箇所を引用する。

（9）第29章の「имѣетъ（持っている）」

　　ロシア語文：Sвѣрь имѣетъ острые ногти и зубы и суть плотоядцы.

　　　　　　　　（獣は鋭い爪と歯を持っていて、肉食である。）

　　ゴンザ訳　：кѣдамонна моччоръ тогатта цмѣнандо фанандо аръ микутъ.

　　　　　　　　（獣は　持っちょる　尖った　爪等　歯等　ある　身食うと）

（10）第93章の「имѣетъ（持っている）」

　　ロシア語文：книгопечатникъ имѣетъ мѣдныхъ буквъ доволное число.

　　　　　　　　（印刷工はかなりの数の銅製の活字を持っている。）

　　ゴンザ訳　：шомоцфансурфта моччораръ акаганѣнъ жинандо ука казъ.

　　　　　　　　（書物版する人は　持っちょらる　赤洞の　字等　多か　数）

「моччоръ（持っちょる）」に「る」が下接している例文（10）と、「る」が下接していない例文（9）とが異なる点として直ちに気付くのは、動作主が人物であるかどうかということである。前に示した例文（5）～（8）と、例文（9）との比較でも同様である。全用例を観察してみても、動作主が「羊番」や「狩人」など人物の場合には「る・らる」が用いられている場合が多い。しかし、動作主が人物でありながら、「る・らる」が用いられていない例が存在するのも事実であり、動作主が人物のとき、「る・らる」が下接するというのは、あくまでも傾向ということに過ぎない。それでは、人物の中でも「る・らる」が用いられやすい人物とそうでない人物がいるのであろうか。次は「る・らる」が下接する動詞の動作主と「る・らる」が下接しない動詞の動作主を、人物の場合に限って挙げたものである。但し、重複するものは省略する。原則として、ゴンザの言葉で示すが、そのままで理解しにくいものは括弧の中にその意味を添えて示し、ゴンザ自身が日本語に訳さずにロシア語のまま転用したものは、日本語に訳して示すことにする。また、［　］

の中の人物は、実際には言葉として本文中に出現しないが、文脈から判断できるものである。

〈動詞に「る・らる」が下接する人物〉(出現順)

居る人たち／[人一般]／畑作り(野菜栽培者)／菜園作り(庭師)／鋤く人／切る人／麦落とす人／草切り(草を刈る人)／百姓／牛を用心する人／羊見る人／牛の女子(牛飼い女)／[製粉業者]／穀焼き(パン屋)／船人／鳥取り(捕鳥者)／捕る人・狩人／身売り(肉屋)／鍵取り・家の人／[料理人]／[葡萄栽培者]／[ビール職人]／敷く人／客たち／手代／振る舞いする人／績む人／織る人／上手女子／仕立屋／靴縫い／木切り(樵)／大工／石積み(石工)／石打ち壊し(石切職人)／石切り・石積み／二つ(二人)／一人／地掘り(坑夫)／鍛冶／壺作り(陶工)／欲しがり／風呂焚き(風呂場の従業員)／血出し(瀉血治療者)／摘まゆる人／髭剃り／仲間／時計の上手(時計職人)／絵描き／桶屋／革のよま切り(革紐工)／道通る人／馬乗り(騎兵)／追うと(追う人)／駄賃取り(御者)／歴々たち／別な衆／櫂打ちたち(漕ぎ手たち)／船方／舵取り／流ゆる衆／別なと(別な人)／書物版する人／取る人／字取り集むる人／すする人／版する人／書物売る人／書物縫い(製本工)／若か子等／師匠／手習いたち／あの衆たち／あの人／手習い／分限者／物理学者／数学者／地面尺取る人／尺取る人／人たち／酔食らい(酔っ払い)／堪えぬと(堪えぬ人)／喧狂心のと(喧狂心の人)／卑し坊／悪くする人／二才(若者)／人／女房持った衆／父／母／赤ん坊／歴々・亭主／お袋・亭主女子／下男／番する衆／居る衆たち／仲取り・検者たち／筆者／尋ぬる人／咎人／店の衆／古物売る衆／売る人／買う人／寝おる人／医者／遊ぶ衆(役者)／一番のと(最重要人物)／変わったことする人(奇術師)／面被った人／[楽師]／綱通る人／斬り合う人／相撲取り／手拳の叩く衆／一人／もう一人の人／戦人／童たち／[走る人]／侍たち／殿／王様／インペラトール／腹狂いする人(道化師)／行き別ゆると(騎兵斥候隊)／太鼓打ち／加勢する衆／手かくる人／城に据えた人／和尚たち／アブラハム／メシヤ／マホメット／キリスト教の坊主／[マホメットの信奉者]／仏

第1章　「ゆる・らゆる」と「る・らる」について　139

〈動詞に「る・らる」が下接しない人物〉（出現順）

　　[自分]／(師匠との対話における)童／[人一般]／始まりの人(アダム)／始ま
　　りの女房(イブ)／二人／人／幼児／恐ろしか大人／太か頭のと(大きな頭の
　　人)／我々／[料理人]／[ビール職人]／地掘り(坑夫)／欲しがり／摘まゆ
　　る人／昔の人間／若か子など／数学者／人たち／喧狂心のと(喧狂心の人)
　　／良かと(善人)／あの人／[二才と女子]／息子／赤ん坊／子など／下女
　　など／悪か衆／盗人など／嫁女好き(姦通者)／打ち殺す衆・おっ取る衆
　　(盗人)／海の山だち(海賊)／調伏／返る衆(反逆者)／あの衆たち／変わ
　　り者／百姓など／一番のと(廷臣)／足軽たち／遣いやらゆる人／徒武者
　　／負けた衆／[攻められる人々]／惣様(全ての人間)／ペリシテ人／インド
　　人／アブラハム／別な人間／ユダヤ人／キリスト教の坊主／[マホメット
　　の信奉者]／天使／魂の利かぬ衆／本にない衆(不誠実な人々)／[読者]

　「る・らる」が下接しない動詞の動作主は、多くが敬意の対象になりにく
い人物、あるいはゴンザがその意味をよく理解出来なかった可能性がある人
物であることに気付く。あくまでも相対的な価値判断であり、また両方で現
れるものや例外的なものも存在するが、動作主に対して敬意を表するに値す
るか否かのゴンザの判断が原則として存在することは認められよう。

　次に、動作主が人物以外の場合で「る・らる」が下接している場合も考え
てみよう。〈表3〉は、本資料で用いられている全ての動詞を「る・らる」
が下接しているものと、そうでないものとに分け、それぞれの動作主を4類
に分けて示したものである[6]。

〈表3〉動作主と「る・らる」の有無

	「る・らる」有り	「る・らる」無し
人物	447	230
動物	20	141
その他の具象物	127	359
抽象的関係	69	98

140   第Ⅲ部　文法

　動物・具象物・抽象的関係にも多くの「る・らる」が出現するが、これら
も人物の場合と同様、その中身に傾向が見られる[7]。すなわち鶏や蜜蜂など、
人間に恩恵をもたらす動物や、象や鷹など、少年ゴンザが好意を持ったであ
ろう動物の動作には「る・らる」が用いられているが、獣や野鳥、害虫など
には用いられていない。その他でも「る・らる」が用いられているのは、雲
や風など、水夫ゴンザにとって畏れの対象であった自然現象や、車、時計な
ど、人間にとって有益な道具類に限られている。「利口なこと（英知）」や
「気をつくること（勤勉）」など、抽象的な言葉にも「る・らる」が用いられ
ているが、これらは、『世界図絵』の本文では、擬人化して説明されてい
る[8]ので、人物の場合に準じて考えられよう。また、「る・らる」が出現し
ない人物の中でも、敬意を表す「やる」が動詞に下接していたり[9]、敬語動
詞を用いて、表現している場合もある。よって、抽象的関係のうち、明らか
に擬人化して説明されているものを人物に含め、また、「る・らる」が使用
されていない動作主の中から、他の敬意表現が見られるものを別に取り出し
て考えると、〈表3〉は、〈表4〉のように書き換えられる。

〈表4〉　動作主と「る・らる」・敬意表現の有無

	「る・らる」有り	「る・らる」無し	その他の敬意表現
人物	507	146	84
動物	20	141	0
その他の具象物	127	358	1
抽象的関係	9	97	1

　このように見てくると、「る・らる」が用いられている文の特徴として次
のような点が挙げられる。
　〈1〉動作主が人物である場合に最もよく用いられる。但し、敬意の対象に
　　　ならないような人物の場合には用いられにくい。
　〈2〉動作主が人物以外の場合でも、ゴンザが好意・畏れの対象にしたと思
　　　われるものには用いられることもある。
　従って、これらの特徴から、「る・らる」は「軽い敬意・好意・畏れ」な

どを表示しているのではないかという推測ができる。

　第138章は、このことを裏付ける内容になっている。この章での登場人物は、「ocaмa（王様）」「тоно（殿）」「caмъretaчь（侍たち）」「декърекьтачь（歴々たち）」「демютачь（大名たち）」「фякшо（百姓）」であるが、「王様」と「殿」の行為には、それを表す動詞に最も敬度の高い語「やる」が下接し、やや身分の下がる「侍たち」「歴々たち」「大名たち」には「る・らる」が下接している。そして「百姓」に対しては、何も下接していない。ロシア語文には、動作主による表現の違いは見られないので、これはゴンザが動作主の身分に応じて、動詞に下接する語を相対的に使い分ける工夫をしていた証左となろう。このことからも、「る・らる」は「軽い敬意・好意・畏れ」を表示していると考えて問題なさそうである[10]。

　以上のように、「る・らる」は、「ゆる・らゆる」とは全く異なる文法的意味を担っており、「るる・らるる」の発音が揺れたもの、すなわち、r音がy音に一時的に音声推移したものが、「ゆる・らゆる」という語形であるという判断は否定される[11]。そして、中央語では、「る・らる」が伝統的に一手に引き受けていた「受身」と「尊敬」という文法的意味を、18世紀の薩隅方言では、「ゆる・らゆる」と「る・らる」が分担して受け持っていたということが言えるのである[12]。

4．おわりに

本章で述べたことをもう一度まとめると次のようになる[13]。

[1] ゴンザ訳『世界図絵』には「受身」表示の機能を有する「ゆる・らゆる」という語が存在する。

[2] 中央語において「受身」表示の機能を伝統的に有していた「る・らる」は、ゴンザ訳『世界図絵』の中では、「軽い敬意・好意・畏れ」を表示し、「ゆる・らゆる」とは、文法的意味において、棲み分けがなされている。

この「ゆる・らゆる」の存在は、18世紀における薩隅方言の文法的特徴

142　第Ⅲ部　文法

の一面と言えよう。このような特徴は、筆者の知る限り、現代の薩隅方言には残っていない。但し、20世紀中期頃までは存在していたようである。次の文は上村孝二（1968）の記述である。

　　受身　ル・ラルルを用いてこれを表現するはもちろん、まれにユル・ラユルも県南部では聞かれる。鹿児島の児童もこれを使うことがある。ウタユッドネ（打たれるぞ＝なぐるぞ）。

　この記述は、当時の現況報告以外に、受身表示の機能をもともと担っていたユル・ラユルがルル・ラルルに完全に取って代わられようとしているという歴史的変遷も意味してはいまいか。上村氏の報告より50年を経た現代薩隅方言の広範囲に渡るより詳しい調査が必要であろう。

　そしてこの事実を単に、一方言史の一特徴としてだけでなく、広く日本語の歴史という観点から捉えようとするとき、古代日本語に存在していた助動詞「ゆ・らゆ」と本資料の「ゆる・らゆる」との関係や、中央語史において「尊敬」等の他の文法的意味から独立してその表示形態を持たなかった「受身」がなぜ18世紀の薩隅方言においては独立した違う形態を持ち得たのかということは検討する必要があろう。併せて今後の課題としたい。

注

1）　井ノ口淳三（1987）参照。
2）　村山七郎（1969）参照。
3）　「ル」「フ」は、母音の無声化を表す。
4）　ся動詞には、被動の他に再帰の用法もある。そのため、ся動詞に対するゴンザの訳が単語欄と本文で異なる場合もある。例えば、71章の「прячуся」は、単語欄では「隠ゆる」と記されているが、本文では「隠さゆる」となっている。
5）　例外、つまり明らかに受身の意味が含まれないものも若干存在するが、この資料には訂正箇所や上書きが目立つこと、ゴンザのロシア語理解が必ずしも厳密ではなかったであろうこと、ゴンザが日本を離れたのは、まだ子供の頃であったこと、ゴンザが日本を離れてから既に10年が経っており、ソウザの死後は流暢に日本語を話す相手がいなかったために、資料作成時のゴンザ自身の日本語も怪しくなっていた可能性があること、などを考え合わせると、音韻論的側面はともかく、語彙や語用面に関して例外にこだわるのはかえって真相究

第1章 「ゆる・らゆる」と「る・らる」について　143

明を遠ざけるように思われる。よって、ここでは敢えて例外に深入りしないこととにする。

6)　原則として「る・らる」を含んだ述語全体が終止形のもののみを挙げた。なぜなら、連体修飾形や連用中止法などは、「る・らる」などが下接しにくい環境だと考えたからである。但し、述語全体に他の助動詞が出現する場合には、そのような可能性がなくなるので用例数に含めた。

7)　第Ⅲ部第2章に、助動詞「る・らる」が下接している動詞の全用例とそれらの全ての動作主を挙げた。

8)　ゴンザ資料の『世界図絵』には存在しないが、底本となったコメニウスの『Orbis sensualium pictus』には各章ごとに豊富な挿絵が描かれている。このことは、井ノ口淳三（1995）掲載のオスナブリュック版でも確認できる。ゴンザもおそらくその一書に記された挿絵を見ながら本資料を作成したものと推測される。

9)　「やる」については第Ⅲ部第2章を参照されたい。

10)　今世紀中期においても助動詞「る・らる」のこのような用法は存在していたようである。上村孝二（1954）では次のような報告がなされている。

　　　（る・らる系の助動詞は）敬語を使うのも変だし用いないのもよくないと言ったような場合に用い、殊に第三者のことに関して語る場合に使う。ある場合は多少冗談半分に添えることさえある。

　　なお、この報告については次章3節でも採り上げる。

11)　古代語における「ゆ・らゆ」と「る・らる」の関係については、両者を同源と見て、ヤ行音とラ行音の音声推移による異形の関係にあるとする説が一般的であったが、柳田征司（1989）、釘貫亨（1991）では、それらがヤ行・ラ行動詞の活用語尾に類推して生じたとする別源説が提唱された。筆者は、本章において古代語の「ゆ・らゆ」と「る・らる」の関係を言い得ないが、少なくともゴンザ訳『世界図絵』の「ゆる・らゆる」と「る・らる」については、本文中で述べたことからも明らかなように、音声推移による異形の関係というよりは、別源の語であると考えた方が説明しやすいと考える。

12)　ここで「2.1 先行研究」のところで挙げた上村忠昌（1995）の用例を確認しておこう。そこで挙げられている用例は全部で6例であるが、そのうち「タタカル（叩かれる：受身）」という例は、「ゆる・らゆる」＝「受身」、「る・らる」＝「軽い敬意・好意・畏れ」という図式に当てはまらない。ゴンザ訳『世界図絵』にも「タタカル（叩かる）」という例は5例見られるが、いずれも「受身」ではなく、「軽い敬意・好意・畏れ」と解釈されるものである。そこで、上村（1995）での調査対象と思われる『日本語会話入門』の中から、「タタカ

144　第Ⅲ部　文法

ル（叩かる）」という例を探してみると、382番の文章に見つけることができる。次のような文章である。

　　　ロシア語文：за молое погрѣшеніе бьютъ по рукамъ лопаткою ферулей.
　　　　　　　　　（（怠け者は）少しの過ちであってもスコップのような定規で手を叩かれる。）
　　　ゴンザ訳　：читтоджемъ варкая татакаръ чево мѣшгеджъ.
　　　　　　　　　（ちっとでも　悪かれば　叩かる　手を　めしげで）

　ロシア語文の日本語訳からもわかるように、ここでの「叩かる」は、確かに「受身」と判断した方が自然である。しかし、これはロシア語文に「за（〜の故に）」という前置詞があるからそのように判断されるのであり、該当する動詞自体が受身としての語形をとっているわけではない。ゴンザは、基本的に逐語訳を行っているので、おそらく、この文が受身文であるということに気付かずに、単語だけを見て訳したのではなかろうか。そのため、「（怠け者が）叩かれる」ではなく、「（先生が）叩く」と誤って判断し、「ゆる」ではなく、「る」を用いてしまったのではなかろうか。

13)　本章の内容のもとになった駒走昭二（1998）の発表後、上村忠昌（1999）で、「ゆる・らゆる」と「る・らる」の成立過程等について、筆者とは異なる見解が示されたが、この両者に区別があったという見方については一致しており、それぞれが担う文法的意味の内容についても結論に大きな相違はないと思われる。また「ゆる・らゆる」の成立過程については、私信にて上村忠昌氏、木部暢子氏、彦坂佳宣氏より貴重なご意見を賜った。御論を直接、反映させることは叶わなかったが、結論の一部に修正を施した。記して感謝申し上げる。

引用文献

井ノ口淳三（1987）「『世界図絵』の異版本に関する一考察―英訳1777版を中心として―」（『教育方法学研究』12　日本教育方法学会）

井ノ口淳三（1995）『世界図絵』（平凡社）

上村孝二（1954）「鹿児島県下の表現語法覚書」（『文科報告』3　鹿児島大学文理学部）

上村孝二（1968）「南九州方言文法概説―助動詞・助詞―」（『国語国文薩摩路』12）

上村忠昌（1995）「漂流青年ゴンザの鹿児島方言」（『鹿児島県立工業高等専門学校研究報告』30）

上村忠昌（1999）「ゴンザ訳『世界地図』における「ゆる・らゆる」語尾について」（『鹿児島工業高等専門学校研究報告』34）

釘貫　亨（1991）「助動詞「る・らる」「す・さす」成立の歴史的条件について」

（『国語学』164）

駒走昭二（1998）「ゴンザ訳『世界図絵』における「ゆる・らゆる」と「る・らる」」（『国語学』195）

村山七郎（1969）「コメニウスの著作の最初の日本語訳」（『教育と医学』17-5 慶応通信）

柳田征司（1989）「助動詞「ユ」「ラユ」と「ル」「ラル」との関係」（奥村三雄教授退官記念論文集刊行会編『奥村三雄教授退官記念 国語学論叢』桜楓社）

第2章　敬意表現

1．はじめに

　前章では、『世界図絵』を用いて、18世紀の薩隅方言における「ゆる・らゆる」と「る・らる」が異なる文法的意味を有していたことを示し、そのうち、「る・らる」は軽い敬意を表す形式であったことを述べたが、当時の当方言における敬意表現は、「る・らる」の他にどのような形式が存在したのであろうか。ここでは、「る・らる」も含めてゴンザの敬意表現全体を外観してみることにする。

　ロシア語では、敬意が言語形式として表現されにくいので、ロシア語文とその日本語訳の対照からだけでは、その語形が抽出しにくい。そのため、ここでも、文脈に合わせて、或いは当時の薩隅方言の論理に従って基本形とは異なる語形を本文中で選択したことが判別できる『世界図絵』を用いて考察することにする。

2．敬意を表す動詞

　まず、敬語動詞について見てみることにする。それ自体、敬意を表す動詞である。

　中央語史や現代薩隅方言の語形に基づいて、該当すると思われる動詞を本資料の中で探してみると、「たもる」「ござる」「ござゆ」の3語を見出すことができる。それぞれの用例を含む一文をロシア語文とゴンザ訳（日本語文）の両方で示す。波線部が該当箇所である。

148　第Ⅲ部　文法

2.1.「たもる」について

「たもる」は資料中に5例出現する。

(1)「たもる」①

ロシア語文：Потомъ сему народу бг҃ъ чрезъ Моѵ́сеа на горѣ Сїнайской

свой законъ далъ.

（それから神は、シナイの山でモーセを通じて、この民族に自

分たちの掟を与えた。）

ゴンザ訳　：Сошчь коно нингенни фодокѣ Моѵ́секара Синайскьно такѣ

вага огамкот тамотта.

（そして　この　人間に　仏　Моѵ́се（モーセ）から Синайскь

（シナイ）の　岳　我が　拝むこと　たもった）　　　[147章]

「бг҃ъ」は、「богъ（神）」の省略形であり、当時の正書法に従って、神聖

さ・尊厳等を表現したものである[1]。しかし、述語である「далъ」は、「дать

（与える）」の過去形で、特に敬意は含まれていない。この章に設けられてい

る単語欄には、「даю-яръ」とあり、「яръ」は「ヤル（ルは無声化）」と読め

るので、ゴンザは「дать」という単語を「遣る」と捉えていることがわかる。

それにも関わらず、「даль」というロシア語に対して「遣った」ではなく、

「тамотта（たもった）」という訳をゴンザが付けたのは、この文の主語が

「фодокѣ（仏）」だからであろう。ロシア語文で動作主「бг҃ъ」への敬意が省

略形で表現されているのに対し、日本語訳「фодокѣ（仏）」への敬意は、敬

語動詞を用いることによって表現しているのである。以下の4例も同様に、

ゴンザがロシア語の単語の意味を越えて、わざわざ「たもる」という訳を付

けたものである。

(2)「たもる」②

ロシア語文：Которымъ въ десятый день по вознесенїи своемъ ѡбѣщалъ

дх҃а ст҃аго с нбесе послати.

（昇天の十日後に聖霊を天から遣わすことを約束した。）

ゴンザ訳　：Доноши тукамѣ вага агайяттакоте тамотта камь но икьво

кмокара ячче

（どの衆　十日目　我が上がりやったことに　たもった　神の
息を　雲から　やって）　　　　　　　　　　　　　　[148章]

(3)「たもる」③

　ロシア語文：Помни сїя бойся бѓа и призывай его яко да тебѣ онъ дастъ
　　　　　　　духъ прему дрости.

　　　　　　　（次のことを覚えていよ。神を畏れよ。そして神が君に深い知
　　　　　　　恵の精神を与えるように神に呼びかけよ。）

　ゴンザ訳　：Обоеяй койво оджияи фодокѣво юбьцкѣяй анофтово
　　　　　　　согень анофтон конате таморо икьво дикунакоте.

　　　　　　　（覚えやい　これを　怖じやい　仏を　呼び付けやい　あの人
　　　　　　　を　そげに　あの人の　此方に　たもろ　意気を　利口なこと
　　　　　　　に）　　　　　　　　　　　　　　　　　　[結びの章]

　単語欄でゴンザは、(2) の「ѡбѣщалъ」の基本形「ѡбѣщаю（約束する、
請け合う）」に対して、「куюгръ（呉ゆる）」、(3) の「дастъ」の基本形「даю
（与える）」に対して、「яръ（遣る）」という訳を付けているが、本文ではいず
れも「たもる」という語形に改めている。それぞれの主語を高めるためであ
ろう。この「呉ゆる」と「遣る」は話し手の視点こそ違うが、送り手を主語
とした授受表現という点で共通している。敬意の対象は主語である送り手で
あるから、(2) が「イエス（(2) の前の文で登場）」、(3) が「仏」を高めて
いるということになる。残りの 2 例も見てみよう。

(4)「たもる」④

　ロシア語文：Единородный превѣчный сѓъ бжїи ѡбѣщин первымъ
　　　　　　　чѓлкомъ в раю

　　　　　　　（一人っ子で、永遠である神の息子は、楽園での最初の人間に
　　　　　　　よって約束され）

　ゴンザ訳　：Фтоймマаеяттат ичденъ фодокѣннъ муско тамоттатъ
　　　　　　　ичбанно фтотачи гокъраквы

　　　　　　　（一人生まえやったと　一代の　仏の　息子　たもったと　一
　　　　　　　番の　人たちに　極楽に）　　　　　　　　　[148章]

150 第Ⅲ部 文法

(5)「たもる」⑤

ロシア語文：Ему же дано имя Iисъ которое знаменуетъ Спс̃тель

（彼に与えられた Iисъ（イエス）という名、この名こそ救世主を意味する）

ゴンザ訳　：Анофте на тамоттатъ Iисъ донотъ шираеяръ таскурфто

（あの人に　名　たもったと　Iисъ（イエス）　どのと　知らえやる　助くる人）　　　　　　　　　　　　　　　　　[148章]

　(2)(3)の例と同様、「ωбещать（約束する、請け合う）」「дать（与える）」の訳であるが、この(4)と(5)の例は、ロシア語が被動形過去の形をとっている。つまり、「～された～」という受身表現なのである。よって、ゴンザ訳は能動形と同様、「たもった」であっても、主語は、(2)(3)の場合とは異なり、受け手である「神の息子（イエス）」ということになる。

　いずれにしても授受の敬意は、送り手、受け手の視点の区別なく、「たもる」で表現されていることがわかる。

　この「たもる」という語形が「賜はる・給はる」の変化形であることは、容易に察しがつくが、この「たもる」という語形は薩隅方言以外でも、浄瑠璃などで例が見られる。いずれも上方語で、「下さる」という意味の尊敬動詞として使用されている[2]。また、現代薩隅方言に存在している「食べる」の敬意を含んだ語形「たもる」も、これと同語であろう。

2.2.「ござる」について

　次に「ござる」であるが、これはわずか1例しか見られない。

(6)「ござる」①

ロシア語文：о：Что есть такое, мудрствовати ?

（少年：賢明になるとはどういうことですか？）

ゴンザ訳　：в：Икенакотга гозарка дикунакотшче

（童：如何なことが　ござるか　利口なことして）　[入門の章]

　この「ござる」は「есть（有る、～である）」の訳語として用いられている。この用例が含まれる入門の章は、先生と児童の対話形式になっている。(6)

が児童の台詞であることと文脈を考え合わせれば、この「ござる」は、児童が先生に対して「有る」を丁寧に言った語形であろう。

「ござる」は本動詞としては上記の1例のみであるが、補助動詞としての用例が3例見られるので、次に挙げる。

(7)「ござる」②

　　ロシア語文：Поле приноситъ плоды, травы
　　　　　　　　　（野原は果実等や草等をもたらす）

　　ゴンザ訳　：Фара моччьгозар джекуркотъ, ксанандо
　　　　　　　　　（原は　持ってござる　出来ること　草等）　　　　　［9章］

(8)「ござる」③

　　ロシア語文：Гости ωт хозяна приводятся к столу
　　　　　　　　　（客は主人にテーブルに連れて行かれる）

　　ゴンザ訳　：Кяктачь ческара цыечьгозаръ шокномае
　　　　　　　　　（客たち　亭主から　連れてござる　卓の前）　　　　［57章］

(9)「ござる」④

　　ロシア語文：Банщица приноситъ воду шаикою коею
　　　　　　　　　（風呂場の従業員は水を手桶で持ってくる）

　　ゴンザ訳　：Фуротакя мочгозаръ мидзво шаикадже донотдже
　　　　　　　　　（風呂焚きは　持ってござる　水を　　шаика（風呂場の片手桶）
　　　　　　　　　で　どのとで）　　　　　　　　　　　　　　　　　［74章］

ここでもそれぞれの単語欄には「ござる」という語形は見られないので、文脈によって、ゴンザがわざわざ「〜てござる」という形に改めたことがわかる。「ござる」と訳されているロシア語の単語は、(7)と(9)は、「持って来る」、(8)は「連れて行かれる（受身）」と訳すべき箇所である。授受の表現「たもる」と同様に、話し手の視点、方向に関係なく、「行く」「来る」という移動の敬意はとにかく「ござる」で表現していたようである。

2.3.「ござゆ」について

次に「ござゆ」であるが、これも少なく、2例のみである。

152　第Ⅲ部　文法

(10)「ござゆ」①

　　ロシア語文：Для того да будуть члвѣколю бивы.

　　　　　　　（そのため、博愛心に富んでいるはずである。）

　　ゴンザ訳　：Денъ соно гозаю фтомузогартъ.

　　　　　　　（代に　その　ござゆ　人むぞがると）　　　　　　　［116章］

(11)「ござゆ」②

　　ロシア語文：Страшныи судъ прїидет в послѣднїи день

　　　　　　　（最後の審判は、最後の日にやって来る）

　　ゴンザ訳　：Фодокѣн сабаккяркота гозаю атон финь

　　　　　　　（仏の　裁きやることは　ござゆ　後の　日に）　　　［151章］

　まず、(10)の「ござゆ」は「быть（〜である）」に対する訳語である。この(10)が含まれている116章は、110章、結びの章と並んで、作者が読者に語りかける文体が目立つ章である。例えば、「誠実な心でありなさい。」「愛せよ。そうすれば愛される。」など。そうすると、この「ござゆ」も読者に対する丁寧表現であろうか。

　(11)の「ござゆ」は「прийти（来る）」に対する訳語である。この文の主語は、「фодокѣн сабаккяркот（仏の裁きやること）」であるから、「仏の裁きやること（＝最後の審判）」という仏（＝神）の行為を高めた表現であろう。

　ところで、「ござゆ」と前述の「ござる」とは意味がほぼ重なるため、単なる誤表記、或いは発音の揺れに過ぎないのではないかとも考えられる。そこで、より細かく(6)〜(11)の用例を検討してみると、(6)〜(9)に比べて(10)と(11)には未然のニュアンスが含まれていることに気付く。(11)は言うまでもないが、(10)についても次のような推測が成り立つ。ロシア語では、現在時制で用いられるのが普通であるから、ゴンザがロシア語のこの習慣を意識し、未来時制として「ござる」とは別に「ござゆ」という語形を用いたのではなかろうか。資料中で「ゆ」語尾を持つ他の動詞「икаю（行かゆ）」「ораю（居らゆ）」なども未来時制であり、この推測を補強しそうであるが、用例が少ないため、これ以上の考察は保留としたい。ここでは、一応、「ござる」と「ござゆ」が、発音の揺れなどではなく、別の語形である可能

性が高いということだけを指摘しておく。

　以上、敬語動詞について見てきたが、結局、資料に残されているのは、「たもる」と「ござる」「ごさゆ」の3語11例のみであった。しかし、敬語動詞の少なさが、ゴンザ訳『世界図絵』の敬意表現の少なさを必ずしも意味するわけではない。動詞に助動詞を付けて、敬意を表現する例が多数見られるからである。

3．助動詞「る」「らる」による敬意表現

　動詞に助動詞「る」「らる」を付けた語形は、多数見られる[3]。例えば、「шиччорарь（シッチョラル［知っておらる］）」「насарь（ナサル［為さる］）」「нѣшерарь（ネシェラル［寝せらる］）」「нагаерарь（ナガエラル［流えらる］）」などである。用例数は、「る」が445例、「らる」が218例である。この「る」「らる」については、前章でも詳しく述べたように、「軽い敬意・好意・畏れ」などを表していると考えられる[4]。よって、動作主が労働者、例えば、「фадакѣцкуй（ファダケツクイ［畑作り＝野菜栽培者］）」や「мманой（ムマノイ［馬乗り＝騎兵］）」などの場合には、ほぼ例外なく「る」「らる」が用いられている。そして、ゴンザのこの「る」「らる」の使い方で興味深いのは、一般的には敬意の対象にならないはずの人間以外の動作主、つまり動物、さらには具象物、抽象的な概念の場合でも、「る」「らる」が用いられる場合があるということである[5]。人間以外のものの動作に「る」「らる」が用いられている例は216例あり、「る」「らる」の全用例の約32.6パーセントを占めている。ここでは、動作主の種類が異なる4つの例文を示すことにしよう。

　（12）「描かる」

　　　ロシア語文：живописецъ пишетъ живопись кисть

　　　　　　　　　（画家は筆で絵を描く）

　　　ゴンザ訳　：екакя какар какѣево фуджедже

　　　　　　　　　（絵描きは　描かる　掛け絵を　筆で）　　　　　　［78章］

154　第Ⅲ部　文法

(13)「歌わる」

ロシア語文：петухъ которыи поетъ ранѡ имѣетъ гребень и бороду.

　　　　　　（朝早く鳴く雄鶏は蹴爪と鶏冠を持っている。）

ゴンザ訳　：ниватой донотъ утаваръ фаю̄, моччораръ кушъ фиге.

　　　　　　（鶏　どのと　歌わる　早く　持っておらる　櫛　髭）[19章]

(14)「とぼさる」

ロシア語文：нощїю свѣтит мѣсяцъ и звѣзды блишутъ

　　　　　　（夜には月と星が光って、明るくする）

ゴンザ訳　：ю̄ра тобосаръ цукь фошнандо фкараръ

　　　　　　（夜は　とぼさる　月　星など　光らる）　　　　　　　[3章]

(15)「見らる」

ロシア語文：мудрость смотрит на вся вещи якѡ змїя.

　　　　　　（知恵はあらゆるものを蛇のように見回す。）

ゴンザ訳　：дикунаката мїрар сую̄нь мононандо согень фебь.

　　　　　　（利口なことは　見らる　惣様の　物等　そげに　蛇）[111章]

　上の例文からもわかるように、ゴンザは、敬意の対象になりやすい人物だけでなく、人間に恩恵をもたらす動物や畏れの対象である自然物等に対しても、幅広く敬意表現を用いている。但し、(15)のような抽象概念は、前述の通り、『世界図絵』の本文自体が擬人化して説明しているので、人物に準じて考えるべきであろう。

　動物では、恩恵をもたらすものだけでなく、象や鷹にも使用されているのでゴンザの好悪が基準になっているとも言える。蜂などは、単にその生態を説明する文（24章）では、その動作に「る」「らる」は用いられていないが、勤勉な生徒の比喩として登場する場面（112章）では、「（蜜を）採り集めらる」となっている。害虫や野鳥、野獣の類には使用されていない[6]。厳密な区別は難しいが、「る」「らる」の使用には、ゴンザの価値判断、すなわち、敬意・親しみを表すのに値するかどうかということが反映されていると考えてよさそうである。

　このように見てみると、「る」「らる」の用法は、社会的に要請された絶対

第 2 章　敬意表現　　155

的な「尊敬」表現というよりも、「軽い敬意・親しみ」といった程度のもの
で、話し手の判断によって自由に使われるものであることがわかる。これに
ついては、1950 年頃の薩隅方言に関する上村孝二（1954）の指摘が示唆に富
む。

　　（る・らる系の助動詞は）敬語を使うのも変だし用いないのもよくない
　　と言ったような場合に用い、殊に第三者のことに関して語る場合に使う。
　　ある場合は多少冗談半分に添えることさえある。

　200 年以上経ても、「る」「らる」の用法に大きな変化はなさそうである。
そして、このことは現在においても同様である。

4．助動詞「やる」による敬意表現

　助動詞「る」「らる」の他に、「やる」を用いて敬意を表している場合もあ
る。「やる」という語形は、薩隅方言以外でも、中世後期から近世にかけて
の狂言、浄瑠璃などに出現し、軽い尊敬の意味を表すということが知られて
いる[7]。ゴンザ訳『世界図絵』での用例数は 85 例である[8]。文の形式が異
なる 3 例を次に示す。
（16）「来やる」「習いやる」
　　ロシア語文：у：прїиди отрокъ учися мудрствовами.
　　　　　　　　（先生：少年よ、来たれ、賢明であるために学習せよ。）
　　ゴンザ訳　：ш：кїяй варабѣ нареяи дикунакототшче
　　　　　　　　（師匠：来やい　童　習いやい　利口な事として）［入門の章］
（17）「気つけやる」
　　ロシア語文：Примѣчай отроча подражати геркулю.
　　　　　　　　（気をつけよ、若者よ、ヘラクレスに倣え。）
　　ゴンザ訳　：кїцкѣяй варабѣ кївоцкѣчь геркули.
　　　　　　　　（気つけやい　童　気をつけて　геркули（ヘラクレス））［110 章］
（18）「座っておりやる」
　　ロシア語文：Царь или князь сидитъ на своемъ владѣнїи.

156　第Ⅲ部　文法

（皇帝や公爵は自分の領地に住まいを構えている。）

ゴンザ訳　：Осама мата тоно свачоïяръ вага цкавкоте.

　　　　　（王様　また　殿　座っておりやる　我が　使うことに）

[138章]

　ここで敬意の対象を明らかにするために、全用例の動作主を形式別に全て挙げることにする。但し、重複するものは省略する（キリル文字を示していないものは本文には登場しない動作主）。

　① 用例（16）のような会話文で話し手が聞き手に語りかけている文体：

　　　動作主は、聞き手である「варабѣ（ワラベ［童］）」「師匠」

　② 用例（17）のような地の文で書き手が読み手に語りかけている文体：

　　　動作主は、「読者」

　③ 用例（18）のような普通の地の文：

　　　動作主は、「дай（ダイ［誰］）」「тото（トト［父］）」「осама（オサマ［王様］）」「тоно（トノ［殿］）」「фодокѣ（フォドケ［仏］）」「месïи（メシイ［メシア］）」「авраам（アブラアム［アブラハム］）」「фодокѣннъ муско（フォドケンムスコ［仏の息子＝イエス］）」「иоан（イオアン［聖ヨハネ］）」「камьно икь（カミノイキ［神の息］）」「архагглногаврïил（архагглのガブリエル［大天使のガブリエル］）」

　これらから、「やる」が用いられるのは、2人称、不定称と絶対的な価値を有する存在に対してだけであることがわかる。そして、その敬意は前述した「る」「らる」よりも高いことは明らかである。前章でも述べたように、用例（18）を含む138章には、「王様」「殿」の他に、彼等より身分の低い「侍」「大名」「百姓」なども登場するが、「やる」が用いられているのは「王様」と「殿」だけで、「侍」「大名」には「る」「らる」が用いられ、「百姓」には両者とも用いられていない。「やる」が最も敬意が高いことを示す好例であろう。

　この「やる」についても、早く上村孝二（1954）に指摘がある[9]。

　　　尊敬の表し方では、「お読みになる」に対応するのはオヨミヤルで「読まれる」には一般に読ミヤルが対応しよう。

現代の薩隅方言でも、「動詞＋やる」は最も頻繁に使われる尊敬表現である。

5．おわりに

これまで述べてきたことの要点を簡単にまとめると次のようになる。

[1] 18 世紀の薩隅方言には敬語動詞として、「たもる」「ござる」「ござゅ」が存在した。それぞれの意味を資料中の用例に限って言えば次のようになる。

　　「たもる」：「遣る」「呉れる」「与えられる」の尊敬

　　「ござる」：（本動詞）「有る」の丁寧

　　　　　　　（補助動詞）「行く」「来る」の尊敬

　　「ござゅ」：「〜である」の丁寧、「来る」の尊敬

[2] 18 世紀の薩隅方言では、敬語動詞よりも助動詞「る」「らる」と「やる」を用いた敬意表現が盛んであった。

[3] 「る」「らる」が敬意が低く、その使用も話し手の判断に委ねられた相対的なものであったのに対し、「やる」は敬意が高く、その使用も 2 人称、不定称と絶対的な価値を有する 3 人称に限られていた。「る」「らる」と「やる」の、対象による使い分けの関係を表にまとめると、次のようになる。

対象	絶対的価値	相対的価値
2 人称	やる	
3 人称	やる	る・らる
不定称	やる	

注

1) 山口巌（1991）に所収されているグレーニング『ロシア文法すなわち Grammatica Russica またはロシア語の基礎的な手引』（1750）第一部 § 104 参照。

158 第Ⅲ部 文法

2) 岩井良雄（1974）50〜52、88頁等参照。
3) 「る」「らる」の全ての用例を次に挙げる。但し、「る」については形態的にも確例と言える終止形、連体形のもののみである。実際には、もちろん全てキリル文字で記されているが、ここでは煩雑になることを避けるため、漢字と仮名に改めてなるべく標準語形に近い形で示す。括弧の中の数字は、用例が現れる章の番号である。

◆「る」の用例

[入門]知っておらる　[2]持っておらる　[2]居らる　[2]居らる　[3]回らる　[3]丸くなさる　[3]立っておらる　[3]光らる　[3]塞がる　[3]光らる　[4]起こさる　[5]吹かる　[5]吹かる　[5]回らる　[6]叩かる　[6]言っておらる　[6]回らる　[6]持っておらる　[6]持っておらる　[7]光らる　[10]流さる　[10]嚙み切らる　[11]引かる　[11]光らる　[12]太くならる　[12]捕まえておらる　[12]持っておらる　[18]動かる　[18]飛ばる　[18]持っておらる　[19]歌わる　[19]持っておらる　[19]食うておらる　[27]捕らる　[27]持っておらる　[27]成らる　[28]持っておらる　[28]持っておらる　[28]持っておらる　[32]居らる　[34]遣らる　[38]捌かる　[41]取らる　[44]掘らる　[44]蒔かる　[45]繋がる　[45]摑まえておらる　[45]直さる　[45]引き起こさる　[45]切らる　[45]蒔かる　[45]搔かじらる　[45]切らる　[45]括らる　[45]落とさる　[45]刈らる　[46]居らる　[46]呼ばる　[46]引き出さる　[46]持っておらる　[46]持っておらる　[46]出さる　[47]作らる　[48]挽かる　[49]転ばさる　[49]振るわる　[49]置かる　[49]持っておらる　[50]捕らる　[51]作らる　[51]捕らる　[52]捕らる　[53]打ち殺さる　[53]打ち殺さる　[53]刺し殺さる　[53]剝がる　[53]切らる　[53]売らる　[53]焼かる　[54]遣らる　[54]受け取らる　[54]毟らる　[54]切り出さる　[54]こさがる　[54]焼かる　[54]剝がる　[54]旨くなさる　[54]突かる　[54]焼かる　[54]洗わる　[55]切らる　[55]踏まる　[55]搾らる　[56]飲まる　[57]敷かる　[57]分けて置かる　[57]持たる　[57]洗わる　[57]拭ごわる　[57]座らる　[57]切らる　[57]言わる　[57]注がる　[57]立っておらる　[57]遣らる　[57]酌取らる　[58]續まる　[58]續まる　[58]回さる　[58]取らる　[59]通さる　[59]巻かる　[59]取り回さる　[59]打ち込まる　[59]織らる　[59]織らる　[60]縫わる　[61]裁たる　[61]縫わる　[62]縫わる　[62]裁たる　[63]切らる　[63]削らる　[63]切らる　[63]挽き切らる　[63]置かる　[63]打たる　[64]積まる　[64]打ち壊さる　[64]置かる　[64]敷かる　[65]成らる　[65]成らる　[65]成らる　[65]回らる　[65]持っておらる　[65]成らる　[65]歩かる　[65]引き出さる　[65]置かる　[65]持っておらる

第 2 章　敬意表現　159

[66]すただっておらる　[66]寝ておらる　[66]寝ておらる　[67]掘り出さる
[67]漏らる　[68]吹かる　[68]引き出さる　[68]置かる　[68]叩かる　[68]
飛ばる　[68]突かる　[68]ほがさる　[69]切らる　[69]継がる　[69]研がる
[70]焼かる　[72]明くならる　[72]温くならる　[72]寝ておらる　[73]掘ら
る　[74]行かる　[74]汲まる　[74]切らる　[74]置かる　[74]吸い出さる
[75]剃らる　[75]出さる　[75]洗わる　[75]拭ごわる　[75]裁かる　[75]縮
まさる　[76]繋がる　[76]敷かる　[76]篩わる　[76]行かる　[76]擦らる
[76]梳かる　[76]拭ごわる　[77]仕舞わる　[77]引かる　[77]急かる　[78]
取らる　[78]書かる　[78]摑まえておらる　[78]寝ておらる　[78]切らる
[78]切らる　[79]焼かる　[80]帯しておらる　[80]突かる　[80]打ち込まる
[81]積まる　[81]裁たる　[82]からわる　[82]かぶらる　[82]突かる　[82]
使わる　[82]持たる　[82]行かる　[82]摑まる　[82]泊まらる　[83]置かる
[83]括らる　[83]座らる　[83]取らる　[83]舵取らる　[83]叩かる　[83]曲
がらる　[83]すただっておらる　[83]着ておらる　[84]乗らる　[85]括らる
[85]座っておらる　[85]追わる　[85]取らる　[85]擦らる　[85]強くなさる
[85]乗らる　[85]乗らる　[85]乗らる　[85]使わる　[86]欲しがらる　[86]
持っておらる　[86]歩かる　[86]作らる　[87]知っておらる　[87]成らる
[88]持っておらる　[88]座っておらる　[88]打たる　[88]立っておらる
[88]取らる　[89]持っておらる　[89]泊まらる　[89]遊ばる　[90]引かる
[90]流え着かる　[93]持っておらる　[93]寝ておらる　[93]取らる　[93]取
らる　[93]立っておらる　[93]取りとらる　[93]足さる　[93]置かる　[93]
擦らる　[93]置かる　[93]引き出さる　[93]押さる　[94]売らる　[94]書か
る　[94]置かる　[94]曲がらる　[95]縫わる　[95]干さる　[95]為さる
[95]叩かる　[95]持っておらる　[95]切らる　[95]塞がる　[97]習わる
[97]座っておらる　[97]座っておらる　[97]習わる　[97]書かる　[97]座っ
ておらる　[97]書かる　[97]書き直さる　[97]語らる　[98]座っておらる
[98]読まる　[98]持っておらる　[98]書かる　[98]黒くなさる　[98]欲しが
らる　[98]焼かる　[98]使わる　[98]使わる　[99]裁かる　[99]思わる
[99]組まる　[99]思わる　[99]作らる　[100]鳴らる　[100]遊ばる　[100]
回らる　[101]知らる　[102]尺取らる　[103]知らる　[103]回らる　[103]
仕舞わる　[103]持っておらる　[103]歩かる　[103]踏み込まる　[103]踏み
込まる　[103]踏み込まる　[104]直らる　[104]直らる　[104]持っておらる
[104]還らる　[104]有らる　[104]光らる　[105]灯さる　[105]居らる
[105]少なくならる　[106]入らる　[106]暗くならる　[106]おっ取らる
[107]持っておらる　[107]姿ならる　[107]尺取らる　[107]流え回らる

160　第Ⅲ部　文法

[108]からさる　[108]持っておらる　[108]泳がる　[111]言わる　[111]思わる　[111]言わる　[111]這って行かる　[111]取らる　[111]行かる　[112]好かる　[112]憎まる　[112]重くならる　[112]急かる　[112]寝ておらる　[113]立っておらる　[113]摑まえておらる　[113]摑まえておらる　[113]酔食らわる　[113]吐かる　[113]靜わる　[114]取らる　[114]追わる　[115]つっぱり交わる　[115]拝まる　[115]待たる　[115]思わる　[115]おらばる　[115]為さる　[115]腹かかる　[115]言わる　[115]居らる　[115]尋ねつかる　[116]靜わる　[117]持っておらる　[117]うち置かる　[117]摑まえておらる　[117]言わる　[117]なさる　[117]持っておらる　[118]摑まえておらる　[118]生やかさる　[118]持っておらる　[118]持っておらる　[118]取らる　[118]下ろさる　[119]欲しがらる　[119]成らる　[119]選らる　[119]手渡さる　[119]書かる　[119]被らる　[119]遣らる　[121]取らる　[121]生まる　[121]習わる　[121]遊ばる　[121]太くならる　[121]癖ならかさる　[121]癖ならる　[121]生やかさる　[122]持っておらる　[122]摑まえておらる　[122]居らった　[123]立っておらる　[123]入らる　[125]行かる　[125]座っておらる　[125]為さる　[125]成らる　[125]思い出さる　[125]言わる　[127]退かる　[127]欲しがらる　[127]言わる　[127]値つけらる　[127]遣らる　[127]買わる　[127]遣らる　[129]呼ばる　[129]取らる　[129]書かる　[131]遊ばる　[131]座っておらる　[131]立っておらる　[131]叩かる　[132]歩かる　[132]飛ばる　[132]踊らる　[132]遊ばる　[132]歩かる　[132]踊らる　[133]斬り合わる　[133]相撲取らる　[133]勝たる　[133]叩き合わる　[134]捕らる　[134]打ちやらる　[135]打たる　[135]寄り付かる　[136]習わる　[136]乗らる　[136]欲しがらる　[136]追い付かる　[136]追い付かる　[136]取らる　[138]居らる　[138]持っておらる　[138]持っておらる　[139]遣らる　[139]遣いやらる　[139]遣いやらる　[141]立たる　[142]立たる　[142]呼ばる　[142]知らかさる　[142]起こさる　[142]突き殺さる　[142]斬り合わる　[143]寄り付かる　[143]取らる　[143]沈まる　[144]嫌がらる　[144]登らる　[144]追いやらる　[145]突き落とさる　[145]摑まえておらる　[145]呼ばる　[147]居らった　[148]知り合わる　[149]居らった　[149]寝居らった　[151]起こさる

◆「らる」の用例

[3]せらる　[5]寝せらる　[5]せらる　[5]せらる　[6]流えらる　[6]流えらる　[6]せらる　[6]せらる　[7]せらる　[7]見せらる　[7]せらる　[10]せらる　[12]出らる　[22]見らる　[25]せらる　[41]食うてみらる　[42]起きらる　[44]せらる　[44]植えらる　[44]植えらる　[44]接木せらる　[45]せ

第 2 章　敬意表現　　161

らる　[45]取り集めらる　[45]拵えらる　[45]入えらる　[45]掻き貯めらる
[45]せらる　[45]積み立てらる　[45]引かせらる　[46]用心せらる　[46]食
わせらる　[46]せらる　[47]せらる　[49]入えらる　[49]入えらる　[49]混
ぜらる　[49]据えらる　[49]せらる　[49]せらる　[51]立てらる　[51]食わ
せらる　[51]隠えらる　[51]声せらる　[51]立てらる　[52]退けらる　[52]
立てらる　[53]せらる　[53]煮らる　[53]煮らる　[54]煮らる　[54]拵えら
る　[54]煮らる　[55]入えらる　[55]入えらる　[56]せらる　[59]分けらる
[59]投げらる　[61]撫でらる　[61]せらる　[62]せらる　[63]せらる　[63]
落ちらる　[63]落ちらる　[63]印せらる　[63]立てらる　[64]せらる　[64]
掛けらる　[64]白くせらる　[65]寄せらる　[68]煮らる　[69]せらる　[70]
姿せらる　[70]掛けらる　[74]流えらる　[75]摘まえらる　[75]流えらる
[75]流えらる　[75]良くせらる　[76]せらる　[76]着せらる　[76]混ぜらる
[76]食わせらる　[76]被せらる　[77]分けらる　[77]見せらる　[77]分けら
る　[77]印せらる　[78]せらる　[79]見せらる　[80]せらる　[80]せらる
[82]入えらる　[82]門送りせらる　[82]尋ねらる　[82]用心せらる　[83]鞍
せらる　[83]引き詰めらる　[83]せらる　[83]立てらる　[83]止めらる
[83]乗らる　[89]立てらる　[89]見せらる　[90]堪えらる　[92]せらる
[93]立てらる　[93]立てらる　[93]強くせらる　[93]添えらる　[93]強くせ
らる　[93]姿せらる　[95]続飯せらった　[95]強くせらる　[95]縫い付けら
る　[95]押し付けらる　[95]続飯せらる　[95]姿せらる　[95]打ち付けらる
[97]教えらる　[97]せらる　[98]印せらる　[98]立てらる　[98]立てらる
[98]出らる　[99]教えらる　[99]せらる　[99]取り集めらる　[99]せらる
[101]せらる　[101]数えらる　[101]沢山せらる　[101]分けらる　[101]数
えらる　[102]印せらる　[102]出らる　[104]見らる　[106]流えらる
[106]被せらる　[106]堪えらる　[107]せらる　[107]流えらる　[108]分か
えらる　[108]分かえらる　[108]分かえらる　[111]見らる　[111]せらる
[111]見らる　[111]見らる　[111]見らる　[111]せらった　[111]見らる
[111]捕まえらる　[111]紛れらるまい　[112]辛労せらる　[112]取り集めら
る　[112]始めらる　[112]退けらる　[112]似らる　[112]取り集めらる
[113]出らる　[115]堪えらる　[116]せらる　[117]掛けらる　[118]着せら
る　[118]呉れらる　[118]引き寄せらる　[118]用心せらる　[118]悪くせら
る　[119]見らる　[119]仲立ちせらる　[119]せらる　[119]振る舞いせらる
[120]出らる　[120]言わえらる　[121]繁盛せらる　[121]生やかさえらる
[121]食わせらえらる　[122]奉公せらる　[125]書き付けらる　[125]立てら
る　[125]責任せらる　[127]見せらる　[127]負けらる　[128]掛けらる

162　第Ⅲ部　文法

　　　　[128]見せらる　[129]見らる　[129]用意せらる　[129]謙遜せらる　[131]
　　　馬鹿せらる　[132]せらる　[132]吊らえらる　[133]出らる　[134]投げらる
　　　[135]手かけらる　[136]印せらる　[138]せらる　[138]取り集めらる
　　　[139]せらる　[139]取り集めらる　[140]戦せらる　[141]出らる　[141]広
　　　げらる　[141]立てらる　[141]出らる　[142]分かえらる　[142]射らる
　　　[142]戦せらる　[142]出らる　[143]射らる　[143]投げらる　[144]用心せ
　　　らる　[145]褒めらる　[145]せらる　[145]尋ねらる　[145]出らる　[149]
　　　混ぜらった　[149]教えらった　[149]立てらる

4)　「る・らる」の文法的意味については、日本語史に鑑みたときに、受身、可
　　能、自発、尊敬の可能性が考えられる。その中でも尊敬と判断したのは、文脈
　　だけでなく、次のような根拠にも基づいている。
　　　ロシア語文の中で、受身表現は、ся動詞、または被動形動詞が用いられ、
　　可能表現は、[уметь＋動詞][мочь＋動詞][можно＋動詞]の形がとられてい
　　る。そしてゴンザもそれに応じて、受身であれば前章で述べたとおり、[動詞
　　＋ゆる（らゆる）]の形で表現し、可能であれば、[成る＋動詞]の形で訳して
　　いる。このような状況の中で、対応するロシア語文に受身表現、可能表現が見
　　られない「る」「らる」が受身、可能の意味を表しているとは考えにくい。ま
　　た、自発用法も文脈上考えにくい。そもそも、自発の助動詞というのは、その
　　性格上、心の動きや感覚に関する動詞にのみ付くはずであるが、そのような動
　　詞はここにはほとんど見られない。わずかに「фошгараръ（フォシガラル［欲
　　しがらる］)」「омоваръ（オモワル［思わる］)」などが見られるが、これらも
　　文脈から自発とは考えられない。「омедасаръ（オメダサル［思いださる］)」な
　　どは、単語だけ見ると自発のようであるが、文全体を見るとそうでないことが
　　明らかである。次の例である。
　　　　　ロシア語文：Потомъ судïа вымышляетъ судь ко ѡправданïю невинего.
　　　　　　　　　　　（それから裁判官は無罪の者に無罪と言い渡すための審判を
　　　　　　　　　　　考え出す。）
　　　　　ゴンザ訳　：Сошчь накадой омедасаръ сабакъкотъ тогенаранъюнь фонно
　　　　　　　　　　　фтово.
　　　　　　　　　　　（そして　仲取り　思い出さる　裁くこと　咎にならぬように
　　　　　　　　　　　本の人を）　　　　　　　　　　　　　　　　　　　　[125章]
　　　この例は、裁判官を高めるためにゴンザが「考え出す」という意味の「омедасъ
　　（オメダス［思い出す］)」に尊敬用法の「る」を付けたものであろう。

5)　「る」「らる」が付く動詞の動作主を次に全て挙げる。但し、重複するものは
　　省略する。原則として、ゴンザの言葉で示すが、そのままで理解しにくいもの

は括弧の中に意味を添える。また、ゴンザ訳の中には、ロシア語の単語をそのまま借用したものもあるが、その場合はその単語の意味を示すことにする。

言葉／雲／人間／四つ歌(火・水・空気・土の四大要素)／陽／霧／月・星など／火／する息(大気)／風／辻巻／水／川／湊／海／雷／雨／雨雲／漏ると(雫)／水銀／瓶等・鉢等／磁石／角取ったと(カットされたもの・宝石)／木／打ち切ったと(丸太)／生きた物／鳥／鶏／去勢雄鶏／鷹／針鼠(鼠取り器?)／象／ヘラジカ／山羊／一つ角持ったと(一角獣)／川兎／貝／一つの聞くと(共通的感覚)／舌／思うこと・恐ろしかこと／畑作り(野菜栽培者)／菜園作り(庭師)／鋤く人／切る人／麦落とす人／草切り／百姓用心する人／羊見る人／牛の女子／蜂／車／穀焼き(パン屋)／穀／船人／鳥取り(鳥の捕獲人)／狩人／身売り(肉屋)／脂／鍵取り又家の人／敷く人／客たち／手代／ワイングラス／振る舞いする人／績む人／織る人／羅紗織る人／上手女子／仕立屋／靴縫い／木切り／大工／木端等／鋸屑／石積み(煉瓦積職人)／石打ち壊し(石切り職人)／石切りまた石積み(石屋や煉瓦職人)／二つ(二人)／一人／神楽桟(巻揚機)／鳶蟬(クレーン)／戸口／瓦又板／桶坑夫／鉱石／鍛冶／走ると又金糞(爆ぜる音又金糞)／壺作り(陶工)／家／頭の下(貴重品入れ)／欲しがり(欲する人)／風呂焚き(風呂場の従業員)／血出し(瀉血治療者)／摘まゆる人／熱か水／血／髭剃り(髭を剃る人)／中間(馬丁)／時計／動くこと／時計の上手(時計職人)／日の時計／砂の時計／掛け絵等／絵描き(画家)／朱等／ビードロ／顕微鏡／桶屋／革のよま切り(革紐工)／道通る人／馬乗り(騎兵)／あの人／鉄砲入れ／追う人／駄賃取り(御者)／歴々たち／別な衆／速船／櫂打ちたち／舟方／舵取り(舵手)／船／流ゆる衆(航海者たち)／細か小ざし／帆／別なと(別な人)／書物版する人／字取る人／押し込んだと(押し込むケース)／字取り集むる人／すする人／版する人／書物売る人／書物等／書物縫い／押す物／若か子等／師匠／手習いたち／あの衆たち／気付くると(勤勉な人)／分限者／勤勉なと(勤勉な人)／文法／修辞学／この花等／詩／三味線／突き鐘／物理学者／算術家／地面尺取る人／天文学者／丸か物(天球)／車の木(天軸)／十二印等(十二宮)／七つの星／月／水星と金星／水星／火星／土星／別(別の月)／端(地球の端)／尺取る人／筋／五つの海等／人たち／居ると(居る人)／島等／丸か物(地球)／利口なこと(知恵)／気を付くること(勤勉)／蜻蛉／手習い(生徒)／蜂等／摑まえておること(節制)／酔食らい(酔っ払い)／強いこと／堪ゆること／堪えぬと(堪えぬ人)／喧狂心のと(喧狂心の人)／欲なこと／本のこと(本当のこと)／良かやること／狡坊／良かこと／悪くする人／二才／女子／仲立ち／人／知えたと(知れたこ

164 第Ⅲ部 文法

と)／女房持った衆／父／とと(赤ん坊)／母／歴々又亭主／お袋又亭主女子／下男／櫓等／居る衆たち／仲立ち・検者たちと筆者／尋ぬる人／咎人／仲取り／筆者／店の衆／古物売る衆／売る人／買う人／誰か／さお秤／寝おる人／医者／遊ぶ衆／一番のと(一番の人)／腹狂い(道化師)／変わったことする人／面被った人／綱通る人／斬り合う人／相撲取り／手拳の叩く衆／もう一人の人／戦人／童等／侍たち・歴々たち・大名たち／百姓等／都市や村／公爵／皇帝／腹狂いする人／足軽たち／行き別ゆると(行き別れる人)／太鼓打ち・木魚打ち・笛吹き／加勢する衆／船戦／据えたと(包囲された軍)／手掛くる人／仏の書いたこと／仏知ること／和尚たち／あの衆／マホメット

6)　参考までに、動作に「る」「らる」が付かない動物を全て挙げておく。但し、重複するものは省略する。注5と同様に原則として、ゴンザの言葉で示すが、そのままで理解しにくいものは括弧の中にその意味を添え、ロシア語の単語をそのまま借用したものは、その単語の意味を示すことにする。また、下線の付いたものは、場合によっては、「る」「らる」が使用されることもある動物である。

鳥等／魚等／生きた物／鳥／雌鳥／鳩等／孔雀／鶴／燕／雀／鵲／蝙蝠／ナイチンゲール／鶉／カナリア／アトリ／八頭／極楽鳥／雉／野雁／雉の鳥／蝦夷／雷鳥／シャコ／千鳥／鳶烏／ノスリ／隼／小鷹／白隼／白か鶴の鳥(白鳥)／鷲／家鴨／羽白鳥／鷗／鷺／山家の五位／石叩き(鶺鴒)／蜂／丸花蜂／雀蜂／熊蜂／蠅／蚊／鈴虫／きりぎりす／蝶々／油虫／犬／雌猫／雄猫／リス／猿／海の雄猫(オットセイ)／太か鼠(テン)／こって牛／雌牛牛の子／雄羊／雌羊／羊の子／雄山羊／雌山羊／山羊の子／雄豚／雌豚／豚の子／ロバ／ラバ／馬／駱駝／野牛／水牛／猪／家兎／小兎／土竜／獣／虎／山犬／大山猫／針鼠／穴熊／蛇／太か蛇／毒蛇／コブラ／足無蜥蜴／蜥蜴／火蜥蜴／竜／針土竜／蚯蚓／紙魚／蚤／虱／臭か床虫(南京虫)／ダニ／蟻／蜘蛛／わくど(蟇蛙)／鰐／ビーバー／魚／雄魚／雌魚／鱶／鮫／スナモグリ魚／川鱸／チョウザメ／プロトワ(鯉科の淡水魚)／ウクレイ(鯉科の淡水魚)／ダクマ(蝦)／蛭／鯨／鯆／バボス(エイ？)／八目鰻／鱒／ブリーム(鯉科の淡水魚)／ジェリフ(？)／紫のジェリフ／貝殻／蜂等／鹿／熊

7)　岩井良雄（1974）178〜181頁参照。

8)　「やる」の全ての用例を次に挙げる。括弧の中の数字は用例が現れる章の番号である。

　　［入門］来やい　［入門］習いやい　［入門］教えやろか　［入門］連れて行きや

い [入門]持っておりやる [23]詠みやい [34]付けやい [43]添えやい [103]添えやい [110]つけやい [110]憎みやい [110]行きやい [110]知りやい [110]摑まえておりやい [110]行きやろ [110]用心しやい [110]踏み落としやるな [110]為しやい [110]落ちやるまい [110]嗜みやい [110]しやるな [110]通りやい [110]早くしやい [110]居りやろ [112]しやるな [112]浮遊しやるな [115]言い付けやったと [116]居りやい [116]好きやい [116]居りやろ [138]座っておりやる [138]持っておりやる [139]座っておりやる [139]摑まえておりやる [145]居りやる [147]来やったこと [147]立てやった [147]しつけやった [147]させやった [147]立てやった [147]来やった [148]生まえやった [148]始まりやった [148]生まえやった [148]生まえやった [148]知らえやる [148]取りやった [148]言い付けやったこと [148]降りやった [148]居りやった [148]見せやらぬ [148]居りやった [148]立てやった [148]言い付けやったこと [148]居りやった [148]連れてござえやった [148]突きほがさえやった [148]居りやった [148]掛かっておりやった [148]堪えやった [148]生きやった [148]起きやった [148]上がりやった [148]行きやった [148]来やった所 [148]居りやった [148]上がりやったこと [148]しやった [148]遣りやった [148]座っておりやる [148]守りやる [149]言いやった [149]持っておりやる [151]裁きやること [151]裁きやること [151]呼び付けやる [151]見えやった [結び]見やった [結び]付けやい [結び]読みやい [結び]居りやろ [結び]覚えやい [結び]怖じやい [結び]呼び付けやい [結び]居りやい

9) 上村孝二（1968）にも同様の指摘がある。

引用文献

井ノ口淳三（1987）「『世界図絵』の異版本に関する一考察―英訳 1777 版を中心として―」（『教育方法学研究』日本教育方法学会）

岩井良雄（1974）『日本語史 江戸時代語編』（笠間書院）

上村孝二（1954）「鹿児島県下の表現語法覚書」（『文科報告』3 鹿児島大学文理学部）

上村孝二（1968）「南九州方言文法概説―助動詞・助詞―」（『国語国文薩摩路』12）

上村忠昌（1996）「ゴンザ研究入門」（『鹿児島工業高等専門学校研究報告』31）

村山七郎（1969）「コメニウスの著作の最初の日本語訳」（『教育と医学』17-5 慶応通信）

山口 巌（1991）『ロシア中世文法史』（名古屋大学出版会）

第3章　カス型動詞について

1．はじめに

　本章では、本資料において多くの用例が出現しながら、先行研究において
あまり注目されてこなかったカス型動詞を採り上げることにする。日本語史
上におけるカス型動詞については、既に明らかにされている部分も多いが、
辺境に位置する薩隅地方においてはどのようであったのだろう。本資料の出
現例をもとに、18世紀の薩隅方言での形態的特徴、表現価値について考察
する。

　なお、ゴンザ資料には6種の資料が存在するが、これらのうち『簡略日本
文法』にはカス型動詞の使用例が見られないため、それ以外の5種を本章で
の考察対象とする[1]。

2．ゴンザ資料におけるカス型動詞の出現例

　本資料には、吉田金彦（1959）の述べる本来型、すなわち「игокасъ（イゴ
カス／動かす）」「токасъ（トカス／融かす）」のようにカ行で活用する動詞に
語尾「す」が付いた例と、応用型、すなわち「икьракасъ（イキラカス／生き
らかす）」「дамакасъ（ダマカス／騙かす）」のように行に関係なく語尾「かす」
が付いた例が存在するが、本章では、後者のみを考察対象とする。

　対象となる全資料には、応用型のカス型動詞は異なり語数で42語、延べ
語数で181語存在する。その全用例を各資料の用例数とともに〈表1〉として
示す[2]。

　但し、〈表1〉のうち、「取り散らかす」「投げ散らかす」「掘り散らかす」
「吹き散らかす」「蒔き散らかす」「持ち散らかす」はそれぞれ異なる一語で

〈表1〉ゴンザ資料におけるカス型動詞

	表記例	カス型動詞	漢字仮名表記	ロシア語の意味	単	会	ス	友	図	計
1	икьракаскотъ	イキラカス	生きらかす	生気を与えること			6		1	7
2	оджиракасъ	オヂラカス	怖じらかす	威す			2			2
3	оторошгаракасъ	オトロシガラカス	恐ろしがらかす	震え上がらせる			1			1
4	оякасъ	オヤカス	生やかす	育てる	1		6		6	13
5	кацьеракасаю	カツエラカス	飢えらかす	衰弱させる				1		1
6	кацьякасъ	カツヤカス	飢やかす	悩ます、苦しめる	1		1			2
7	кирьтокасъ	キリトカス	切り取かす	切り取る			2			2
8	ксаракасъ	クサラカス	腐らかす	腐る			9			9
9	коякасъ	コヤカス	肥やかす	肥育する			2			2
10	самакасъ	サマカス	覚まかす	素面に帰る			2			2
11	самакасъ	サマカス	冷まかす	冷やす			4		1	5
12	шинакасъ	シナカス	死なかす	殺す			4			4
13	ширакасъ	シラカス	知らかす	訓導する			1		1	2
14	дамакаскотъ	ダマカス	騙かす	誘惑すること		4	37	12	8	61
15	намьдатаракас	タラカス	垂らかす	涙を流す	1		1			2
16	даракасъ	ダラカス	だらかす	厄介をかける			1			1
17	джекасъ	ヂェカス	出来す	繁殖させる			1			1
18	джекѣракасъ	ヂェケラカス	出来らかす	繁殖させる			1			1
19	чиракасъ	チラカス	散らかす	撒く			2			2
20	цукьотокасъ	ツキオトカス	突き落とかす	打ち倒す			1			1
21	цукьтокасъ	ツキトカス	突きとかす	無理に突破する			1			1
22	цмакасъ	ツマカス	つまかす	鈍くする			1			1
23	тоичиракасъ	トイチラカス	取り散らかす	熊手で散らす			1			1
24	тогаракасъ	トガラカス	尖らかす	尖らせる			3		1	4
25	тоякасъ	トヤカス	とやかす	静かになす			1			1
26	нагечиракаскот	ナゲチラカス	投げ散らかす	投げ散らかすこと			3			3
27	наяскотъ	ナヤカス	萎やかす	傾けること		1	5			6
28	наракаскотъ	ナラカス	鳴らかす	鳴らすこと			6		2	8
29	кшенаракасаръ	ナラカス	成らかす	慣れさせる					1	1
30	нигоракаскот	ニゴラカス	濁らかす	濁すこと、乱すこと			7			7
31	нїякасъ	ニヤカス	煮やかす	煮る			1			1
32	нуракаскотъ	ヌラカス	濡らかす	濡らす、湿すこと			8		2	10
33	фойчиракасъ	フォイチラカス	掘り散らかす	引き裂く			1			1
34	фкаракасъ	フカラカス	光らかす	光る、閃く			2		1	3
35	фукьчиракасъ	フキチラカス	吹き散らかす	吹き散らす			2			2
36	фукьнуракасъ	フキヌラカス	吹き濡かす	液体を噴出させる			1			1
37	фукъракасъ	フクラカス	膨らかす	空気を入れる					1	1
38	фчекуракасъ	フチェクラカス	ふてくらかす	粗野になる			1		2	3
39	макьчиракасъ	マキチラカス	蒔き散らかす	やたらにふりまく			1			1
40	мочьчиракасъ	モチチラカス	持ち散らかす	散らす			1			1
41	мояксфто	モヤカス	燃やかす	燃やす人			2			2
42	юркета	ユルカス	緩かす	緩めた				1		1
	計				3	5	132	14	27	181

はあるが、形成過程や意味を考える上で、「散らかす」に集約すべきものと
考える。また、「吹き濡らかす」も同様に「濡らかす」に準じて考える。一
方、複合語のうち、「切り取かす」「突き落とかす」「突きとかす」は、それ
ぞれ単純語の例が存在しないため、そのまま考察対象とした。本章では、こ
のような整理を行った後の 35 語を考察の対象とする[3]。

3．形態的特徴

　まず、「カス」の前接音に注目してみる。中央語史においては、時代が下
るにつれて前接音はア段とりわけ「ラ」音に集中していく様子が窺える[4]が、
ゴンザ資料においても、35 例中 30 例で「a」が前接していることがわかる。
それ以外の母音では「o」が 3 例、「u」が 1 例、「e」が 1 例である。突出し
て「a」の前接する場合が多く、「akasu」という形態素がほぼ確立していた
と言えそうである。このような偏りは、中央語史における中世期に見られた
状況と一致する[5]。また、音節で見てみると、「-ラカス」が 18 例と最も多
く、次いで、「-ヤカス」7 例、「-マカス」4 例、「-ナカス」1 例が見られ、
「a」以外の母音では「-トカス」3 例、「-ルカス」1 例、「-デカス」1 例が見
られる。つまり、ゴンザ資料における全カス型動詞の約半数が「-ラカス」
という語尾をとっており、換言すれば、語尾がラ行の動詞からカス型動詞が
形成されやすかったということになる。
　また、音節数に関しては、中央語史と様子がやや異なる。中央語において
は 5 音節のものが多く見られた[6]のに対し、ゴンザ資料では 4 音節の語例が
19 例と最も多く、次いで 5 音節が 11 例、6 音節が 3 例、3 音節と 8 音節が
各 1 例ずつ出現する。これは中央語においては、「ナラフ（習ふ）」「ワラフ
（笑ふ）」等の 3 音節動詞からの派生がその中心だったのに対し、18 世紀の
薩隅方言においては、「シル（知る）」「ナル（鳴る）」等の 2 音節動詞からも
カス型動詞が盛んに派生されていたことによるものと思われる。音節数で見
た場合、4 音節語のカス型動詞は、その半分がカス語尾で占められているこ
とになり、その存在感は 5 音節語が中心だった中央語に比べて相対的に大き

170 第Ⅲ部 文法

いことになる。この存在感の大きさは、当該方言における安定的なカス型動詞の派生、また保持に多少なりとも影響を及ぼしたものと推測される。

ここで、派生元となった動詞について考えてみよう。中央語史においては、まず「u－asu」という自他対応関係にある有対自動詞からカス型動詞が派生され、その後、他の動詞からも派生されるようになったとされるが[7]、18世紀の薩隅方言におけるカス型動詞はどのような状況にあったのであろうか。

まずは、各カス型動詞が、どのような動詞から派生してできたのかを探るために、それらと語幹を共有する動詞を資料中に求め、〈表2〉として示すことにする[8]。

もっとも、ゴンザ資料に収載されている語彙は当時の方言資料としては豊富であるが、18世紀という共時態のものに過ぎないため、通時的な展開を考察するのは困難である。しかし、そこに記されている語彙が、当時において実在していた可能性は高く、その例からだけでも何らかの傾向はつかめるのではないかと考える。それぞれ自動詞と他動詞を挙げることにするが[9]、全資料において対応する例が見出せない場合には「×」を、また、本質的に対応する動詞の存在が想定しにくい場合には「－」を記した。

各カス型動詞が、自動詞、他動詞のどちらから直接的に派生したのかは判断が難しいが、いずれにしても派生元となった動詞に「akasu」が接続して生成されたものが圧倒的に多いようである。例えば、「生きらかす」の場合、「ikiru」から語末の「u」が除かれ、そこへ「akasu」が接続して生成されたものと推定される。また、「生やかす」は、「oyuru」の前の段階の形態として想定できる「oyu」から「u」が除かれ、そこへ「akasu」が接続して生成されたものであろう。このように「akasu」の接続による派生は、対応する自動詞、他動詞が確実に存在する例29語の中だけでも24例見られる。

また、派生元となる動詞の語形の揺れが、カス型動詞の形態に影響を与えたと考えられるものもある。「カツエラカス」と「カツヤカス[10]」は、語幹が一致しているというだけでなく、対応するロシア語が、それぞれ「истощатъ（衰弱させる）」と、「морю（毒などで殺す、苦しめる）」という類似した意味であることから、同じ「飢ゆる」から派生したものと考えられる

〈表2〉 カス型動詞と自動詞・他動詞

	表記例	カス型動詞	漢字仮名表記	自動詞	他動詞	類
1	икьракаскотъ	イキラカス	生きらかす	生きる	生きらす	Ⅲ
2	оджиракасъ	オヂラカス	怖ぢらかす	怖ぢる	×	Ⅰ
3	оторошгаракасъ	オトロシガラカス	恐ろしがらかす	恐ろしがる	恐ろしがらす	Ⅲ
4	оякасъ	オヤカス	生やかす	生ゆる	生やす	Ⅲ
5	кацьеракасаю	カツエラカス	飢えらかす	飢ゆる	×	Ⅰ
6	кацьякасъ	カツヤカス	飢やかす	飢ゆる	×	Ⅰ
7	кирьтокасъ	キリトカス	切り取かす	－	切り取る	Ⅱ
8	ксаракасъ	クサラカス	腐らかす	腐る	腐らす	Ⅲ
9	коякасъ	コヤカス	肥やかす	肥ゆる	×	Ⅰ
10	самакасъ	サマカス	覚まかす	覚むる	×	Ⅰ
11	самакасъ	サマカス	冷まかす	冷むる	冷ます	Ⅲ
12	шинакасъ	シナカス	死なかす	死ぬる	死なする	Ⅲ
13	ширакасъ	シラカス	知らかす	知る	知らする	Ⅲ
14	дамакаскотъ	ダマカス	騙かす	－	×	－
15	намьдатаракас	タラカス	垂らかす	垂る	×	Ⅰ
16	даракасъ	ダラカス	だらかす	×	×	－
17	джекасъ	ヂェカス	出来す	出来る	×	Ⅰ
18	джекѐракасъ	ヂェケラカス	出来らかす	出来る	×	Ⅰ
19	чиракасъ	チラカス	散らかす	×	×	Ⅰ
20	цукьотокасъ	ツキオトカス	突き落とかす	－	突き落とす	Ⅱ
21	цукьтокасъ	ツキトカス	突きとかす	×	×	－
22	цмакасъ	ツマカス	つまかす		摘む	Ⅱ
23	тогаракасъ	トガラカス	尖らかす	尖る	尖す	Ⅲ
24	тоякасъ	トヤカス	とやかす	とゆる	×	Ⅰ
25	наякаскотъ	ナヤカス	萎やかす	萎ゆる	萎やす	Ⅲ
26	наракаскотъ	ナラカス	鳴らかす	鳴る	鳴らす	Ⅲ
27	кшенаракасаръ	ナラカス	成らかす	成る	成らする	Ⅲ
28	нигоракаскот	ニゴラカス	濁らかす	濁る	×	Ⅰ
29	нïякасъ	ニヤカス	煮やかす	煮ゆる	煮る	Ⅲ
30	нуракаскотъ	ヌラカス	濡らかす	濡ゆる	×	Ⅰ
31	фкаракасъ	フカラカス	光らかす	光る	光らす	Ⅲ
32	фукъракасъ	フクラカス	膨らかす	膨ゆる	×	Ⅰ
33	фчекуракасъ	フチェクラカス	ふてくらかす	×	×	－
34	моякасфто	モヤカス	燃やかす	燃ゆる	燃やす	Ⅲ
35	юркета	ユルカス	緩かす	×	×	－

172 第Ⅲ部 文法

が、「カツヤカス」が上記「生やかす」の場合と同様、「飢ゆる」の前段階「飢ゆ」から派生したのに対し、「カツエラカス」は、「飢ゆる」の未然形「katsue」に「rakasu」が接続して生成されたものと考えられる。これはおそらく、前述したように「カス」の前接音として最も多い「a」に接続する形が動詞の未然形に相当する場合が多く、また、「カス」の前接音節が「ラ」に集中しているため、「akasu」のさらに肥大した「rakasu」という形態素が抽出される場合もあったためと考えられる[11]。これらの違いは、一部の動詞において、カス型動詞の派生が一度限りの現象ではなかったということも示しているように思われる。

また、これと類似した例に「ヂェカス」と「ヂェケラカス」がある。おそらく「ヂェクル」の前段階として「ヂェク」という形態があり、そこから生成されたものが「ヂェカス」で、「ヂェクル」の未然形に「rakasu」が接続したものが「ヂェケラカス」なのであろう[12]。

ここで、自他どちらの動詞が存在するかということに注目してみる。〈表2〉のカス型動詞の中には、派生元として想定できる自動詞、他動詞の確実な用例を資料内に確認できないものが6例見られる。資料の制約の問題も考えられるが、ここでは確実を期すため、それ以外の29例を対象とする。対応する自動詞、他動詞の有無によってⅠ～Ⅲのグループに分類すると、その内訳は次のようになる。

　　　Ⅰ類：想定できる派生元として自動詞のみが存在するもの…12例
　　　Ⅱ類：想定できる派生元として他動詞のみが存在するもの…3例
　　　Ⅲ類：想定できる派生元として自他両方が存在するもの…14例

これらのうち、派生元として確実に有対自動詞を想定しうるものは本資料の用例で見る限りⅢ類のみである。これは14例であるから全体の40%に過ぎない。資料の制約の問題を考慮する必要があるが、18世紀の薩隅方言においては、カス型動詞は有対自動詞だけから生成されていたわけではなさそうである。また、その有対自動詞も決して「u－asu」という自他対応関係にあったものだけではなく、「煮ゆる－煮る」のような対応関係のものも見られる。やはり、カス型動詞の派生方法としては、発展的なもの、すなわち

第3章　カス型動詞について　　173

中央語史における中世以降の型に相当するものになっていたと推測される。

4．表現価値

　ところで、派生元となった動詞の存在を考えた場合、上記Ⅰ～Ⅲの各動詞群は、それぞれ次のような役割を担っていたと推定できる。

　　Ⅰ類：他動詞の代わりに他動性を表すもの

　　Ⅱ類：他動詞とは異なる役割を担うもの

　　Ⅲ類：他動詞とは異なる役割を担うもの

4．1．カス型動詞と他動性

　これらのうち、Ⅰ類は、偶々、本資料中に他動詞が出現しなかったという可能性も考えられるが、ここで重要なことは、これらのカス型動詞が他動詞の代わりを担い得たかどうか、すなわち他動性を備えていたかどうかであろう。文脈のある『友好会話手本集』『世界図絵』で検討してみると、他動性を備えていたと考えても問題ないように思われる。ここでは、「飢えらかす」、「濡らかす」の例を挙げる。

（1）「カツエラカス／飢えらかす」

　　ロシア語文：да истощать мошны не опасных.

　　　　　　　　　（危険を感じさせずに財産を消費させるために）

　　ゴンザ訳　：кацъеракасаю южиншенъ фукронандо

　　　　　　　　　（飢えらかさゆ　用心せぬ　袋等）

　　　　　　　　　　　　　　　　　　　　（『友好会話手本集』1127[13]）

（2）「ヌラカス／濡らかす」

　　ロシア語文：таже обмакиваемъ рощепъ в чернилницу

　　　　　　　　　（そして、（羽柄の）先をインクつぼに少し浸す）

　　ゴンザ訳　：сощчь нуракасъ оваемѣ сузуй

　　　　　　　　　（そして　濡らかす　終わり目　硯）　　　（『世界図絵』91章）

一見して明らかなように、ゴンザ訳はほとんどロシア語文の逐語訳になっ

174　第Ⅲ部　文法

ている。ロシア語の他動性は、動詞が個々に備えているものではなく、それらが文中において対格（動詞によっては「生格」）をとることによって明示されるが、(1) の場合、カス型動詞「飢えらかす」に対応するロシア語「истощать（消費させる）」は「мошны（財産）」という複数対格をとり、(2) では、「濡らかす」に対応する「обмакиваемъ（浸す）」が、「чернилницу（インク壺)」という単数対格をとっている。また、現代薩隅方言に存在するカス型動詞、例えば、「ハントカス」が「倒れる」を意味する「ハントケル」の他動詞形であることや、中央語史におけるカス型動詞の役割などを考え合わせても、本資料のカス型動詞が他動性を表し得たと考えることには問題がなさそうである。

　一方、Ⅱ類、Ⅲ類はどうであろう。これらは他動詞と共存しているため、他動詞では表現できない意味を担っているものと考えられる。そのカス型動詞ならではの意味とは何であろう。ここで改めてその対応例を挙げてみる。

　　　生きらす－生きらかす　恐（おと）ろしがらす－恐（おと）ろしがらかす
　　　生やす－生やかす　切り取る－切り取かす　腐らす－腐らかす
　　　冷ます－冷まかす　死なする－死なかす　知らする－知らかす
　　　突き落とす－突き落とかす　摘む－摘まかす　尖す－尖らかす
　　　萎やす－萎やかす　鳴らす－鳴らかす　成らす－成らかす
　　　煮る－煮やかす　光らす－光らかす　燃やす－燃やかす

　これらはそれぞれ何らかの意味の違いを有していたはずである。幸い、ゴンザ資料は対訳形式であるため、それぞれの動詞がどのようなロシア語の訳語として用いられたかを検討することにより、意味の違いは推察できるはずであるが、各用例を観察する限り、互換性があると考えられる場合も多く、その差異は必ずしも明確ではない[14]。

　例えば、『新スラヴ日本語辞典』に「цукьотокасъ（ツキオトカス／突き落とかす）」と訳されているロシア語「сражаю（打ち倒す）」という語があるが、同資料に見られるその名詞形「сраженïе（打ち倒すこと）」の日本語訳は「цукьотоскот（ツキオトスコト／突き落とすこと）」となっている。つまり、一つの語が動詞形ではカス型動詞で訳され、名詞形では他動詞を用いて訳さ

れているのである。そのような対応が他の語でも見られればそれこそがカス型動詞と他動詞の使い分けということになるのであろうが、他はそのようにはなっていない。また、同資料において、「кормлю（養う）」というロシア語は、「оякасъ（オヤカス／生やかす）」というカス型動詞で訳されているが、受身形「кормлюся（養われる）」になると、「оясаюръ（オヤサユル／生やさゆる）」という他動詞を用いた訳がなされている。これも他の動詞がそのように対応しているわけではない。さらには、「умерщвляю（殺す）」というロシア語は、『新スラヴ日本語辞典』では「шинакасъ（シナカス／死なかす）」というカス型動詞で訳されているが、『世界図絵』では、「шинасуръ（シナスル／死なする）」という他動詞形で訳されている。

4.2. 対応するロシア語の接頭辞

次に、対応するロシア語の語構成に注目してみる。というのは、ロシア語の単語は、接辞による派生が顕著であり、一つの単語の中にある種の文法的意味を担う形態が含まれている場合が少なくないからである[15]。現に、本章で対象としているカス型動詞、他動詞にそれぞれ対応するロシア語についても複数の要素から成り立っている語が多く含まれている。中でも、カス型動詞に対応するロシア語にのみ見られ、他動詞に対応するロシア語には見られない接頭辞は、カス型動詞と他動詞の意味の違いを考える上で興味深い。例えば、「прохлажденïе（冷やすこと）」「прохлаждаю（冷やす）」というロシア語には「самакаскотъ（サマカスコト／冷まかすこと）」「самакасъ（サマカス／冷まかす）」というカス型動詞による訳がそれぞれなされているが、「хладю（冷やす）」というロシア語には、「самасъ（サマス／冷ます）」という他動詞を用いた訳がなされている。この3つのロシア語は基本的には同じ語から成り立っているのであるが、前の2語には接頭辞「про」が付き、後者にはそれが付いていないという違いがある。つまり、接頭辞「про」が付くことによって、前の2語は他動詞ではなくカス型動詞で訳されたと考えられる。そこで、このようにカス型動詞に対応するロシア語のみに見られる接頭辞を代表的な辞書的意味、本資料中での用例とともに示す。括弧内は、各用例に

対応するゴンザ訳を漢字仮名表記に改めたものと、その出典である。

(3) из／ис：家から外へ、完全に[16]

изгнояю（腐らかす、[ス]）、истиваю（腐らかす、[ス]）

(4) на：表面へ、たくさん、十分に

нагибая（萎やかす、[会]）、наклоненїе（萎やかす、[ス]）、

наклолняю（萎やかす、[ス]）

(5) пре：移す、反復、過度、相互、過ごす

преостряю（尖らかす、[ス]）、преощренныи（尖らかす、[ス]）、

преклоняю（萎やかす、[ス]）

(6) про：自動詞の他動詞化、貫通、逸失、過誤

прохлажденїе（冷まかす、[ス]）、прохлаждаю（冷まかす、[ス]）、

простужаются（冷まかす、[図]）、просвящаю（光らかす、[ス]）

(7) раз／рас：分ける、いろいろ、解ける、大いに[17]

разгнояю（腐らかす、[ス]）、разглноеный（腐らかす、[ス]）、

растлеваю（腐らかす、[ス]）

ロシア語の接頭辞が持つ意味は多様であり、単語ごとにその役割は異なるが、それでも上記の接頭辞は共通の意味を有する。それは、「十分な、完全な、過度の」という意味の添加である。したがって、カス型動詞は、他動詞に対してこのような意味の添加を担っていたと考えられる。中央語史での役割と比べても首肯しやすいものと思われる。

　ただ、これらの意味添加はいずれも微妙なものであり、18 世紀の薩隅方言におけるカス型動詞と他動詞にはそれほど大きな意味的差異はないようにも思われる。実際、前述したような互換性も認められる。しかし、それでもやはり 42 語 181 例が見られるほど盛んに用いられていた実態に鑑みれば、これらに加えてさらに別の表現価値があったと考えるべきではなかろうか。そしてそれはカス型動詞の各語が有する語義的特徴というよりは文体的特徴とでもいうような、文脈のある文章、談話等の中で発揮される価値ではなかっただろうか。

4.3.『世界図絵』における本文と単語欄との齟齬

　そこで、次は文脈が存在する『世界図絵』『友好会話手本集』の用例に絞って見てみることにする。但し、『世界図絵』『友好会話手本集』の各本文内に、カス型動詞とそれに対応する他動詞が出現する組み合わせは存在しないので、資料の枠を越えて対照させることにする。ここでは、「生やかす」と「生やす」の例を掲げる。

(8)「生やかす」

　　ロシア語文：которыхъ ѡдѣваетъ <u>питает</u> и имъ подает радостнымъ
　　　　　　　　лицемъ и щедрою рукою.
　　　　　　　　（それ（乞食）に、着物を着せ、食べさせ、喜びに満ちた顔と
　　　　　　　　気前の良い手で恵みを施します。）

　　ゴンザ訳　：доношїво кїшераръ <u>оякасар</u> аноши куерар уешка каводже
　　　　　　　　музогатта чедже
　　　　　　　　（どの衆を　着せらる　<u>生やかさる</u>　あの衆　呉れらる　嬉しか
　　　　　　　　顔で　むぞがった　手で）　　　　　　（『世界図絵』118 章）

(9)「生やす」

　　ロシア語文：но всякїй градъ своихъ да <u>питаетъ</u> нищихъ
　　　　　　　　（全ての都市で乞食を扶養するようにと）

　　ゴンザ訳　：сую̄куньнандо вага фачфиракьво <u>оясаръ</u>
　　　　　　　　（惣様　国など　我が　鉢開きを　<u>生やさる</u>）

　　　　　　　　　　　　　　　　　　　　　　（『友好会話手本集』1231）

　(8) の「生やかす」、(9) の「生やす」ともに、ロシア語文における「питает（扶養する）」に対応する訳語として用いられていることがわかる。(8) の「питает」は、「которыхъ（関係代名詞）」という複数対格をとっていて、他動性を有することは明らかである。関係代名詞「которыхъ」の指示内容は直前の文で登場する「нищымъ（極貧者）」であり、「питает」の主語は、同じく前文で登場する擬人化された「благодаянiе（恵み）[18]」である。つまり、(8) の「生やかす」は「（擬人化された）恵みが極貧者を扶養する」という文脈で用いられていることがわかる。一方、(9) の「生やす」の場合

178　第Ⅲ部　文法

は、対応する「питает」が、「нищихъ（乞食）」の複数形対格をとっていて、「都市が乞食を扶養する」という文脈で用いられている。これらからカス型動詞、他動詞ともに他動性を備えていることは明らかであるが、やはり、ロシア語の単語や構文からはその差異を見出すことが不可能なようである[19]。

　しかし、この（8）の例文で用いられている「生やかす」には興味深い点が見られる。というのは、『世界図絵』は、前述の通り、ロシア語と日本語による対訳形式の本文の横に、その章の本文に出現した単語が同じく対訳形式で掲載されていて、当然、その訳語は本文と一致するのがほとんどであるが、当該箇所においては、単語欄のゴンザ訳が本文の訳語「生やかす」ではなく、「оясъ（オヤス／生やす）」となっているのである。同じロシア語の単語に対して本文での訳語と単語欄での訳語が異なるのは何を意味するのであろうか。実は、これ以外にも本文欄と単語欄でカス型動詞と他動詞の違いが見られる例はいくつか見られる。ここでは、それらを次のように分けて考えることにする。

　　　A 類：単語欄ではカス型動詞が用いられているが、本文では用いられて
　　　　　　いない場合

　　　B 類：単語欄ではカス型動詞が用いられていないが、本文では用いられ
　　　　　　ている場合

　まずは、A 類の例を見てみよう。例えば第 7 章「雲」に出現する「гремъ（轟く）」「блистаю（光る）」という単語の場合である。これらのロシア語は単語欄ではそれぞれ「наракасъ（ナラカス／鳴らかす）」「фкаракасъ（フカラカス／光らかす）」というカス型動詞で訳されている。これは『新スラヴ日本語辞典』の訳語でもそのように訳されていて一貫している。ところが、その本文は次のようになっている。

（10）「鳴らかす」「光らかす」

　　　ロシア語文：из сѣрнагѡ пара бываетъ громь которыи из облака рвущіися
　　　　　　　　　с'молнїеи，гремит и блистает.
　　　　　　　　　（硫黄の蒸気から雷が生ずる。それは稲妻と共に雲から引き裂
　　　　　　　　　き出て、轟き、光る）

第3章　カス型動詞について　　179

ゴンザ訳　：ивонъ фокѣкара аркотгааръ камьнаре донотъ мракмокара
　　　　　　кїюртъ фкаймонто начче фкараръ.
　　　　　（硫黄の　火気から　ある事がある　雷　どのと　叢雲から
　　　　　　消ゆると　光物と　鳴って　光らる）

　ゴンザ訳から明らかなように、該当箇所は「ナッチェ／鳴って」「フカラ
ル／光らる」と訳されており、カス型動詞が用いられていない。単語欄に合
わせるならば、「鳴らかして」「光らかさる」と訳されて然るべきところであ
る。このような例がこの2例を含めて全部で6例存在する。

　一方、B類はこれらとは逆の場合である。例えば、第91章「書き物の芸
術」には、「чиню（先を尖らせる）」という単語が出現するが、このロシア語
は単語欄では「тогасъ（トガス／尖す）」と訳されている。ところが本文は次
のようになっている。

(11)「尖らかす」

　　ロシア語文：очин мы чиним перочиннымъ ножемъ.
　　　　　　　（私たちは羽柄をペンナイフで研ぐ。）

　　ゴンザ訳　：тогаетатъ нда тагаракасъ фанѣкир. фочодже
　　　　　　　（尖えたと　我々　尖らかす　羽切る　包丁で）

　単語欄で「トガス／尖す」と訳されていた箇所が本文では「タガラカス／
尖らかす[20]」というカス型動詞で訳されていることがわかる。このような
例がこの例を含めて全部で8例存在する。前述した（8）の「生やかす」の
場合もこれに含まれる。

　A類は、ロシア語の単語レベルではカス型動詞で訳すのが適当であるが、
文章の中では、その文脈上、その使用がためらわれた例であり、一方、B類
は、単語レベルではカス型動詞を用いる必要はないが、文脈上、カス型動詞
を用いて訳した方が適当と判断された例と考えることができる。では、その
文脈上の要因とは何か。ここで、A類、B類の例を、その動詞の動作主とと
もに〈表3〉〈表4〉として示すことにする。

180　第Ⅲ部　文法

〈表3〉『世界図絵』において本文と単語欄の訳語が異なる例（A類）

章	本文	単語欄	動作主
7	ナッチェ／鳴って	ナラカス／鳴らかす	雷
7	フカラル／光らる	フカラカス／光らかす	雷
39	イキラストント／生きらすとのと	イキラカストン／生きらかすとの	血管
100	フキコマユル／吹き込まゆる	フクラカス／膨らかす	笛等
119	ヤシノチェ／養うて	オヤケチェ／生やけて	富・職業・学問
130	タタカユル／叩かゆる	ナラカス／鳴らかす	鐘

〈表4〉『世界図絵』において本文と単語欄の訳語が異なる例（B類）

章	本文	単語欄	動作主
46	オヤカスコト／生やかすこと	オヤスコト／生やすこと	人一般
63	オヤカスコト／生やかすこと	オヤスコト／生やすこと	人一般
68	サマカサユル／冷まかさゆる	サム／冷む	鍛冶屋
91	タガラカス／尖らかす	トガス／尖す	私たち
118	オヤカサル／生やかさる	オヤス／生やす	恵み（擬人）
121	オヤカサイエラル／生やかさえらる	ヤシナワユル／養わゆる	母
121	クシェナラカサル／癖ならかさる	クシェナラスル／癖ならする	母
142	シラカサル／知らかさる	シラスル／知らする	鼓手・ラッパ手等

　〈表3〉からわかるように、本来カス型動詞を用いるべき場面でそれが使用されず、対応する他動詞あるいはその他の動詞で訳されているのは、いずれも動作主が人物以外である。また、〈表4〉からわかるように、本文だけカス型動詞が出現しているのは、動作主が人物あるいはそれに準じる存在である。すなわち、カス型動詞は人物が動作主の場合に用いられやすいということである。これは、中央語史において青木博史（1997、2010）が、カス型動詞の本質を「動作主をより強く表出させた表現」だとし、そのことによって「必然的にその意図性が強調されることになる」と指摘したことと合致する。それらが最も強調されやすい動作主が「人物」だからであり、自然物や、抽象物には、そのような必要性はないからである。

5．おわりに

　ここまでゴンザ資料を用いて、18世紀の薩隅方言におけるカス型動詞の形態的特徴、表現価値について考察してきた。その結果をまとめると次のようになる。

　　[1]　形態的には、母音 a が前接するものが最多であり、とりわけラ行の動詞に接続し、「-ラカス」という形をとるものが最多である。また、音節数としては4音節のものが最多である。

　　[2]　表現価値としては、基本的に他動性を有し、他動詞よりも完全さや過度さを表示する。また、動作主をより強く表出すると考えられる。

　18世紀の薩隅方言の文法的特徴については、ゴンザ資料を用いて既に明らかにされている点も多いが、特に、久保薗愛（2012）で指摘された「オル／アル」の使い分けが「有生／無生」の違いに拠っている点や、「〜テアル」の使用が無生物主語に限られる点は、動作主の有生性が文法形式に与えるという点で、カス型動詞の場合とほぼ一致する。また、本書第Ⅲ部第1章で指摘したように受身表現が「ゆる・らゆる」という形で、尊敬表現から独立して存在する点は、ヴォイスに関して明示的であったという意味で、カス型動詞の表現価値に通じる点があるように思われる。

　第Ⅲ部では、ゴンザ資料に見られる文法的特徴の一面を採り上げて考察してきたが、今後、これらを含めた個々の文法現象を総合的に関連づけ、大局的な視点から18世紀の薩隅方言を明らかにする必要があろう。さらには他資料も用いつつ、当該方言の史的変遷を考察し、また、中央語史との違い、共通点も探っていく必要があろう。課題としたい。

注

1)　『露日単語集』『日本語会話入門』『友好会話手本集』は、それぞれ2種類の資料が存在するが、ここでは、より精密かつ丁寧な表記が見られる方、すなわ

182 第Ⅲ部 文法

ち、科学アカデミーの整理番号「B269」(『露日単語集』『日本語会話入門』の合綴本)と同「B268」(『友好会話手本集』)を考察対象とした。なお、ロシア語訳は、村山七郎(1965、1985)、江口泰生・米重文樹(1998)、江口泰生・駒走昭二(1998)を参照した。

2) カス型動詞は、活用した形で出現している場合や、若干の表記の揺れが見られるものもあるが、表中の[表記例]では最も基本形に近いと思われる使用例を採用した。[カス型動詞]では、片仮名に転写し、さらにその[漢字仮名表記]も付した。[ロシア語の意味]は[表記例]で採用したゴンザの訳語に対応するロシア語見出しの日本語訳である。これもロシア語と日本語の語彙体系の違いや、ゴンザの語彙量の問題から必ずしもロシア語と日本語が一対一で対応するわけではなく、ゴンザがそれぞれのカス型動詞を用いて訳したロシア語の見出し語が複数存在する場合もあるが、ここでは代表的と考えられるロシア語をとり、その意味のみを示すことにした。また、[単]は『露日単語集』、[会]は『日本語会話入門』、[ス]は『新スラヴ日本語辞典』、[友]は『友好会話手本集』、[図]は『世界図絵』のそれぞれ略表記である。なお、本章においては、今後もこの略表記を用いることがある。

3) 村山七郎(1985)では、「クサユルカス」という例が見られるが、当該箇所はアカデミー本では、「クサラカス」と上書き修正されていることが確認できる。したがって、本書では「クサユルカス」という語形は認めず、これを「クサラカス」として集計した。

4) 蜂矢真郷(1991)は、形成過程で「オビユ>オビヤス>オビヤカス」における「オビヤス」のような「〜ス」型を持つカス型動詞を代入型、それを持たないカス型動詞を直接型と分類し、「代入型は直接型に先行して形成され出した」とした上で、それぞれの用例の前接音節の推移から、「カスの直上の音節はラに集中していく様子が窺われる」としている。

5) 青木博史(1998b、2010)は、カス型動詞が「u−asu」という自他対応関係にある「su」の前に「ka」という音を挿入することによって、「中世に至ると、形態素として「-akasu」という形が確立した」と推察している。

6) 青木博史(1998b、2010)によると、調査した用例数全体の8割超が5音節のものであったということである。

7) 青木博史(1997、2010)は、中古の文献資料に見られるカス型動詞のほとんどが有対自動詞から派生したと考えられること、さらにその自動詞のほとんどが他動詞と「u−asu」という対応関係にあることについて、「カス型動詞は「u−asu」という自他対応関係にある有対自動詞から生成され始めたことを示していると考えられる」としている。

第3章　カス型動詞について　183

8)　表中の［表記例］［カス型動詞］［漢字仮名表記］は〈表1〉の場合と同様である。［自動詞］［他動詞］については実際の使用例を基本形の漢字仮名表記に改めて示してある。［類］については本文中で後述する。

9)　各カス型動詞が自動詞と他動詞のどちらから生成されたかは本資料からだけでは判断できない。また、各自動詞が有対自動詞、無対自動詞のどちらであるのか、各他動詞が有対他動詞であるのか無対他動詞であるのかも、言語ごと、時代ごとに異なると考えられるため、その動詞からだけでは判断できないと考える。

10)　「カツヤカス」の用例は、〈表1〉で示したように『露日単語集』と『新スラヴ日本語辞典』に見られるが、『露日単語集』の表記は、実は「кацракасъ／カツラカス」となっている。しかし、対応するロシア語見出しが、『新スラヴ日本語辞典』の場合と同じく「морю」であること、またr音とy音の混同は十分にあり得ることから「кацракасъ／カツラカス」は「кацъякасъ／カツヤカス」の変異体であると判断した。

11)　「カツエラカス」ついては、「飢ゆる」が一段活用化し、「飢える」になった後で、「akasu」が接続して生成された可能性もある。しかし、薩隅方言では現代においても下二段活用が残っていることを考えると、18世紀に「飢ゆる」が「飢える」に転じていたと想定するのは無理があると考える。

12)　青木博史（1998a、2010）は、中央語の「デカス」を「デキル＋カス」によって成立したのではないかと推定し、「デカス」の原初形として『漢書抄』に見られる「デカカス」という語形を想定している。この「デカカス」は、「デキル」の当時の終止連体形「デクル」というよりは、時代的な問題は残されているものの、その前の段階の「デク」あるいは「イデク」に「akasu」が付いて生じたものではなかろうか。薩隅方言の場合、同様に「ヂェクル」の前段階の「ヂェク」から「ヂェカカス」を経て「ヂェカス」を生成したと考えられるが、それに止まらず、「ヂェクル」の未然形に「rakasu」を接続させることによってもカス型動詞を派生させたようである。これは「ヂェカス」という語形が、「akasu」という形態をとっていないことの不安定さによって生まれた、別形態であると考えられる。

13)　文番号は、江口泰生・米重文樹（1998）に従った。波線は当該動詞を示す（以下同じ）。

14)　各カス型動詞と他動詞に対応するロシア語の単語は次の通りである。

【生きらす】живительных　【生きらかす】ωживленïе, ωживитель, живлю, ωдушевляю, ωживляю, ωживленныи, живителныи　【恐ろしがらす】устрашати　【恐ろしがらかす】ужасаю　【生やす】питаются, в'скормлвають, кормилица, воскормленїе, совоспитанїе, воспитатель, кормилецъ, воскормляюся, воскормленный, воспитоаваю, воспитанныи, кормлюся, совоспитоваю, всеплодствую, власатею, чадопитатель, скотопитанїе, скотопитатель, совоспитомец, дѣтоводитель, дѣтоводствую, воспитателю, нищихъ, прокормить, скотпитанїе, питаюся, питаюся, питаю, пропитанїе 【生やかす】 питати, доброплодствую, воскормляю, зарастаю, власами, кормлю, дѣтоводство, скотопитанїе, питает, прокормить, кормится, воскармиваетъ, воскармиваю 【切り取る】 сожинаю 【切り取かす】 вырубаю, подрубаю 【腐らす】 тлю 【腐らかす】 выгниваю, гною, изгноаю, истиваю, разгноаю, разглноеный, растлеваю, ѿгноаю 【冷ます】 хладно, ѡхлаждаю 【冷まかす】 прохлажденїе, прохлаждаю, стужу, ухлаждаю, простужаются 【死なする】 умерщвляетъ, убиваетъ, умерщвляю 【死なかす】 умерщвленїе, умертвитель, умерщвленныи, умерщвляю 【知らする】 увѣтъ, ѡбъявитель, увѣтую, ѡб！являю, чрезь, увѣщаваю, изъявляти, учйни, обьввлю, повѣщают 【知らかす】 соувѣщаваю, повѣщают 【突き落とす】 изриновенїе, испроверженїе, сраженїе, срѣянїе, изриновенный, испровергаю, рѣю, срѣяю, толкаю, ѡпровергаю 【突き落とかす】 сражаю 【摘む】 сшикють, стригалщикъ, постригаю, постриженыи, пристригаю, пристриженый, стригу, стригуся, стриженыи, устригаю, ѿстригаю, ѡстригаю, ѡстриженыи, ѡбрываю, щипанїе, постригатель, щиплю, ущипокъ, щипцы, рву, счиплю, ущипываю, ѿстриженыи, ѡщипываю, щипаныи, стригается, стригуся, стриголня, стриголщик, стриголнои, стрижеть, стриголщикъ, стригонла, стригу, сщикается, щипцами, сщикаюся, щипцы 【摘まかす】 тупю 【尖す】 чиню 【尖らかす】 преострю, преощренныи, острю, чиним 【萎やす】 вклонный 【萎やかす】 нагибая, наклоненїе, вгибаю, вклоняю, наклолняю, преклоняю 【鳴らす】 скрежетанїе, скрежещу, гремлю 【鳴らかす】 звяцанїе, бряцаю, гремлю, звеню, звяцаю, скрыпаю, гремь, звоню 【成らす】 приважу 【成らかす】 привадятъ 【煮る】 златоляялище, златоляятель, изваряю, лїяло, варенїе, лїянїе, варево, вареный, варю, литый, лїю, плавлю 【煮やかす】 уваряю 【光らす】 свѣтю 【光らかす】 блещу, просвящаю, блистаю 【燃やす】 возпаляюся 【燃やかす】 возыпалитель, возпаляю

15) 佐山豪太（2014）は、ロシア語が「派生によって語彙の多様化を図る」言語であることを指摘し、例として、英語の「read」がアスペクトを「have read」、受動態を「be read」という既存語の連なりで表現するのに対して、ロシア語の「читать（読む）」の場合は、アスペクトが「про-читать」、受動態が「читать-ся」で表されること、また、「read a number of」が「на-читать」という接頭辞付き派生動詞で表現されることを挙げている。また、佐山豪太

（2015）では、ロシア語のテキストカバー率が英語のそれに比べて低いことについて、ロシア語の派生語の多さが起因しているとし、「英語は語彙素の数を増やす手段として、語連続という統語的な手法を生産的に用いることができる」のに対し、「ロシア語は、語彙素の数を拡張する手段として派生という形態的手法を用いる」ことを指摘している。

16) 「ис」は「из」の無声子音の前での形態である。なお、『新スラヴ日本語辞典』には、他動詞「煮る」に対応するロシア語として「изваряю」という接頭辞「из」を伴った動詞が存在するが、これは、単に「煮る」だけでなく、「кцуниръ（クツニル／きつう煮る）」と訳されており、「クツ／きつう」という副詞によって「из」の部分は反映されていると考えられる。

17) 「рас」は「раз」の無声子音の前での形態である。

18) 前述の通り、ゴンザ資料『世界図絵』の底本となったコメニウスの『Orbis Sensualium Pictus』には各章ごとに豊富な挿絵が描かれている。ゴンザもおそらくその一書に記された挿絵を見ながら本資料を作成したものと推測される。井ノ口淳三（1995）掲載のオスナブリュック版によると、当該箇所には「恵み」を象徴する人物が極貧者たちに施しをしている様子が描かれている。

19) 他にも対照可能な組み合わせとして『世界図絵』118 章の「知らかす」と『友好会話手本集』1231 番の「知らする」の例があるが、カス型動詞と他動詞の差異に関して明示的でないことは同様である。また、他動性と隣接すると考えられる使役性についても、ロシア語の場合、その文法性は動詞の辞書的意味に依存し、文法形式として存在するわけではないので、本章の考察にあたっては同様に明示的でない。

20) 「тагаракасъ（タガラカス）」は「тогаракасъ（トガラカス）」の誤記であろう。

引用文献

青木博史（1997）「カス型動詞の派生」（『国語学』188）

青木博史（1998a）「デカスの成立」（国語語彙史研究会編『国語語彙史の研究 17』和泉書院）

青木博史（1998b）「カス型動詞の消長」（『国語国文』67-7）

青木博史（2010）『語形成から見た日本語文法史』（ひつじ書房）

井ノ口淳三（1995）『世界図絵』（平凡社）

江口泰生・駒走昭二（1998）『図解感覚世界』（鹿児島県立図書館）

江口泰生・米重文樹（1998）『友好会話手本集』（鹿児島県立図書館）

久保薗愛（2012）「ロシア資料にみる 18 世紀前半鹿児島方言の「テアル」「テオ

186　第Ⅲ部　文法

ル」」(『日本語の研究』8-1)

佐山豪太（2014）「派生接辞学習による語彙力増加の可能性―話し言葉で使用される語彙を念頭に―」(『スラヴ文化研究』12　東京外国語大学)

佐山豪太（2015）「学習価値の高い接頭辞とその意味の選定― janda et al.（2013）が提示する接頭辞の意味分類に基づいて―」(ロシア語研究会「木二会」年報『ロシア語研究』25)

蜂矢真郷（1991）「カス型動詞の構成」(吉井巌先生古稀記念論集刊行会編『吉井巌先生古稀記念論集 日本古典の眺望』桜楓社)

村山七郎（1965）『漂流民の言語』(吉川弘文館)

村山七郎（1985）『新スラヴ・日本語辞典 日本版』(ナウカ)

吉田金彦（1959）「口語的表現の語彙「－かす」」(『国語国文』28-4)

第IV部　語彙

第1章 『新スラヴ日本語辞典』の日本語訳

1. はじめに

　『新スラヴ日本語辞典』は、F. ポリカルポフ（Ф. Поликарпов）の『スラヴ・ギリシア・ラテン三カ国語辞典』（Лексикон треязычный, сиречь речений славенских, еллиногреческих и латинских сокровище）から、多くの教会スラヴ語及びロシア語を抽出し、新たに多くのロシア語を加え、それらの一々に日本語訳を付けたものである[1]。各頁の左半分にロシア語（含む教会スラヴ語。以下同じ）見出しが基本的に一語で記され、その右側に日本語訳がキリル文字で記されている。その日本語訳を通覧してみると、その個々の語形の特異性はともかく、総体的にも次のような二つの傾向があることに気づく。

　その一つは、訳がかなり重複しているということである。異なる複数のロシア語見出しに対して、同じ日本語訳が当てられているのである。例えば、「бурныи（嵐の）」「вѣтреный（風の）」「погоднѡ（天気の）」という三つの異なるロシア語見出しに、全て「кажентъ（カジェント／風のと）」という同一の日本語訳が当てられている[2]。このような重複は、一見して、かなりの数に上ると思われる。

　そしてもう一つの傾向は、ロシア語見出しのほとんどが、一単語であるにも関わらず、日本語訳の方には、複数の単語を用いて説明的に訳したものが多数見られるということである。例えば、ロシア語見出し「истолкованїе（説明）」に対する日本語訳は「киппайт суркотъ（キッパイトスルコト／きっぱりとすること）」であり、ロシア語見出し「блудилище（女郎屋）」に対する日本語訳は「варкакот суртокоръ（ワルカコトスルトコル／悪かことする所）」である。

　本章では、一見して目に付くこれらの傾向の実態を、数量的に把握するこ

190   第Ⅳ部   語彙

とに努めたい。そうすることによって、本資料における個々の単語の日本語訳だけではなく[3]、本資料の日本語訳の総体としての性格をより明らかにできるものと考える。

2．重複訳の実態

2．1．ロシア語見出しの数

本資料に収録されているロシア語は、これまで、「約1万2千語」という概数で示されてきた[4]。一つのロシア語見出しが、複数の単語で形成されている場合もあるため、厳密には、ロシア語見出しの数がロシア語の単語の数を意味するわけではないが、ロシア語見出しの数に限って実数で示すならば、その数は、今回の計量により11,580であることが判明した[5]。

2．2．延べ訳数

本章では、ロシア語見出しに対してゴンザが当てた日本語訳の総数のことを「延べ訳数」と呼ぶことにする。

ロシア語見出しの数は前述の通り11,580であることが明らかになったわけだが、この数字がそのまま延べ訳数とはならない。ロシア語見出しの全てに日本語訳が当てられているわけではなく、空欄も多数見られるからである。従って、それらを除いて、ゴンザの訳が当てられている見出しだけを取り出すと、その数は11,360[6]となり、この数がゴンザの延べ訳数となる。本章では、この全ての訳を調査対象とする。

2．3．異なり訳数

ゴンザの延べ訳数は、11,360であるが、この数字が、それだけのロシア語見出しに日本語訳が当てられているということは意味しても、決して、それだけの異なる日本語訳が存在しているということを意味するものでないことは前述した通りである。重複した日本語訳が見られるからである。

ここでは、異なる日本語訳の数を、「異なり訳数」と呼んでおく。

第1章　『新スラヴ日本語辞典』の日本語訳　　191

　まずは、異なり訳数の計量についてであるが、これは、原則として、一つ一つの訳の代表形ではなく、実際に記されている語形を重視して行なった。従って、「абне（アブネ／危ない）」と「абно（アブノ／危なく）」、「вакь（ワキ／脇）」と「ваки（ワキ／脇に）」などは、それぞれ別単位となる。また、語形だけでなく、もちろん意味も判別の考慮に入れるので、「ацкатъ（アッカト／熱かと）」と「ацкатъ（アッカト／厚かと）」は、キリル文字の表記は同形であっても、対応するロシア語の意味から判断して、別々の語であることが明らかであるため、別単位となる。

　但し、次のような場合は同じ単位とした。

(1)　「татак（タタク／叩く）」と「татакъ（タタク／叩く）」のように、表記に若干の差異が見られるが、その差異が日本語の文字表記では対立し得ず、なお且つ意味的に明らかに同じ語を表記しようとしていると考えられるもの。これらは単なる誤記か、発音の一時的な揺れと考えられる。

(2)　「ммонасъ（ムモナス／旨う為す）」と「ммокасъ（ムモカス／旨うかす）」のように、対応するロシア語の意味や、語形の偏り、字形の類似から、明らかに一方が誤記と思われるもの。

(3)　「ацкатъ（アッカト／熱かと）」と「ацкатъ（アッカト／暑かと）」のように、現代においては異なる漢字表記がなされるとしても、もとは同源であったと考えられるもの。

このような基準で計量した結果、得られた異なり訳数は、7,454 であった。

2.4. 重複率

　この 7,454 種類の日本語訳のうち、一度しか現れない訳、つまり度数 1 の訳は 5,604 例である。見方を換えて言うならば、11,360 ある日本語訳のうち、ロシア語見出しと完全に 1：1 で対応している日本語訳は 5,604 例しかなく、残りの 5,756 例は重複しているということでもある。これは約 50.67％の重複率である。ここでは、その重複状況をより詳しく見るために、度数ごとの異なり訳数［該当異訳数］、度数の大きい方から異なり訳数を累積していった数［累積異訳数］、その累積異なり訳数の全異なり訳数に対す

192　第Ⅳ部　語彙

る百分比［累積異訳率］、さらに、度数ごとの延べ訳数［該当延訳数］、度数の大きい方から延べ訳数を累積していった数［累積延訳数］、その累積延訳数の全延訳数に対する百分比［累積延訳率］を一覧表にして〈表1〉として示すことにする。

〈表1〉　度数別の訳数

度数	該当異訳数	累積異訳数	累積異訳率	該当延訳数	累積延訳数	累積延訳率
18	1	1	0.01	18	18	0.16
17	1	2	0.03	17	35	0.31
16	0	2	0.03	0	35	0.31
15	2	4	0.05	30	65	0.57
14	2	6	0.08	28	93	0.82
13	3	9	0.12	39	132	1.16
12	7	16	0.21	84	216	1.90
11	10	26	0.35	110	326	2.87
10	10	36	0.48	100	426	3.75
9	13	49	0.66	117	543	4.78
8	29	78	1.05	232	775	6.82
7	42	120	1.61	294	1069	9.41
6	59	179	2.40	354	1423	12.53
5	97	276	3.70	485	1908	16.80
4	172	448	6.01	688	2596	22.85
3	356	804	10.79	1068	3664	32.25
2	1046	1850	24.82	2092	5756	50.67
1	5604	7454	100.00	5604	11360	100.00
計	7454			11360		

〈表1〉より、10度以上、出現する訳語が36種類あり、少なくとも2度以上、出現する訳語は1,850種類あることがわかる。そして後者の全異なり訳に対する比率は、24.82％になることがわかる。これは、7,454種類ある訳語のうち、約4分の1は少なくとも2度以上、使用されていることを意味する。

そして、延べ訳数の場合で考えてみると、10度以上、出現する訳語の総数は426語で、これは全日本語訳の3.75％になる。そして、全日本語訳のおよそ1割の訳語が7度以上、2割の訳語が4度以上、3割の訳語が3度以上、そして過半数の訳語が少なくとも2度以上、重複して使用されていることになる。

ロシア語と日本語では、語彙体系による違いもあるため、多少の重複はやむを得ないにしても、本資料が対訳形式の辞書であることを考えると、これらの数値はかなり特異な状況を示すものと言えるのではなかろうか。

3.　説明形式訳の実態

次に、説明形式の訳について見てみる。これらは、いったいどれくらいの項目に見られ、全体のどれくらいの割合を占めるのであろうか。ここでは、一単語で為されている訳と、複数の単語から形成されている訳とを分類し、その比率を見てみることにする。

3.1.　単語認定の基準
一つの日本語訳がいくつの単語から形成されているのかを考えることは、単語とは何かという基本的な問題を伴っている。単語を、意味・機能を持つ言語の独立した最小単位と考えることには、ほぼ異論がないと思われるが、この最小単位は、客観的に断定できるほど明確な基準を持っていないのが実状ではなかろうか。そこで、本書では、一つの日本語訳が一語から形成されているのか、複数の単語から形成されているのか、換言すれば、日本語訳をどこで区切ればいいのかという単位の長さの問題を解決するための一つの拠り所として、国立国語研究所の「長い単位[7]」を基準とすることにする。すなわち、一つの日本語訳の中に、「長い単位」で取り出される語が、一語しか含まれないのか、それとも複数含まれるのかによって、一単語訳か、説明形式訳かを区別することにする。

3.2. 訳形式の区別

　ここで、本資料の全日本語訳を、一つの単語しか含まないもの［一単語訳］と、複数の単語を用いて説明的に訳したもの［説明形式訳］、複数の単語を単に並記したもの［単語並記訳］に区別し、それぞれの異なり訳数［異訳数］とその全体に対する比率［異訳比率］、延べ訳数［延訳数］とその比率をまとめたもの［延訳比率］を〈表2〉として示す。

〈表2〉 訳形式別の度数

	異訳数	異訳比率	延訳数	延訳比率
一単語訳	3839	51.50	6331	55.73
説明形式訳	3598	48.27	5012	44.12
単語並記訳	17	0.23	17	0.15
合計	7454	100.00	11360	100.00

　前述したように、分類は「長い単位」に拠っているため、［一単語訳］の中には、単純語だけでなく、付属語を伴ったものや複合語なども含まれる。例えば、「аɡаръ（アガル／上がる）」の他に、「аɡаттатъ（アガッタト／上がったと）」「аɡайкучь（アガイクチ／上がり口）」等も含まれる。［説明形式訳］は、「уеаɡаръ（ウィエアガル／上に上がる）」「аɡаикучномае（アガイクチノマイェ／上がり口の前）」など、「長い単位」が二つ以上、含まれるものである。また、［単語並記訳］に含まれるものは、ロシア語見出しが一語であるにも関わらず日本語訳は、単語並記の形式をとっているもの、例えば、ロシア語見出し「усѣкаю（切り縮める）」に対して、「ошкиръ учкиръ（オシキル　ウチキル／押し切る　打ち切る）」など、単語を並記して訳したものである。但し、「иркотъ нозомкотъ（イルコト　ノゾムコト／要ること　望むこと）」のように、単語が並記してある場合でも、ロシア語見出し自体が「треба требованïе（必要　要求すること）」と、単語並記の形をとっており、日本語訳はそれを一つ一つ訳したために単語並記の形式になったものについては、ここに含めていない。

　〈表2〉より、7,454種類ある日本語訳のうち、半数近くのものは説明形式の形をとっていることがわかる。また、本資料の全日本語訳のうち、約

44％の訳が説明形式になっていることがわかる。

　外国語辞書には、その編纂目的によって、いろいろな形式のものがあり得る。本資料の場合、その編纂は、日本語教育への寄与を前提にしていたことが、まず推測される。本資料の編纂開始と同時期に、サンクトペテルブルグの科学アカデミーに日本語学校が開設され、ロシア人子弟への日本語教育が開始されているからである[8]。また、編纂開始時、日本人がゴンザ一人しかいない状況では、本資料の利用・閲覧は、当然、ロシア人が中心となり、それを前提とした編纂であったはずである。それならば、その形式は、日本語見出しに対してロシア語で語釈を施すか、ロシア語見出しに対して日本語の単語を当てるかのどちらかが効率的であると考えられる。冒頭で述べたように、本資料の見出し語が、F. ポリカルポフの『スラヴ・ギリシア・ラテン三カ国語辞典』を基にしている以上、前者の形式はあり得ず、結局、辞書の形式として最も効率のよいものは、ロシア語見出しと日本語単語の対訳形式だったはずである。

　しかし、実際には、本資料の日本語訳の半数近くが、一単語ではなく説明形式で行われていることが明らかになった。これらを考え合わせると、本書がロシア人子弟への日本語教育にとって、実用的であったとは必ずしも言えまい。むしろ、本資料は日本語教育で用いる実用的な辞書としてよりも、日本語という外国語を書き留めた記録として存在していたと考えるべきではなかろうか。

4．個々の日本語訳の頻度

　次に、本資料の日本語訳の中身に目を向けてみる。7,454種類ある日本語訳のうち、重複して出現するものが多数あることは前述したが、どのような訳が多数、出現するのであろうか。また、逆に、ロシア語見出しがありながら、日本語訳が全く当てられていない場合もある。それらはいったいどのような事情によるものであろうか。

　ここでは、頻度の高い日本語訳と、日本語訳が当てられていないロシア語見出しについて考えてみることにする。

4.1. 頻度の高い訳

まず、頻度の高い訳について見てみる。次頁に、度数10以上の訳を〈表3〉として掲載した。

この表からわかるように、最も重複して用いられている訳は度数18の「ミルフト／見る人」であり、以下、「ミル／見る」「タヌル／尋ぬる」「ユコト／言うこと」「オム／思う」「ミルコト／見ること」と続く。いずれも、人間の基本的な行為を表す動詞を用いた訳であることがわかる。また、形式としては、一単語訳だけでなく、「ワルカコト／悪かこと」「タヌルコト／尋ぬること」など、「〜こと」という説明形式で訳しているものも少なくない。

では、ゴンザは一つの日本語訳で、どのようなロシア語を訳そうとしたのであろうか。これを知ることによって、重複して用いられている日本語訳の一つ一つが、意味的にどれほどの幅を持っているかを知ることができる。ここでは、最も頻度の高い「ミルフト／見る人」の場合を見てみることにする。「мирфто（ミルフト／見る人）」という訳が当てられているロシア語見出しには、次のような語がある[9]。

「дозиратель（監督者）」「зритель（観衆）」「лазутщикъ（斥候）」
「наблюдатель（観察者）」「надзиратель（監視人）」「подзиратель（覗く人）」
「подсмотрщикъ（盗み見する人）」「послухъ свидѣтель（証人）」
「презиратель（軽視する人）」「презиратель（軽視する人）」
「прелагатой（斥候）」「приглядатель（見守る人）」
「призиратель（面倒を見る人）」「приставникъ（付添人）」
「свидѣтель（目撃者）」「смотритель（管理人）」「соглядатель（密偵）」
「третеи свидѣтель（証人）」

いずれも「見る」という行為をする人物であることに違いないが、日本語訳では、見出し語が持つ「見る」の細かい違いは無視されていることになる。このことは、度数順2位の「ミル／見る」の場合も同様である。

次に、度数順3位の「タヌル／尋ぬる」と「ユコト／言うこと」が当てられているロシア語見出しを挙げる。ここでは、煩雑になることを避け、各見出しの意味のみを示す。

第1章 『新スラヴ日本語辞典』の日本語訳　197

〈表3〉 頻度の高い訳

通番	順位	ゴンザ訳	片仮名転写／決定見出し	訳度数	訳形式
1	1	мирфто	ミルフト／見る人	18	説明
2	2	миръ	ミル／見る	17	単語
3	3	тануръ	タヌル／尋ぬる	15	単語
4	3	юкотъ	ユコト／言うこと	15	説明
5	5	ому	オム／思う	14	単語
6	5	миркотъ	ミルコト／見ること	14	説明
7	7	ю	ユ／言う	13	単語
8	7	варавъ	ワラウ／笑う	13	単語
9	7	варкакотъ	ワルカコト／悪かこと	13	説明
10	10	ощцкуръ	オシツクル／押しつくる	12	単語
11	10	ксаюръ	クサユル／腐ゆる	12	単語
12	10	татакъ	タタク／叩く	12	単語
13	10	тануркотъ	タヌルコト／尋ぬること	12	説明
14	10	фоннокотъ	フォンノコト／本（当）のこと	12	説明
15	10	якъ	ヤク／焼く	12	単語
16	10	юрусъ	ユルス／許す	12	単語
17	17	кацъ	カツ／勝つ	11	単語
18	17	кубиръ	クビル／括る	11	単語
19	17	суркотъ	スルコト／為ること	11	説明
20	17	дамаскотъ	ダマスコト／騙かすこと	11	説明
21	17	тобъ	トブ／飛ぶ	11	単語
22	17	торъ	トル／取る	11	単語
23	17	нагуръ	ナグル／投ぐる	11	単語
24	17	фоннотъ	フォンノト／本（当）のと	11	単語
25	17	втунаръ（фтунаръ）	フトゥナル／太うなる	11	説明
26	17	юрускотъ	ユルスコト／許すこと	11	説明
27	27	учкуясъ	ウチクヤス／打ち壊す	10	単語
28	27	омукотъ	オムコト／思うこと	10	説明
29	27	какусъ	カクス／隠す	10	単語
30	27	кимакаше	キマカシェ／気任せ	10	単語
31	27	киръ	キル／切る	10	単語
32	27	суръ	スル／為る	10	単語
33	27	союръ	ソユル／添ゆる	10	単語
34	27	нигуръ	ニグル／逃ぐる	10	単語
35	27	фиккиръ	フィッキル／引っ切る	10	単語
36	27	варую	ワルユ／悪う言う	10	説明

198　第Ⅳ部　語彙

◆「タヌル／尋ぬる」

「尋ねる」「回想する」「尋問する」「尋ね求める」「探し求める」「拷問する」「捜す」「更に求める」「尋ねる」「質問する」「請願する」「調査する」「探し回る」「呼びかける」「尋ね回る」

◆「ユコト／言うこと」

「宣言」「話」「言うこと」「報告」「知らせ」「噂」「物語」「申し出ること」「指図」「慣用的表現」「言語能力」「説話」「言葉」「相談」「忠告」

　ロシア語の各単語も多義的なものが少なからず存在するので、ここに挙げた意味[10]が、それぞれのロシア語見出しが持つ意味の一部に過ぎないことは言うまでもない。しかし、各ロシア語見出しが、「尋ねる」「言うこと」よりも、狭い意味を持つ単語であることは間違いあるまい。今、挙げた例以外の高頻度訳についても、ほぼ同様のことが言える。つまり、本資料の日本語訳では、ロシア語見出しが備え持つ細かい意味の特徴が無視され、比較的、意味する範囲が広い表現が多く用いられているということである。

　では、このような傾向は何に起因するものであろうか。

　まず考えられることは、積極的な意図、すなわち、本資料の編集方針によるものということである。もしそうだとすれば、それはゴンザが意図的に、意味範囲が狭く、難度の高い表現を避け、意味の対応に多少の違いが生じる危険を冒してでも、意味範囲の広い表現を選んだということになる。しかし、果たしてそのような必要性があったであろうか。初めて日本語に触れるロシア人日本語学習者への配慮から、難度の高い表現を避けたということは考えられるが、そのような教育的な配慮があったのであれば、重複訳が非常に多いという事実と、説明形式の訳が多く、あまり実用的でないということが説明できない。前述したように、もし実用的な辞書というよりも記録として存在したのであれば、そのような配慮はますます無用である。むしろ、意味範囲の広い曖昧な表現は避け、難度の高い表現を用いて、意味の対応の精度を高めることに努めたであろう。

　次に考えられるのは、単にゴンザの日本語の語彙の少なさによって、結果的に意味範囲の広い表現をせざるを得なかったということである。ゴンザの

第1章　『新スラヴ日本語辞典』の日本語訳　　199

年齢等を考慮したとき、この推測は蓋然性の高いものと思われる。また、この推測は、重複訳が多いことや、説明形式訳が多いこととも矛盾しない。但し、本章では、本資料の日本語訳を対象に検討してきたので、ゴンザの語彙量に関しては言い得ない。ゴンザの語彙量に関しては、本資料の全日本語訳を単語に分解して、どれほどの異なり語数が存在するかを調査することによって、また、その語彙のレベルについてはどのような単語が用いられているかを調査することによって、大まかに推測できるものと思われるが、これについては、次章で述べることにする。

4.2. 日本語訳のないロシア語見出し

　前述したように、全部で 11,580 あるロシア語見出しの中には日本語訳が当てられていないものもある。その数は 220 である。しかしその中には、「въмъ、зри вѣдаю」のように、見出し語（ここでは「въмъ」）の後に「зри（見よ）」という表現を用いて[11]、参照先（ここでは「вѣдаю（知っている）」）の日本語訳を見れば、その見出し語の訳がわかる形式になっているものもある。このような例が 74 例ある。また「вонючїй тоже」のように、見出し語（ここでは「вонючїй」）の後に「тоже（同上）」という表現を用いて、直前の見出し語を見ることによって日本語訳がわかるものもある。このような例が 26 例見られる。これらは、実質上は、対訳が当てられているのと変わらないことになる。従って、このような例 100 例を除いた 120 例が、完全にゴンザが日本語訳を当てていないロシア語見出しということになる。これは、11,580 ある全ロシア語見出しのうちの約 1.03％に相当する。

　では、ゴンザがこれらを日本語に訳さなかった理由としては、どのようなことが考えられるであろうか。まず、ロシア語見出しに対応する言葉（概念・事物）が日本語に存在しなかったか、または、存在してもゴンザがその言葉を知らなかったということが考えられる。しかし、ロシア語見出し「богословъ（神学者）」に対して、「фодокѣнкотюфто（フォドケンコトユフト／仏のこと言う人）」という訳が当られていたり、ロシア語見出し「планета（惑星・遊星）」に対して、そのままロシア語で「планетачь（プラネタチ／プラネ

タと）」という訳が当てられているなど、これらに該当すると考えられる状
況でも、何らかの形で訳されている場合が少なくないことを考えると、それ
ほど単純な理由ではなさそうである。他には、ロシア語見出しの意味をゴン
ザが理解できなかったということも考えられる。また、日本語訳のない項目
が連続して現れる不自然な部分があることから判断して、ゴンザの言語能力
とは関係のない何らかの外的要因が影響を及ぼしたという可能性もある。

　これらを検証することは、本資料の成立状況等を考えることになり、また、
ゴンザの語彙の限界を知り、彼の語彙を逆照射的に浮かび上がらせることに
もつながると思われるが、今後の課題としたい。

5．おわりに

　ゴンザが日本を離れたのは、わずか 11 歳の時であった。そして、彼が
『新スラヴ日本語辞典』を作成し始めたとき、日本を離れてからは既に 7 年
以上の年月が流れていた。さらに、彼は本資料の作成開始直前に、もう一人
の漂流民ソウザを失っており、直接的な作業には、たった一人の日本語話者
として取り組まねばならなかった[12]。これらの悪条件を考慮したとき、こ
の世界初の露日辞典の作成には、多くの苦労が伴ったことは想像に難くない。
本資料の日本語訳は、そのことを裏付けているようでもある。

　最後に、本章によって明らかになった、本資料の日本語訳に関する数値を、
改めてまとめておく。

[1] 本資料のロシア語見出しの数は、11,580 であり、そのうち、日本語
　　訳がないものが 220 ある。

[2] 本資料の全日本語訳数は 11,360 であり、異なる訳の種類は 7,454 種
　　類である。

[3] 本資料には重複して用いられている訳が多数見られるが、その割合は、
　　7,454 種類の訳のうちの約 25％、全日本語訳 11,360 のうちの約 50％を
　　占める。

[4] 本資料には説明形式の訳が多数見られるが、その割合は、7,454 種類

第 1 章　『新スラヴ日本語辞典』の日本語訳　　201

　の訳のうちの約 48％、全日本語訳 11, 360 のうちの約 44％を占める。
[5]　ゴンザが全く訳せなかったロシア語見出しの数は 120 であり、これは
　　全ロシア語見出しの約 1％に当たる。

注

1)　村山七郎（1985）参照。
2)　ロシア語見出しは、「ロシア語（意味）」の形式で示すことにする。また、日
　　本語訳は、本資料において、すべてキリル文字で表記されているが、「キリル
　　文字表記（カタカナ転写／漢字仮名交じり表記）」、または「カタカナ転写／漢
　　字仮名交じり表記」の形式で示すことにする。但し、日本語としての語形を重
　　視したため、カタカナに転写する際、母音の無声化は無視した。
3)　個々の単語の日本語訳については、田尻英三（1989）、上村忠昌（1995、
　　1997、2006）、田頭壽雄（1998）、崎村弘文（1999）等に詳しい考察がある。
4)　村山七郎（1985）の「まえがき」に「約 1 万 2 千語に及ぶスラヴ・ロシア
　　語」とあり、それ以降、この概数が定着してきたようである。例外的に、田尻
　　英三（1989）には、項目数 11, 592、日本語訳のない見出し語 200、日本語の項
　　目 11, 392 という実数が示されているが、本調査で得られた数値とは、やや異
　　なるものである。
5)　本資料 334 頁には、「умываю（洗う）」というロシア語見出しが連続重複し
　　て記されており、村山七郎（1985）では、そのうちの一つが省略されている
　　（382 頁）が、ここでは省略せず、二語ともロシア語見出しとして計量した。
6)　本資料 295 頁（村山七郎（1985）の 336 頁）の「соловей（［鳥名］ナイチン
　　ゲール）」という見出し語の日本語訳部分には、「ф」という文字が記されてい
　　るが、この一文字で単語を表現しているとは考えにくいので、この「ф」は日
　　本語訳として認めなかった。一方、注 5 で述べたように本資料 334 頁には、
　　「умываю（洗う）」というロシア語見出しが連続重複して記されており（村山
　　七郎（1985）の 382 頁では一方を省略）、同語で対訳がなされているが、この
　　日本語訳「аравъ（アラウ／洗う）」は、省略することなく、そのまま 2 語とも
　　計量した。また、本資料 141 頁（村山七郎（1985）の 170 頁）の「ласкаю
　　（可愛がる）」の日本語訳部分には「фомуръ」とありながら上から線で消して
　　あるが、これは「フォムル（誉むる）」と判断して、数に含めた。他にも、明
　　らかに文字の存在が確認できるものの、マイクロフィルム撮影の際の影、また
　　は何らかの染み等によって、その文字が判別しにくい箇所、例えば、本資料
　　228 頁（村山七郎（1985）の 264 頁）の「предвѣденїе（前に知ること）」のよ

202　第Ⅳ部　語彙

うな箇所も、ごく僅かにあったが、これらの日本語訳は村山七郎（1985）にて
補って判断し、数に含めた。

7)　1966 年に、国立国語研究所の語彙調査研究会単位小委員会が考案した「調
査単位案」の一つで、原則として文節を採用した単位。本書では国立国語研究
所（1987）に掲載されたものを参照した。また、本資料特有の紛らわしい語に
ついては、各語を現代標準語形に改めた上で、便宜的に『新潮国語辞典』を一
つの基準として判断することにした。国立国語研究所（1987）に倣った方針で
ある。

8)　『帝室科学アカデミー歴史資料 3』によると、1736 年に、アンナ・ヨアノヴ
ナ女帝は、ゴンザともう一人の漂流民ソウザに対して、ロシア人子弟に日本語
を教えよという勅令を下している。

9)　「президатель（軽視する人）」が 2 例存在するが、これはロシア語見出しが
重複している珍しい例である。これらが同形異義語なのであれば、見出し語は
アルファベット順に配列するという原則上、連続して配列されているはずであ
るが、この 2 例の間には他の見出し語が 2 語挟まっている。また一つ目の見出
し語に対する日本語訳が「mírфто（ミルフト）」であるのに対して、二つ目の
日本語訳は「мирфто（ミルフト）」である。本書第Ⅱ部第 2 章で述べたように
当時のロシア語正書法では前者の綴りは誤りであり、この両者に音韻論的な違
いはないので、両者とも「ミルフト／見る人」と判断して問題はあるまい。も
し、この見出し語の一方が、単なる誤記による重複ということであれば、「ミ
ルフト」が当てられているロシア語の見出し語の異なり語数は 17 となるが、
それでも無論ゴンザの訳数は変わらない。

10)　本資料のロシア語見出しには、現代ロシア語には存在しない語、また現在
とは語形が大きく異なる語が多数含まれている。本書では、ロシア語見出しの
意味を村山七郎（1985）に多く拠っている。

11)　この形式では、「見よ」を表すロシア語として「зри」という語形が、その
ほとんどの場合で用いられているが、この語形が使用されているのは「вѣко
зри вѣжда」からであり、この形式が最初に用いられているロシア語見出し
「брїю зрїй брею」から、「волшебникъ зрїй волхвъ」までの 13 例は、「зри」で
はなく、「зрїй」という語形が使用されている。なお、村山七郎（1985）は、
すべて「зри」に統一して記してある。

12)　『簡単な報告Ⅱ』（本書第Ⅰ部第 1 章第 3 節参照）によると、ゴンザと共に
漂流し、生き残ったもう一人の日本人ソウザは、1736 年 9 月 18 日に 43 歳で
亡くなっている。本資料の作成が始まったのは、巻末の記述「Начался
Сентября 29 дня 1736. Кончился Октября 27 дня 1738（1736 年 9 月 29 日開始

第 1 章 『新スラヴ日本語辞典』の日本語訳 203

1738 年 10 月 27 日終了）」からわかるように、ソウザの没後 11 日目のことで
あった。

引用文献

上村忠昌（1995）「漂流青年ゴンザの鹿児島方言」（『鹿児島工業高等専門学校研
　　究報告』30）

上村忠昌（1997）「ゴンザの鹿児島方言への訳し方―オルビス・ピクトゥス（世
　　界図絵）の場合―」（『鹿児島工業高等専門学校研究報告』32）

上村忠昌（2006）『漂流青年ゴンザの著作と言語に関する総合的研究』（私家版）

国立国語研究所（1987）『国立国語研究所報告 89 雑誌用語の変遷』（秀英出版）

崎村弘文（1999）「ゴンザの語彙をめぐって」（『ゴンザファンクラブ会報』34）

田頭壽雄（1998）『漂流民・ゴンザ』（春苑堂出版）

田尻英三（1989）「ゴンザの翻訳方法」（奥村三雄教授退官記念論文集刊行会編
　　『奥村三雄教授退官記念 国語学論叢』桜楓社）

村山七郎（1965）『漂流民の言語』（吉川弘文館）

村山七郎（1985）『新スラヴ・日本語辞典 日本版』（ナウカ）

『帝室科学アカデミー歴史資料 3』Матерiалы для исторi и императорской Академ
　　iи наукъ. томъ третiй（1736-1738）Санктпетеръбургъ 1886

第2章 『新スラヴ日本語辞典』の語彙

1．はじめに

　『新スラヴ日本語辞典』は、ロシア語と日本語の対訳形式で編まれているが、日本語訳は、前章で述べたように必ずしも一単語で為されているとは限らず、複数の単語で説明的に為されている場合が少なくない。その割合は、異なり訳数、延べ訳数ともに全体の半数近くを占める。そのため、見出し語の数が、直ちに本資料の日本語の単語の数を示すわけではない。また、説明形式の訳の中では、当然、同じ単語が複数回、用いられることもあり、さらに、異なるロシア語見出しに同じ日本語訳が当てられている場合も多いため、本資料における日本語の語彙を把握することは容易ではない。

　本章では、まず、本資料の日本語の語彙量を把握することに努める。そして、個々の単語ではなく[1]、その集まり、すなわち語彙に注目して、その総体としての性格を明らかにしていきたい[2]。

2．使用語の数

2.1．日本語訳の数

　本資料のロシア語見出しの数は、全部で 11,580 である。そのうち、日本語訳が当てられていない見出しが 220 ある。従って、日本語訳が当てられているロシア語見出しの数、すなわち日本語訳の数は 11,360 となる。しかし、この数が、直ちに日本語の単語の数を表すものでないことは前章で述べた通りである。

2.2. 単位の認定

本書において、筆者は、「単語」という用語を、「意味・機能を持つ、言語の独立した最小単位」という意味で用いている。しかし、この最小単位は、周知の通り、客観的に断定できるほどの明確な基準が定まっているわけではなく、実際の語彙調査を行なう際には、様々な問題を生じさせてきた。「単語」の定義は、もちろん検討すべき重要な課題ではあるが、本章の趣旨から逸れるため、ここではそれを避け、本章において必要な、調査単位の認定法を明確にしておくことにする。

2.2.1. 単位の長さ

まずは、ゴンザの説明的な訳をどのように区切るかという調査単位の長さの問題であるが、本書においては、その基準を国立国語研究所の「長い単位」に求めようと思う。これは原則として、いわゆる「文節」によって区切った単位である[3]。詳細は、国立国語研究所の「調査単位案[4]」を参照されたい。

2.2.2. 単位の幅

次に単位の幅の問題である。様々な語形を有する単位語をどこまで一つの見出し語として集約するかという問題である。

本書では、ここでも国立国語研究所の基準[5]を参考にすることにする。但し、本資料に記されている日本語は、キリル文字で記された 18 世紀の薩隅方言であるため、本資料特有の問題をいくつか抱えている。そこで、そのような場合の本章での認定基準や、その他の紛らわしい語の認定基準について、以下に示すことにする。

(1) 本調査の目的は、音韻論的な問題を知ることではなく、ゴンザがどのような語を用いて本資料を作成したのかを知ることにあるので、表記に多少の揺れ（発音の揺れ・誤字等）が見られても、ロシア語見出しの意味から判断して、明らかに同語を表現しようとしていると判断できるものは一見出し語として扱うことにする。従って、次のような二つの語形は一見出し語となる[6]。

例）「ïюръ（イユル／入ゆる）」と「июръ（イユル／入ゆる）」

「фту（フトゥ／太う）」と「вту（フトゥ／太う）」

(2) 語形変化の過渡期にあるために、語形が揺れていると考えられるもの、またはゴンザの標準語意識[7]によって語形に揺れが生じたと考えられるものは一見出し語として集計する。

　　例）「канзуръ（カンズル／数る）」と「казсуръ（カズスル／数する）」
　　　　「монъ（モン／物）」と「моно（モノ／物）」

(3) 本資料にはイ語尾形容詞とカ語尾形容詞が共存している。他のゴンザ資料にも見られる特徴であり、文法論的には興味深い事象であるが、明確な使い分けの基準は認めにくいので、ここではそれらを区別せず、一見出し語として集計することにする。

　　例）「ацы（アツィ／暑い）」と「ацка（アッカ／暑か）」
　　　　「кьтане（キタネ／汚い）」と「кьтанака（キタナカ／汚か）」

(4) 活用語は、いわゆる辞書形で代表させ、それを一見出し語とする。

　　例）「ерантъ（イェラント／選らぬと）」
　　　　「еттатъ（イェッタト／選ったと）」→「еръ（イェル／選る）」
　　　　「абно（アブノ／危なく）」→「абне（アブネ／危ない）」

(5) 現代語では、異語と考えられる可能性があり、漢字表記では区別される語であっても、同語源と判断できるものは同じ見出し語として扱う。

　　例）「換ゆる」「変ゆる」「代ゆる」の意の「каюръ（カユル）」
　　　　「引く」「挽く」「曳く」の意の「фикъ（フィク）」

(6) 同語源でも、品詞の異なる場合は、別語とする。

　　例）「екъравъ（イェクラフ／酔い食らう）」と「екъре（イェクレ／酔い食らい）」
　　　　「фирока（フィロカ／広か）」と「фироса（フィロサ／広さ）」

２.３. 延べ語数と異なり語数

本調査によって得られた延べ語数と異なり語数は以下の通りである。

　延べ語数　：17,357
　異なり語数：　2,835

208　第Ⅳ部　語彙

　もちろん、この数字は、前節で述べた基準に従った結果のものであり、単位の長さを本調査よりも短くすれば、延べ語数は増え、異なり語数は減るはずである。また、単位の幅をより狭くすれば、異なり語数が増えるはずである。今後、単位の長さをもう少し短くしての調査も必要となってくるであろう。

3．使用頻度の高い語

　次に、調査結果の中身を見ていくことにする。
　全単位語 17,357 語のうち、一度しか使用されていないもの、つまり度数1のものは、1,230 語であった。それ以外の語は複数回、使用されているわけだが、その頻度が高いもの（ここでは、度数 10 以上のもの）を〈表 1〉として次に挙げた。なお、キリル文字表記は、前節で述べたように語形に揺れが見られるものもあるため、ここでは、代表形を片仮名転写したものと、それを漢字仮名交じりで書き改めたもののみで示すことにする。

〈表 1〉 使用頻度の高い語

通番	度数順	見出し語	品詞	語種	度数	使用率(%)
1	1	コト／事	名	和	1758	10.13
2	2	フト／人	名	和	634	3.65
3	3	ナス／為す	動	和	327	1.88
4	4	ナル／成る	動	和	278	1.60
5	5	スル／為る	動	和	240	1.38
6	6	ユ／言う	動	和	210	1.21
7	7	ワルィ・ワルカ／悪い・悪か	形	和	195	1.12
8	8	イェ・ヨカ／良い・良か	形	和	165	0.95
9	9	クツィ・クツカ／きつい・きつか	形	和	137	0.79
10	10	モノ・モン／もの	名	和	122	0.70
11	11	オル／居る	動	和	114	0.66
12	12	ネ・ナカ／無い	形	和	109	0.63
13	12	ミル／見る	動	和	109	0.63

通番	度数順	見出し語	品詞	語種	度数	使用率(%)
14	14	サキ／先	名	和	107	0.62
15	15	トル／取る	動	和	103	0.59
16	16	フトツ／一つ	名	和	88	0.51
17	17	ファイェ・ファヤカ／早い・早か	形	和	82	0.47
18	18	フチェ・フトカ／太い・太か	形	和	81	0.47
19	19	シル／知る	動	和	62	0.36
20	20	ウカ／多か	形	和	61	0.35
21	20	ヤル／遣る	動	和	61	0.35
22	22	オム／思う	動	和	56	0.32
23	22	コマカ／細か	形	和	56	0.32
24	22	ツクル／作る	動	和	56	0.32
25	25	ワガ／我が	体	和	54	0.31
26	26	スク／好く	動	和	53	0.31
27	26	タヌル／尋ぬる	動	和	53	0.31
28	28	タクセ／沢山	ナ	漢	52	0.30
29	29	フォドケ／仏	名	和	51	0.29
30	30	ヤク／焼く	動	和	50	0.29
31	31	トコル／所	名	和	48	0.28
32	32	ク／食う	動	和	46	0.27
33	32	フォムル／誉むる	動	和	46	0.27
34	34	サスル／さする（使役）	動	和	45	0.26
35	34	タマシ／魂	名	和	45	0.26
36	34	フォン／本当	名ナ	漢	45	0.26
37	37	ツイェ・ツイヨカ／強い・強か	形	和	44	0.25
38	38	フィク／引（挽・曳・弾）く	動	和	42	0.24
39	39	サバク／捌（裁）く	動	和	41	0.24
40	39	ツカウ／使う	動	和	41	0.24
41	41	オナゴ／女	名	和	40	0.23
42	42	キイェ・キイェナ／綺麗・綺麗な	ナ	漢	39	0.22
43	42	キク／聞（聴）く	動	和	39	0.22
44	42	チェ／手	名	和	39	0.22
45	45	カク／書（描）く	動	和	38	0.22
46	46	ダマカス／騙かす	動	和	37	0.21

210　第Ⅳ部　語彙

通番	度数順	見出し語	品詞	語種	度数	使用率(%)
47	46	マイェ・メ／前	名	和	37	0.21
48	48	イク／行く	動	和	35	0.20
49	48	タタク／叩く	動	和	35	0.20
50	48	タツ／立つ	動	和	35	0.20
51	48	ヂェクル／出来る	動	和	35	0.20
52	48	ナラウ／習う	動	和	35	0.20
53	48	ユルス／許す	動	和	35	0.20
54	48	ワクル／分くる	動	和	35	0.20
55	55	クレ／位	名	和	34	0.20
56	56	カワル／変（替・換・代）わる	動	和	33	0.19
57	56	キル／切る	動	和	33	0.19
58	56	ナイ／形	名	和	33	0.19
59	59	カクス／隠す	動	和	32	0.18
60	59	カツ／勝つ	動	和	32	0.18
61	61	アル／有る	動	和	31	0.18
62	62	カクル／掛くる	動	和	30	0.17
63	62	カユル／変（替・換・代）ゆる	動	和	30	0.17
64	62	クサユル／腐ゆる	動	和	30	0.17
65	62	トヲル／通る	動	和	30	0.17
66	62	モツ／持つ	動	和	30	0.17
67	67	キタネ・キタナカ／汚い・汚か	形	和	29	0.17
68	67	コトバ／言葉	名	和	29	0.17
69	67	スヨ／惣様	名	漢	29	0.17
70	67	ソユル／添ゆる	動	和	29	0.17
71	67	タケ・タカカ／高い・高か	形	和	29	0.17
72	67	ツクル／付くる	動	和	29	0.17
73	73	キ／木	名	和	28	0.16
74	73	クニ／国	名	和	28	0.16
75	73	ナグル／投ぐる	動	和	28	0.16
76	73	ファラカク／腹かく	動	和	28	0.16
77	73	フォシガル／欲しがる	動	和	28	0.16
78	73	ミスル／見する	動	和	28	0.16
79	79	オボユル／覚ゆる	動	和	27	0.16

第2章 『新スラヴ日本語辞典』の語彙　211

通番	度数順	見出し語	品詞	語種	度数	使用率(%)
80	79	コ／子	名	和	27	0.16
81	79	シタ／下	名	和	27	0.16
82	79	マズル／混ずる	動	和	27	0.16
83	79	ワラウ／笑う	動	和	27	0.16
84	84	キン／金	名	漢	26	0.15
85	84	コイェ／声	名	和	26	0.15
86	84	ムゾガル／無慙がる	動	和漢	26	0.15
87	87	ツム／積む	動	和	25	0.14
88	87	ムマカ／旨か	形	和	25	0.14
89	87	メ／目	名	和	25	0.14
90	90	ウイェ／上	名	和	24	0.14
91	90	カズスル・カンズル／数する	動	和	24	0.14
92	90	シトカ／白か	形	和	24	0.14
93	90	シヌル／死ぬる	動	和	24	0.14
94	90	ダクナ／楽な	ナ	漢	24	0.14
95	90	タシナム／嗜む	動	和	24	0.14
96	90	ディクナ／利口な	ナ	漢	24	0.14
97	90	ナガカ／長か	形	和	24	0.14
98	90	ニカ／新か	形	和	24	0.14
99	90	ムマユル／生まゆる	動	和	24	0.14
100	100	イゴク／動く	動	和	23	0.13
101	100	イユル／入ゆる	動	和	23	0.13
102	100	ウチクヤス／打ち壊す	動	和	23	0.13
103	100	オットル／押し取る	動	和	23	0.13
104	100	クビル／括る	動	和	23	0.13
105	100	クル／来る	動	和	23	0.13
106	100	トイヤツムル／取り集むる	動	和	23	0.13
107	100	ノク／退く	動	和	23	0.13
108	100	フィロカ／広か	形	和	23	0.13
109	109	イソグ／急ぐ	動	和	22	0.13
110	109	カシタ／頭	名	和	22	0.13
111	109	キモイル／肝煎る	動	和	22	0.13
112	109	クラカ／暗か	形	和	22	0.13

212   第Ⅳ部　語彙

通番	度数順	見出し語	品詞	語種	度数	使用率(%)
113	109	トゥカ／遠か	形	和	22	0.13
114	109	トガ／咎	名	和	22	0.13
115	109	ニグル／逃ぐる	動	和	22	0.13
116	109	フィ／火	名	和	22	0.13
117	109	ベチ／別	ナ	漢	22	0.13
118	118	イェ／家	名	和	21	0.12
119	118	ウチコロス／打ち殺す	動	和	21	0.12
120	118	オツル／落つる	動	和	21	0.12
121	118	コナス／こなす	動	和	21	0.12
122	118	サムカ／寒か	形	和	21	0.12
123	118	タツル／立つる	動	和	21	0.12
124	118	ナガユル／流ゆる	動	和	21	0.12
125	118	ヤクル／焼くる	動	和	21	0.12
126	126	キ／気	名	漢	20	0.12
127	126	ココロ／心	名	和	20	0.12
128	126	シェワ／世話	名	漢	20	0.12
129	126	スグカ／直ぐか	形	和	20	0.12
130	126	スクナカ／少なか	形	和	20	0.12
131	126	チット／ちっと	副	和	20	0.12
132	126	ヅル／出る	動	和	20	0.12
133	126	トシ／年	名	和	20	0.12
134	126	ニュボ／女房	名	漢	20	0.12
135	126	ノクル／退くる	動	和	20	0.12
136	126	フォル／掘（彫）る	動	和	20	0.12
137	126	ミチ／道	名	和	20	0.12
138	138	アカカ／赤か	形	和	19	0.11
139	138	アクル／開くる	動	和	19	0.11
140	138	アスブ／遊ぶ	動	和	19	0.11
141	138	オシツクル／押しつくる	動	和	19	0.11
142	138	オヤス／生やす	動	和	19	0.11
143	138	シェク／急く	動	和	19	0.11
144	138	シマウ／仕舞う	動	和	19	0.11
145	138	スィカ／酸いか	形	和	19	0.11

第 2 章　『新スラヴ日本語辞典』の語彙　　213

通番	度数順	見出し語	品詞	語種	度数	使用率(%)
146	138	トブ／飛ぶ	動	和	19	0.11
147	138	ナスル／擦る	動	和	19	0.11
148	138	ニ／荷	名	和	19	0.11
149	138	ファラ／腹	名	和	19	0.11
150	138	フタツ／二つ	名	和	19	0.11
151	138	ヤワラシカ／柔らしか	形	和	19	0.11
152	138	ヨワカ／弱か	形	和	19	0.11
153	153	イツクル／言い付くる	動	和	18	0.10
154	153	イヤウ／言い合う	動	和	18	0.10
155	153	イル／要る	動	和	18	0.10
156	153	ウェツク／追いつく	動	和	18	0.10
157	153	ウソ／嘘	名	和	18	0.10
158	153	ウツ／打つ	動	和	18	0.10
159	153	オソユル／教ゆる	動	和	18	0.10
160	153	オヂル／怖じる	動	和	18	0.10
161	153	カジェ／風	名	和	18	0.10
162	153	ガル／叱る	動	和	18	0.10
163	153	ナク／泣く	動	和	18	0.10
164	153	ファシル／走る	動	和	18	0.10
165	153	マルカ／丸か	形	和	18	0.10
166	153	ミ／身	名	和	18	0.10
167	153	ユジンスル／用心する	動	和漢	18	0.10
168	168	アカカ／明か	形	和	17	0.10
169	168	アシ／足	名	和	17	0.10
170	168	ウチキル／打ち切る	動	和	17	0.10
171	168	オトロシ・オトロシカ／恐ろし・恐ろしか	形	和	17	0.10
172	168	カウ／買う	動	和	17	0.10
173	168	クロカ／黒か	形	和	17	0.10
174	168	シェク／堰く	動	和	17	0.10
175	168	スツル／捨つる	動	和	17	0.10
176	168	ナニ／何	代	和	17	0.10
177	168	ニル／似る	動	和	17	0.10
178	168	ネ／値	名	和	17	0.10

214　第Ⅳ部　語彙

通番	度数順	見出し語	品詞	語種	度数	使用率(%)
179	168	バンスル／番する	動	和漢	17	0.10
180	168	ファンブン／半分	名	漢	17	0.10
181	168	フィル／干る	動	和	17	0.10
182	168	フトツヨ／一つ様	名ナ	和漢	17	0.10
183	168	ミヤウ／見合う	動	和	17	0.10
184	168	モドス／戻す	動	和	17	0.10
185	168	ヨブ／呼ぶ	動	和	17	0.10
186	186	アガル／上がる	動	和	16	0.09
187	186	オガム／拝む	動	和	16	0.09
188	186	キマカシェ／気任せ	名ナ	和漢	16	0.09
189	186	シモ／霜	名	和	16	0.09
190	186	スワル／座る	動	和	16	0.09
191	186	ツム／摘む	動	和	16	0.09
192	186	トキ／時	名	和	16	0.09
193	186	ナ／名	名	和	16	0.09
194	186	ネル／寝る	動	和	16	0.09
195	186	フィッキル／引き切る	動	和	16	0.09
196	186	フャット／ひゃっと（常に）	副	和	16	0.09
197	186	ミシケ・ミシカカ／短い	形	和	16	0.09
198	186	ミヅ／水	名	和	16	0.09
199	186	ミユル／見ゆる	動	和	16	0.09
200	186	ムマ／馬	名	和	16	0.09
201	186	ヨスル／寄する	動	和	16	0.09
202	186	ヨル／寄る	動	和	16	0.09
203	203	イル／入る	動	和	15	0.09
204	203	ウィェシカ／嬉しか	形	和	15	0.09
205	203	オウ／追う	動	和	15	0.09
206	203	オク／置く	動	和	15	0.09
207	203	カシェスル／加勢する	動	和漢	15	0.09
208	203	キク／利く	動	和	15	0.09
209	203	クユル／呉ゆる	動	和	15	0.09
210	203	シギュ／繁う	副	和	15	0.09
211	203	ツケ／使（遣）い	名	和	15	0.09

第 2 章 『新スラヴ日本語辞典』の語彙　　215

通番	度数順	見出し語	品詞	語種	度数	使用率(%)
212	203	ヅバト／ずばっと（満ちた）	副	和	15	0.09
213	203	ナカ／仲	名	和	15	0.09
214	203	ニンゲン／人間	名	漢	15	0.09
215	203	ヌ／縫う	動	和	15	0.09
216	203	ファク／吐く	動	和	15	0.09
217	203	フィキダス／引き出す	動	和	15	0.09
218	203	マツ／待つ	動	和	15	0.09
219	203	ヤムメ・ヤンメ／病	名	和	15	0.09
220	203	ヨウェスル／用意する	動	和漢	15	0.09
221	203	ヨガム／歪む	動	和	15	0.09
222	222	アグル／上ぐる	動	和	14	0.08
223	222	アナ／穴	名	和	14	0.08
224	222	ウチク／うち食う	動	和	14	0.08
225	222	ウッスル／うち捨つる	動	和	14	0.08
226	222	ウル／売る	動	和	14	0.08
227	222	オチャクナ・オチャッカ／横着な：横着か	名	漢	14	0.08
228	222	オムカ／重か	形	和	14	0.08
229	222	カヤス／返やす	動	和	14	0.08
230	222	キゲン／機嫌	名	漢	14	0.08
231	222	キマカシェスル／気任せする	動	和漢	14	0.08
232	222	ケ／毛	名	和	14	0.08
233	222	コラユル・コレユル／堪ゆる	動	和	14	0.08
234	222	ジユ／自由	名ナ	漢	14	0.08
235	222	タスクル／助くる	動	和	14	0.08
236	222	ツカマユル／摑まゆる	動	和	14	0.08
237	222	ヌスム／盗む	動	和	14	0.08
238	222	ネンゴロ／懇ろ	ナ	和	14	0.08
239	222	ファジムル／始むる	動	和	14	0.08
240	222	ファツカシ・ファツカシカ／恥つかし・恥つかしか	形	和	14	0.08
241	222	フサグ／塞ぐ	動	和	14	0.08
242	222	フトツコイェ／一つ声	名	和	14	0.08
243	222	ヤク／役	名	漢	14	0.08

216   第Ⅳ部　語彙

通番	度数順	見出し語	品詞	語種	度数	使用率(%)
244	222	ワガマイェ／我が前	名	和	14	0.08
245	245	アツィ・アツカ／暑（熱）い・暑（熱）か	形	和	13	0.07
246	245	イタヅラ／徒ら	ナ	和	13	0.07
247	245	ウタウ／歌う	動	和	13	0.07
248	245	ウツル／移る	動	和	13	0.07
249	245	オロス／下（降）ろす	動	和	13	0.07
250	245	カネ／金	名	和	13	0.07
251	245	カワ／皮	名	和	13	0.07
252	245	キョデ／兄弟	名	漢	13	0.07
253	245	コイカ／濃いか	形	和	13	0.07
254	245	コウェ・コワカ／強か	形	和	13	0.07
255	245	シマ／縞	名	和	13	0.07
256	245	スタル／廃る	動	和	13	0.07
257	245	チカラ／力	名	和	13	0.07
258	245	ツゲグチ・ツィゲグチスル／告げ口する	動	和	13	0.07
259	245	ツル／吊（釣）る	動	和	13	0.07
260	245	ドコ／何処	代	和	13	0.07
261	245	ナブル／なぶる	動	和	13	0.07
262	245	ニウェ／匂い	名	和	13	0.07
263	245	ファル／張る	動	和	13	0.07
264	245	フカル／光る	動	和	13	0.07
265	245	フル／振（震・篩）るう	動	和	13	0.07
266	245	マク／巻く	動	和	13	0.07
267	245	ミゴトカ／見事か	形	和	13	0.07
268	245	ワキ／脇	名	和	13	0.07
269	269	ウェダス／追い出す	動	和	12	0.07
270	269	ウム／生む	動	和	12	0.07
271	269	オスカ／遅か	形	和	12	0.07
272	269	オトロシガル／恐ろしがる	動	和	12	0.07
273	269	オラブ／おらぶ	動	和	12	0.07
274	269	カミ／頭	名	和	12	0.07
275	269	キル／着る	動	和	12	0.07
276	269	クサ／草	名	和	12	0.07

第2章 『新スラヴ日本語辞典』の語彙 217

通番	度数順	見出し語	品詞	語種	度数	使用率(%)
277	269	クチ／口	名	和	12	0.07
278	269	シュジ／種々	ナ	漢	12	0.07
279	269	シュルシスル／印する	動	和	12	0.07
280	269	チェップ／鉄砲	名	漢	12	0.07
281	269	チケ・チカカ／近い・近か	形	和	12	0.07
282	269	ツゲグチ・ツィゲグチ／告げ口	名	和	12	0.07
283	269	トガル／尖る	動	和	12	0.07
284	269	トグ／研ぐ	動	和	12	0.07
285	269	フォイコム／掘り込む	動	和	12	0.07
286	269	マク／蒔く	動	和	12	0.07
287	287	アウ／合（会・遭）う	動	和	11	0.06
288	287	アラウ／洗う	動	和	11	0.06
289	287	イサカウ／諍う	動	和	11	0.06
290	287	イロ／色	名	和	11	0.06
291	287	インギン／慇懃	ナ	漢	11	0.06
292	287	ウシ／牛	名	和	11	0.06
293	287	カク／掻く	動	和	11	0.06
294	287	カクユル／隠ゆる	動	和	11	0.06
295	287	カブル／被る	動	和	11	0.06
296	287	シャク／尺	名	漢	11	0.06
297	287	ジョズ／上手	名	漢	11	0.06
298	287	シリヤウ／知り合う	動	和	11	0.06
299	287	ツグ／接（継）ぐ	動	和	11	0.06
300	287	ナカ／中	名	和	11	0.06
301	287	ニル／煮る	動	和	11	0.06
302	287	バチ／罰	名	漢	11	0.06
303	287	ファジマイ／始まり	名	和	11	0.06
304	287	フォガス／ほがす	動	和	11	0.06
305	287	フク／吹く	動	和	11	0.06
306	287	フシンスル／普請する	動	和漢	11	0.06
307	287	マワス／回す	動	和	11	0.06
308	287	ワタス／渡す	動	和	11	0.06
309	309	アツカ／厚か	形	和	10	0.06

218 第Ⅳ部 語彙

通番	度数順	見出し語	品詞	語種	度数	使用率(%)
310	309	アブラ／油（脂）	名	和	10	0.06
311	309	イキ／息	名	和	10	0.06
312	309	ウェヤル／追いやる	動	和	10	0.06
313	309	カミ・カム／髪	名	和	10	0.06
314	309	カミキル／噛み切る	動	和	10	0.06
315	309	カレ・カラカ／辛い・辛か	形	和	10	0.06
316	309	クム／組む	動	和	10	0.06
317	309	コンゴ／こんご	名	漢？	10	0.06
318	309	シク／敷く	動	和	10	0.06
319	309	タダ／只・徒	副	和	10	0.06
320	309	ツィユル／連ゆる	動	和	10	0.06
321	309	ツキオトス／突き落とす	動	和	10	0.06
322	309	ナヲス／直す	動	和	10	0.06
323	309	ノム／飲む	動	和	10	0.06
324	309	ファナ／鼻	名	和	10	0.06
325	309	フィ／日	名	和	10	0.06
326	309	フロ／風呂	名	和	10	0.06
327	309	ミッツ／三つ	名	和	10	0.06
328	309	ミミ／耳	名	和	10	0.06
329	309	メクラ／盲	名	和	10	0.06
330	309	モチダス／持ち出す	動	和	10	0.06
331	309	ユメ／夢	名	和	10	0.06
332	309	ワカユル／分かゆる	動	和	10	0.06

〈表1〉からわかるように、「コト／事」が圧倒的に多いが、これはゴンザの訳し方の特徴によるところが大きい。ゴンザは、ある動作や現象を表す名詞を「～こと」と説明的に訳す傾向がある。例えば、「совокупленïе（結合）」のことを「фтоцынаскотъ（フトツィナスコト／一つに為すこと）」、「прибыль（増加）」のことを「таксенаркотъ（タクセナルコト／沢山になること）」、「торжество（祝典）」のことを「уешкакотъ（ウイェシカコト／嬉しかこと）」といった具合である。また、2位の「フト／人」の場合も同様で、ある動作をする人物のことを、その職種や身分ではなく、「～する人」と訳す傾向が

ある。例えば、「воинъ（戦士）」は「иксасурфто（イクサスルフト／戦する人）」、「пѣснопѣвецъ（歌手）」は「утаутавфто（ウタウタウフト／歌うたう人）」、「предвозвѣстник（予言者）」は「сакїюфто（サキユフト／先に言う人）」と訳されている。もっとも「екакь（イェカキ／絵描き）」「комѣуй（コメウイ／米売り）」などの例も見られるが、「～する人」型に比べれば少ない。そして、これらの「コト／事」「フト／人」の前で頻繁に使用されているのが「ナス／為す」「ナル／成る」「スル／為る」などの動詞なのである。つまり、上位5語には、ゴンザの訳し方の特徴がよく反映されているということであり、これは、本資料のロシア語見出しの問題とは別の、本資料の日本語訳部分の語彙の一つの特徴として捉えることができよう。このことは、10位の「モノ・モン／物（者）」についても言える。この語も「コト／事」「フト／人」と同様の理由によって高頻度となった語である。

　また、9位の「クツィ・クツカ／きつい・きつか」、14位の「サキ／先」、16位の「フトツ／一つ」などが多いのは、ゴンザの訳し方の特徴とロシア語の見出し語形とが反映された結果と言える。「クツィ・クツカ／きつい・きつか」は日本語訳の中で、「кцуука（クツウカ／きつく多か）」のように「кцу（クツ／きつく）～」という形で用いられることが多いが、この形で訳した見出し語の中には、「прекрасныи（非常に赤い）」「преукращаю（すっかり鎮める）」「презреваю（熟しすぎる）」など、「пре」で始まる語が85語もある。この「пре」は過度の動作や、程度の甚だしさを表す接頭辞である。すなわち、ゴンザは、この「пре」が語頭について、様々な過度の意味を持つようになったロシア語の見出し語に対して、「超」や「過」などの漢語造語成文を用いることなく、或いは「～すぎる」や「すっかり」や「たいへん」等を用いて訳し分けるのでもなく、ほとんどの場合、「きつく」一語を用いて、逐語訳的に訳そうとしたようである。よって、「クツィ・クツカ／きつい」の使用頻度の高さには、ロシア語見出しに「пре」という接頭辞を持つ語が多かったということと、ロシア語見出しの語構成[8]に着目して、構成部分ごとに訳そうとしたゴンザの訳し方の特徴が反映されていると言える。「サキ／先」「フトツ／一つ」もこれと同様のことが言える。前者は接頭辞

220　第Ⅳ部　語彙

「пред（事前に、前の）」、後者は接頭辞「со（共同、一致）」の影響が考えられる。

　これら以外には「ユ／言う」「オル／居る」「ミル／見る」「トル／取る」「シル／知る」「ヤル／遣る」「オム／思う」「ツクル／作る」など、人間の基本的な動作を表す動詞や、「ワルィ・ワルカ／悪い」「イェ・ヨカ／良い」「ネ・ナカ／無い」「ファイェ・ファヤカ／早い」「フチェ・フトカ／太い」「ウカ／多か」「コマカ／細か」など物事の基本的な状態・性質を表す形容詞が目に付く。これらは、現在、報告がなされている各種資料の語彙調査から得られる基幹語彙とほぼ一致するものである。

　これら高頻度語の中に、29 位の「フォドケ／仏」や 34 位の「タマシ／魂」など、日本語の中で基本的な語とは言えないものも僅かに含まれてはいるが、「フォドケ／仏」は、ロシア語見出しの「бог（神）」に当てられた語であり、ロシア語見出しの中に宗教関係の語が多かったために、必然的に度数が高くなった語である。また、「タマシ／魂」の場合は、ロシア語見出しの中の、「душа（霊魂）」「разум（分別）」「мысль（思想）」「остроумие（機知）」を成分として持つ語に、幅広く用いられているため、度数が高くなったのである。本資料における語彙の中の特徴的な語の一つと言えよう。

　概して言えば、本資料で、多数、使用されているのは基本的な語である。このことは、対訳辞書でありながらも、日本語訳の部分が一語ではなく、説明形式になっているものが多いことによる当然の結果であろう。また、この基本的な語の多さは、ゴンザの日本語訳に、かなりの重複が見られることとも無関係ではあるまい。各ロシア語見出しの細かい意味を無視して同じ訳で対応させている場合が多いため、細かい意味をも包括できる語は、類義語群の中の上位語となり、必然的に日本語の基幹部を為す語となるわけである。

4．使用語の種類

　本資料の日本語訳には、基本的な語の多用が目立つことが明らかとなってきたが、それでは、比較的、高級語彙とされる漢語・外来語は、本資料の中

で、どのくらい使用されているのであろうか。本資料の日本語訳に使用されている和語・漢語・外来語等の度数と、全語 2,835 語（延べ 17,357 語）の中でのそれらの比率を示したものが次の〈表2〉である。

〈表2〉 語種別の度数と比率

	異語数	異語率(%)	延語数	延語率(%)
和語	2247	79. 26	15478	89. 17
漢語	331	11. 68	1276	7. 35
外来語	8	0. 28	14	0. 08
露語	25	0. 88	31	0. 18
和語＋漢語	181	6. 38	479	2. 76
和語＋外来語	3	0. 11	3	0. 02
和語＋露語	1	0. 04	1	0. 01
漢語＋露語	12	0. 42	13	0. 07
不明	27	0. 95	62	0. 36
計	2835	100. 00	17357	100. 00

　表からわかるように、本資料の日本語訳の部分は、和語が、異なり語数で約 80％、延べ語数では約 90％を占めていることがわかる。これは、やはり、本資料が主に基本的な語で構成されていることを物語るものであろう。因みに、『日葡辞書』の載録語での和語の比率は約 50〜60％と推定されている[9]。『日葡辞書』の場合、日本語が見出し語であるのに対して、本資料の日本語は訳語であるという点に違いがあり、また、その訳も説明形式の句になっているものがあるため、本資料の延べ語数での単純な比較は許されまいが、異なり語数での比率との比較からは、本資料の日本語訳部分に見られる和語の多さが伺えるのではなかろうか。

　但し、この結果から本資料において漢語の出現が少ないと判断するのは早計であろう。漢語は単純語だけではそれほどの割合を占めないが、複合語として和語などと合成して出現することも多いので、それらを含めると、一定の割合で出現するからである。漢語については、次章で詳述することにする。

222　第Ⅳ部　語彙

　これら以外に、本資料には外来語もある。これは、ロシア語「стекло（ガラス）」に対する訳「бидоро（ビドロ／ビードロ）」や、ロシア語「пуговица（釦）」に対する訳「ботанъ（ボタン／釦）」など、主にポルトガル語から薩隅方言に伝わってきていた語である。

　また、表中の［露語］とは、ゴンザが、日本語に翻訳せず、原語のままで記したものである。ロシア語「Италїя（イタリヤ）」に対する訳「їталчьюкунь（イタルチユクニ／イタリヤという国）」の「イタル」の部分や、ロシア語「Iдⱉлъ（偶像）」に対する訳「їдⱉлчь（イドルチ／偶像と）」の「イドル」の部分などである。そして、これらの原語に和語または漢語を付けて訳したものが表中の［和語＋露語］［漢語＋露語］に該当する。例えば、ロシア語「тартарка（タタール人女性）」に対する訳「татаръонаго（タタルオナゴ／タタール女）」や、ロシア語「Iталїанецъ（イタリヤ人）」に対する訳「їталжинъ（イタルジン／イタリア人）」などである。これらは、ゴンザがロシアで、本資料作成中に応用して作った造語であろう。

　表中の「不明」とは、ロシア語「борщъ（ボルシチ）」に対する訳「шей（シェイ）」や、ロシア語「гатю（束柴を敷いて通路にする）」に対する訳「чирмоцъ（チルモツ）」など、語形を確定できなかったものである。

5．おわりに

　本章で、『新スラヴ日本語辞典』の語彙について述べたことを、大まかに整理しておく。

　［1］日本語訳に使用されている単語の数は、異なり語数2,835、延べ語数17,357である。

　［2］日本語訳に多数使用されている単語は、「コト（事）」「フト（人）」「ナス（為す）」「ナル（成る）」「スル（為ル）」「ユ（言う）」「ワルィ・ワルカ（悪い）」など、基本的な語である。

　［3］日本語訳に使用されている単語は、その約80％（延べ語数では約90％）が和語であり、単独で用いられている漢語・外来語等は比較的少

ない。

　以上、『新スラヴ日本語辞典』の語彙を総体的に捉えてみたが、個々の単語、特に使用頻度の高い語の中には、それらがどれほどの意味範囲を担っていたのか興味深いものも多い。このことは、対応する全てのロシア語見出しが持つ意味を考察することによって明らかになるものと思われるが、それは、今後の課題としたい。

注

1)　村山七郎（1985）によって、本資料で使用されている単語の中身については容易に知ることができる。また個々の単語については、先行研究において、随時触れられてきたが、特に上村忠昌（1995、1997、2006）、崎村弘文（1999）、田頭壽雄（1998）、田尻英三（1989）等に詳しくまとめてある。

2)　田島毓堂（1992、1999）で提唱されている語彙元素論と語彙総体論のうち、本章は後者を目指すものであり、また、それが担うべき二つの側面、すなわち、意的側面の分析と数量的側面の分析のうち、特に後者に重点を置くものである。

3)　本資料特有の紛らわしい語については、各語を現代標準語形に改めた上で、便宜的に『新潮国語辞典』を一つの基準として判断することにする。国立国語研究所（1987）の「1語1語についてきめる手間をはぶき、外部の人にも基準がわかるようにするためには、すでにある辞典等を利用することがのぞましい。それで『新潮国語辞典』にしたがうことにした」に倣ったものである。

4)　1966年に、国立国語研究所の語彙調査研究会単位小委員会が考案した「調査単位案」。本書では国立国語研究所（1987）に掲載されたものを参照した。また、同著において新たに追加された「注記」と、後掲の「語彙表」も、本書での単位認定の参考にした。なお、同著に倣って、本書でも付属語は調査単位に含めないことにする。

5)　国立国語研究所（1987）を参照されたい。

6)　本資料の日本語訳は、すべてキリル文字表記であるが、本章でも、「キリル文字表記（カタカナ転写／漢字仮名交じり表記）」、または「カタカナ転写／漢字仮名交じり表記」の形式で示すことにする。但し、カタカナ転写では、母音の無声化は無視した。母音の無声化は重要な言語事象であるが、本章で扱う語彙とは別の次元の問題だからである。また、ロシア語見出しは、「ロシア語

224 第Ⅳ部 語彙

（意味)」の形式で示すことにする。

7) 上村忠昌（1997）では、ゴンザ訳『世界図絵』において、本文訳と単語欄の語釈に用いられている日本語が同意の別語になっている場合があり、そのような場合、本文訳の単語の方が一般性のある適訳になっていることから、「ゴンザに標準語意識があったことが分かる」と指摘されている。

8) ロシア語の単語の語構成については第Ⅲ部第3章の注15を参照されたい。

9) 森田武（1993）第Ⅵ章参照。

引用文献

上村忠昌（1995）「漂流青年ゴンザの鹿児島方言」（『鹿児島工業高等専門学校研究報告』30)

上村忠昌（1997）「ゴンザの鹿児島方言への訳し方—オルビス・ピクトゥス（世界図絵）の場合— 」（『鹿児島工業高等専門学校研究報告』32)

上村忠昌（2006）『漂流青年ゴンザの著作と言語に関する総合的研究』（私家版)

国立国語研究所（1987）『国立国語研究所報告89 雑誌用語の変遷』（秀英出版)

崎村弘文（1999）「ゴンザの語彙をめぐって」（『ゴンザファンクラブ会報』34)

田頭壽雄（1998）『漂流民・ゴンザ』（春苑堂出版)

田島毓堂（1992）「語彙論の課題—集団的規範と個別的実現—」（『名古屋大学国語国文学』71)

田島毓堂（1999）『比較語彙研究序説』（笠間書院)

田尻英三（1989）「ゴンザの翻訳方法」（奥村三雄教授退官記念論文集刊行会編『奥村三雄教授退官記念 国語学論叢』桜楓社)

村山七郎（1985）『新スラヴ・日本語辞典 日本版』（ナウカ)

森田　武（1993）『日葡辞書提要』（精文堂)

第3章 『新スラヴ日本語辞典』における 漢語語彙

1. はじめに

　ある言語の特性について考察するとき、その対象とする言語が、文章語であるのか口頭語であるのかを区別しなければならないことは言うまでもない。その他の位相についても同様である。したがって、日本語における漢語の特性を明らかにしようとする場合にも、そのような当然の考慮をする必要がある。

　そのように考えると、漢語の文章語としての実態は、漢語流入期から現在に至るまで、多くの文献資料によって知ることができるが、口頭語については、まだ不明な点が多いことに気付かされる。

　近代になって、新しい文物の流入に伴って生まれた漢語が、その文物の庶民生活への浸透とともに口頭語にも普及していったことは想像に難くないが、実は、それ以前の近世期において、漢語は既に口頭語の中に定着し始めている。これは、早く山田孝雄（1940）に指摘があり、佐藤茂（1972）等[1]が実証的に明らかにしているところである。したがって、口頭語に漢語が定着し始めた時期については、個々の語によって差はあるにしても、概略的には近世期であったと判断して問題ないと思われる。しかし、さらに興味の幅を広げてみると不明な点も多い。その近世期に定着し始める口頭語としての漢語は、一部の知識人や中央の人の間でだけでなく、日本中の庶民の間にも浸透していたのであろうか。また、その時期に、全国の庶民の間で漢語が定着し始めたとしても、全語彙の中におけるその割合はどのくらいであったのか、そして、どのような分野の語から定着し始めたのであろうか。

　本章では、このような問題意識のもと、『新スラヴ日本語辞典』の漢語語彙を数量的に調査することにする。口頭語における漢語については、その資

226　第Ⅳ部　語彙

料の絶対的な不足により、不明な部分が多いが、18世紀の薩隅方言を反映していると考えられる本資料の考察により、その一端を垣間見ることができるのではないかと考える。

2．資料の特性について

『新スラヴ日本語辞典』に記されている語彙は、当時の口頭語としての薩隅方言がかなり忠実に反映されていると考えられる。前述のような目的を果たそうとする場合、この薩摩の口頭言語が資料として大量に残されていることの意味は大きい。

　漢語の場合、その定着が著しい現代においてならともかく、当時においては、各地での自発的な新語・造語の誕生は考えにくく、その使用は中央からの伝播によるものであった可能性が高い。薩摩という辺境の地において、ある漢語が使用されていたとすれば、その語は、方言周圏論の考え方に従って、日本全国の広範囲の地域で使用されていたと想像することもそれほど無理な推測ではないのではあるまいか。また、水主という一庶民であり、薩摩出港時の年齢が11歳であったことから判断しても、ゴンザが、特に漢学に縁が深かったとは考えにくく、もし、彼の使用語彙に漢語が用いられているとすれば、その語は、かなり多くの日本語話者に普及、定着していたと考えても差し支えないのではなかろうか。

3．数量的特性

　本資料は、ロシア語と日本語の対訳形式で構成されているが、そこに記されている日本語の数は、異なり語数2,835、延べ語数17,357である[2]。そして、その中に漢語は、異なり語数で524語、延べ語数で1,768語含まれている。それぞれの全体に占める割合は、異なり語数で約18.5%、延べ語数で約10.2%である。ここには、「用心する」「番する」のような「漢語＋和語」のものや、「イェヴレジン（ユダヤ人）」のような「ロシア語＋漢語」の

ものも含めてある[3]。

　全体の約 18.5%（異なり語数）という漢語の割合は、それ以外のほとんど
を占める和語のそれと比較すると、かなり少ないと言えよう。しかし、現代
語における漢語の割合と比較した場合にはどうであろうか。ゴンザの年齢も
考慮に入れた判断が必要であろう。

　中野洋（1987）には、1982～1984 年に実施した話し言葉の語彙調査で、東
京山の手の小学 1 年生の漢語使用率（異なり語数）が 17.4%（混種語を含め
ても 19.0%）、主婦の漢語使用率（異なり語数）が 19.5%（混種語を含めても
22.8%）という結果が得られたとの報告がある。調査方法の違いがあるにせ
よ、ゴンザの口頭語における漢語の割合は、この現代語の調査結果と比べて
もそれほど少ないとは言えないようである。

　これらの数値から判断すると、近世期の口頭語における漢語の定着という
現象は、薩摩の庶民の間でも見られつつあるものだと考えてよいのではなか
ろうか。

4．意味的特性

　次に、本資料の漢語の意味分野としての特性について考察する。そうする
ことによって、近世中期における薩摩の庶民の口頭語では、主にどのような
分野において漢語が定着していたのかを知ることができると考える。

4．1．調査の方法
4．1．1．意味分野別構造分析法
　本資料における漢語語彙の意味的特性を知るために、ここでは、意味分野
別構造分析法を用いることにする。意味分野別構造分析法とは、「意味をカ
テゴリー化した上で、そこに語を当てはめ、その個々の語にコードを与え、
それによって語彙を分析する方法[4]」である。

　まずは、本資料の全ての単語にコードを付し、そこから、漢語語彙を取り
出し、その意味分野を考察することにする。

228　第Ⅳ部　語彙

4.1.2. コード付け

コードは、原則として『分類語彙表[5)]』の分類番号を用いる。ただ、本資料に記載されている語彙は、薩隅方言であるため、主に標準的な現代語を採用している『分類語彙表』とは、その語形が一致しない場合が多い。そこで、本章の調査では、次のような対応をとった。

(1) 本資料で使用されている漢語が、『分類語彙表』の中にあれば、原則として、その分類番号に従ってコード付けを行う。

(2) 本資料で使用されている漢語が、『分類語彙表』の中になければ、対応するロシア語見出しの意味に相当する単語を、『分類語彙表』から探し出し、その単語の分類番号をコードとする。例えば、「ザッショ」という単語の場合、『分類語彙表』には見られないため、その「ザッショ」に対応するロシア語見出し「подарокъ」の意味である「贈り物」の分類番号、すなわち「1.3770」を「ザッショ」のコードとする。

(3) 但し、上記 (2) の場合においても、訳者ゴンザの意図はなるべく重視する。例えば、「ミツクルマ」という単語の場合、それに相当する単語は『分類語彙表』に存在しないため、ロシア語見出しの「мельница」を頼ることになり、原則通りならば、このロシア語の意味「製粉所」の分類番号を付すことになる。しかし、この場合、ゴンザが「製粉所」に付設する「水車」を表現しようとしていたことは明らかなので、ここでは、ゴンザの翻訳意図を重視して、「製粉所」ではなく、「水車」の分類番号「1.4630」を与えることにする。もちろん、語種としては、語形が「スイシャ」ではなく、「ミツクルマ（ミズクルマ）」であるため、「和語」として扱うことになる。

(4) 『分類語彙表』に適切な分類番号が存在しない場合（「2.2」など）は、意味の対応を重視し、適宜、コード（分類番号）を補うことにする。

4.1.3. 『新スラヴ日本語辞典』と意味分野別構造分析法

意味分野別構造分析法は、文学作品などの個別語彙に対して、それがどのような意味分野の語から構成されているのかを知るための手段として有効である。どの意味分野の語が、多く、繰り返し、使用されているかを知ること

により、その個別語彙の特徴を知ることができる。

　本資料の場合も、この分析法を用いて考察することにより、どのような意味分野の語から全体が構成されているかを知ることができる。しかし、ロシア語と日本語の対訳形式で編まれている本資料の、日本語の部分に意味構造分析を施しても、それはロシア語見出しの分析を行っていることとほぼ同義であり、けっして18世紀の薩隅方言語彙の分析を行うことにはならない。そもそも、本資料は辞典であるため、意図的に見出し語が選定されていることは言うまでもなく、そのような資料の意味構造を分析しても、言語の普遍的な意味世界の構造を知るための参考になることはあるかもしれないが、18世紀の薩隅方言の分析にはあまり有益でない。

　このような事情により、本書では、意味分野別構造分析法を、従来のものとは異なる方法で用いることにする。例えば、各分野ごとの層の厚み、すなわち延べ語数は、本資料における漢語語彙の意味的特性を知るためには、扱わない。あくまでも、どのような意味分野で多くの漢語が出現しやすいのかということについて考察するため、異なり語数のみの分析を行うことにする。

4．1．4．漢語の出現しやすい意味分野を判定するための手法

　本資料における漢語語彙は、どのような意味分野に属する語が多いのかを探るために、本章では、具体的に次のような手法をとった。

（1）本資料に出現する全ての語に、コードを付ける。

（2）全ての語を、コードに従って、意味分野ごとに分類し、その数を勘定する（次節で示す〈表1〉では、「全体」という項目で表示）。

（3）全体の異なり語数2,835に対する、各意味分野ごとの語彙（異なり語数）の比率を算出する。これを、「意味分野別占有率」（〈表1〉では、単に「占有率」とする）としておく。

（4）本資料に出現する全ての語を、語種別に分類し、そこから全ての漢語を抽出する。

（5）全ての漢語の異なり語数524と「意味分野別占有率」から、それぞれの意味分野ごとに出現が期待される漢語の数値を算出する。これを「意味分野別漢語出現期待値」（〈表1〉では「期待値」とし、整数化して示す）

230　第Ⅳ部　語彙

としておく。

(6)　全ての漢語を、コードにより意味分野ごとに分け、その数を勘定する。
　　　これを「意味分野別漢語異なり語数」（〈表1〉では、「漢語数」とする）
　　　としておく。

(7)　「意味分野別漢語出現期待値」と「意味分野別漢語異なり語数」より、
　　　「漢語出現率」（〈表1〉では、「出現率」とする）を算出する。

(8)　「意味分野別漢語異なり語数」「漢語出現率」ともに数値の高い分野を、
　　　漢語の出現しやすい分野と判定する。

4.2.　調査結果

4.2.1.　4つの類と5つの部門による分類

　『分類語彙表』では、整数により、4つの類、すなわち、「1.　名詞の仲間
（体の類）」「2.　動詞の仲間（用の類）」「3.　形容詞の仲間（相の類）」「4.　その
他」が分類され、さらに、小数点第一位により、5つの部門、「抽象的関係
（人間や自然のあり方のわく組み）」「人間活動の主体」「人間活動－精神および
行為」「人間活動の生産物－結果および用具」「自然－自然物および自然現
象」が区別される。

　本資料における全ての漢語を、それぞれの類、部門ごとに分類し、前節で
述べた手法によって得られた各数値を一覧にして示すと次の〈表1〉のよう
になる（表中の項目名は前節参照）。

　まず、4つの類に注目すると、「1.　名詞の仲間（体の類）」における、漢語
の圧倒的な多さに気付く。全漢語524語のうち、436語（約83.2%）を占め
ている。資料全体の語で見ても、2,835語のうち、約58.77%の1666語がこ
の類に属するため、この名詞の多さは、本資料全体の一つの特徴でもあるが、
それでもその割合を、漢語の場合はさらに大きく上回っている。そのことは
「出現率」の141.56%が物語っている。これは、冒頭で述べたように、漢語
の流入そして全国への普及が、文物の伝播とともに行われたであろうことを
考え合わせれば、納得のいくものであろう。また、山田孝雄（1940）の次の
指摘が思い出される。

〈表1〉 漢語出現率（4つの類と5つの部門による分類）

類	部門	コード	全体	占有率(%)	期待値	漢語数	出現率(%)
体	抽象的関係	1.1	320	11.29	59	106	179.66
体	人間活動の主体	1.2	311	10.97	57	120	210.53
体	人間活動-精神および行為	1.3	160	5.64	30	64	213.33
体	人間活動の生産物	1.4	386	13.62	71	97	136.62
体	自然-自然物および自然現象	1.5	489	17.25	90	49	54.44
体	1　合計		1666	58.77	308	436	141.56
用	抽象的関係	2.1	424	14.96	78	3	3.85
用	人間活動の主体	2.2	22	0.78	4	9	225.00
用	人間活動-精神および行為	2.3	432	15.24	80	46	57.50
用	人間活動の生産物	2.4	13	0.46	2	1	50.00
用	自然-自然物および自然現象	2.5	126	4.44	23	3	13.04
用	2　合計		1017	35.87	188	62	32.98
相	抽象的関係	3.1	74	2.61	14	7	50.00
相	人間活動の主体	3.2	0	0.00	0	0	0.00
相	人間活動-精神および行為	3.3	47	1.66	9	17	188.89
相	人間活動の生産物	3.4	0	0.00	0	0	0.00
相	自然-自然物および自然現象	3.5	24	0.85	4	2	50.00
相	3　合計		145	5.11	27	26	96.30
他	接続・感動など	4	7	0.25	1	0	0.00
他	4　合計		7	0.25	1	0	0.00
	合計		2835	100.00	524	524	100.00

　わが国民性は守るべき所につきては厳粛に之を固く守るものなるが、その他の点については頗る寛大にして、場合によりては殆ど統制無きかの如くに見ゆる場合あり。この寛大さは現在の外来語の待遇に対しても見る所にして古来漢語に対してのことは既に述べたる所にて明かなる所なり。されど、今念の為にその大綱をあぐれば名詞の如きは殆ど無制限に之を採用し、それらの為に先に例をあげたる如く、日常の談話などに

232　第Ⅳ部　語彙

は観念語は殆どすべて漢語のみといふ如き極端なるさまに至れるあり。

（旧字体は新字体に改めた）

　本資料でも、他と比べて、名詞（体の類）に多くの漢語が集中していることが裏付けられた。

　「2.　動詞の仲間（用の類）」は、他の類に比べて、極端に漢語の割合が小さい。全漢語 524 語のうちの 62 語は、漢語全体の約 12％に過ぎない。資料全体としては、全ての異なり語数 2,835 のうちの約 35.87％に当たる 1,017 語がこの意味分野に属していることを考えると、やはりこの類における漢語の少なさは、出現率 32.98％にも現れているように特徴的である。これも他の語彙調査の結果と合致するものであろう。ただ、それでも、本資料の場合は、他の資料の場合と比べて、この類は多い方かもしれない。というのは、本来、『分類語彙表』には、分類番号（コード）が設定されていない「2.2 人間活動の主体」「2.4 人間活動の生産物」に属する動詞が、本資料には存在するからである。本来、サ変動詞は、動作性名詞からしか作られないので、『分類語彙表』にこれらの分野が設けられていないのは当然なのであるが、本資料の場合、「イシャスル（医者する）」「デクスル（大工する）」「サイェンスル（菜園する）」等のサ変動詞が見られる。現代の、いわゆる若者言葉にも似た興味深い特徴である。

　「3.　形容詞の仲間（相の類）」は、全漢語 524 語のうち、26 語（約 5％）に過ぎないが、全ての異なり語数においても、約 5.11％に当たる 145 語しか存在しないので、漢語の出現率が特別に低いというわけではない。本資料では、「ディク（利口）」「ジユ（自由）」のような形容動詞に加えて、「ムゾカ（無慙か）」「シンドカ（辛労か）」等の、九州方言特有のカ語尾形容詞によって、漢語がある程度の割合を保って存在していると言えよう。

4.2.2.　中項目による分類

　「1.　名詞の仲間（体の類）」に、漢語が最も出現しやすいことは前述した通りであるが、〈表 1〉を見ると、その中でも、「1.1 抽象的関係」「1.2 人間活動の主体」「1.3 人間活動－精神および行為」が、特に漢語の出現しやすい分野であることがわかる。そこで、さらにこの 3 分野の詳細を見てみるこ

第 3 章 『新スラヴ日本語辞典』における漢語語彙　　233

とにする。〈表 2〉〈表 3〉〈表 4〉は、「1.1 抽象的関係」「1.2 人間活動の主体」「1.3 人間活動 − 精神および行為」に属する語を、それぞれ中項目によって、さらに細かく分類したものである。［全体］の数値は、資料全体中に見られる、その意味分野に属する語の数を示し、その数が全異なり語数に対して占める割合を［占有率］として表した。また、［期待値］は、全異なり語数に対して期待される漢語の数である。［出現率］は、その［期待値］に対する［漢語数］の割合である[6]。

〈表 2〉「1.1 抽象的関係」の漢語出現率（中項目による分類）

	中項目	コード	全体	占有率(%)	期待値	漢語数	出現率(%)
抽象的関係	事柄	1.10	8	0.3	1.5	1	67.6
	類	1.11	10	0.4	1.8	2	108.2
	存在	1.12	1	0.0	0.2	0	0.0
	様相	1.13	6	0.2	1.1	2	180.3
	力	1.14	3	0.1	0.6	1	180.3
	作用	1.15	30	1.1	5.5	1	18.0
	時間	1.16	46	1.6	8.5	13	152.8
	空間	1.17	61	2.2	11.3	9	79.8
	形	1.18	26	0.9	4.8	4	83.2
	量	1.19	129	4.6	23.9	73	306.1
1.1	計		320	11.3	59.2	106	179.2

　〈表 2〉を見ると、「1.1 抽象的関係」の中でも、「漢語数」「出現率」がともに高いのは、「1.16 時間」、「1.19 量」であることがわかる。前者には、「メニチ（毎日）」「イチネン（一年）」「イチデ（一代）」「タンジョニチ（誕生日）」「バン（晩）」等が、後者には、「ファンブン（半分）」「カテッポ（片一方）」「ゴファク（500）」「ショグァツ（正月）」「サンベ（三倍）」等の語が含まれる。特に、「1.19 量」は 73 語と突出しており、漢語全体 524 語の 1 割強をこの意味分野が占めていることになる。全体的に見ても、最も漢語の出現しやすい意味分野と言えよう。

また、この両分野に共通している特徴が、数詞を含む語の多さである。これも山田孝雄（1940）が、「名詞」「数詞」「状態の副詞」の3種を指して、「漢語が汎濫せり」と指摘していたことと合致する。やはり、18世紀前期の薩隅方言において、漢語数詞が庶民の口頭語にも定着していたことを物語るものであろう。

〈表3〉「1.2 人間活動の主体」の漢語出現率（中項目による分類）

	中項目	コード	全体	占有率(%)	期待値	漢語数	出現率(%)
人間活動の主体	人間	1.20	35	1.2	6.5	10	154.5
	家族	1.21	48	1.7	8.9	14	157.7
	仲間	1.22	7	0.2	1.3	5	386.3
	人物	1.23	70	2.5	12.9	34	262.7
	成員	1.24	100	3.5	18.2	42	227.2
	公私	1.25	28	1.0	5.2	4	77.3
	社会	1.26	20	0.7	3.7	10	270.4
	機関	1.27	3	0.1	0.6	1	180.3
	1.2 計		311	11.0	57.5	120	208.7

〈表3〉を見ると、特に、「1.23 人物」「1.24 成員」の数値が高いことがわかる。前者には、「オ（王）」「フィンジャ（貧者）」「デキレキ（歴々）」「ジョズ（上手）」「ガクシャ（学者）」等が含まれ、後者には、「オショ（和尚）」「ブギョ（奉行）」「フャクショ（百姓）」「セクニン（細工人）」「フィッシャ（筆者）」等が含まれる。いずれも社会的身分を示す語に漢語が多く用いられているようである。近世期における社会体制と漢語の関連を考える上で興味深い。

〈表4〉からは、特に突出して漢語が多く用いられている意味分野がないことが伺える。強いて挙げるならば、「1.30 心」「1.36 待遇」「1.37 経済」であろうか。「1.30 心」には、「ショジン（精進）」「ガッチェン（合点）」「ファット（法度）」、「1.36 待遇」には、「イェントゥ（遠島）」「インギン（慇懃）」「ワヤク（枉惑）」、そして、「1.37 経済」には、「ダチン（駄賃）」

「ヂ（利）」「シャッギン（借銀）」等が含まれる。いずれにしても各分野の漢語数が少ないため、目立った傾向は認めにくい。ここに含まれる各意味分野が、少しずつ期待値を上回り、全体で高い出現率になったようである。

〈表4〉「1.3人間活動」の漢語出現率（中項目による分類）

	中項目	コード	全体	占有率(%)	期待値	漢語数	出現率(%)
	心	1.30	45	1.6	8.3	19	228.4
	言語	1.31	29	1.0	5.4	7	130.5
	芸術	1.32	7	0.2	1.3	2	154.5
人間活動	生活	1.33	22	0.8	4.1	7	172.1
	行為	1.34	8	0.3	1.5	2	135.2
	交わり	1.35	13	0.5	2.4	3	124.8
	待遇	1.36	14	0.5	2.6	9	347.7
	経済	1.37	14	0.5	2.6	10	386.3
	事業	1.38	8	0.3	1.5	5	338.0
	1.3　計		160	5.6	29.6	64	216.3

4.2.3. 漢語の出現しにくい意味分野

　最後に、これまでとは視点を変えて、出現率の低い意味分野について考えてみる。ここでも再び、〈表1〉に注目する。

　まず、「2. 動詞の仲間（用の類）」の出現率が低いのは、前述した通りである。特に、「2.1 抽象的関係」は、本資料の全ての語を対象にした場合には、異なり語数で424語（約14.96%）存在するにも関わらず、漢語に絞ると、わずか3語のみとなる。とりわけ、少ないと言えよう。ここには、和語の「アル（有る）」「ナル（成る）」「イク（行く）」など、基本的な語が属しており、近世中期において、既に漢語の入り込む余地がなかったということであろう。また、各類を横断的に見た場合、「1.5」「2.5」「3.5」すなわち「自然−自然物および自然現象」の分野に共通して、漢語が少ないことに気付く。これも、和語では、「チェ（手）」「メ（目）」「フィ（火）」、「ヤク（焼く）」「ウム（生む）」「シヌル（死ぬる）」、「アカカ（明か）」「シトカ（白か）」「ツ

236 　第Ⅳ部　語彙

イェ・ツィヨカ（強い・強か）」などの基本的な語が属する分野であり、既に
漢語が入り込む余地がなかったと考えられる。もっとも、近代になって、多
くの自然科学に関する文物が西洋から流入し、それに応じて新漢語が作られ
ることにより、この分野の構成は一変するのであろうが、近世中期において
は、まだ和語がその大部分を占めていたということであろう。

5．おわりに

　本章では、18 世紀の薩隅方言において、口頭語の中に漢語が定着しつつ
あったことを述べた。そして、その定着は、特に名詞において顕著であった
ことを明らかにした。また、その名詞の中での意味分野ごとの偏りについて、
次のような指摘をした。

　　[1]「抽象的関係」「人間活動の主体」「人間活動－精神および行為」にお
　　　　いて、多くの漢語が用いられている。
　　[2] 上記（1）の中でも、特に「量」「時間」「人物」「成員」の分野におい
　　　　て漢語の使用が顕著である。
　　[3]「自然－自然物および自然現象」の分野は、漢語が出現しにくい。

　他の意味分野も詳細に考察することにより、より特徴的な漢語使用の傾向
を明らかにすることができるであろう。

　そして、本資料の考察により得られた結論が、近世期における全国庶民の
口頭語の特徴と言えるかどうか、言えるとすれば、そのような特徴が生じた
要因は何か、反対に言えないとすれば、薩隅方言において上記のような特徴
が見られたのはなぜなのか、明らかにする必要があろう。

　また、本章は漢語語彙を総体として扱い、その数量的特徴について考察し
てきたが、個々の語についての分析も当然必要であろう。次章では、本資料
で使用されている漢語の中から、一つの語を採り上げて、その 18 世紀の薩
隅方言としての特性について考察することにする。

注

1) 佐藤茂（1972）は、本居宣長の『古今集遠鏡』に見られる漢語に注目し、いくつかの漢語が既に「口語の中に熟して使はれたといふべきではないか」としている。他にも鈴木丹士郎（1982）、佐藤亨（1986）、土屋信一（1987）等で言及されている。

2) 数量的特性については、前章で述べた通りである。そこでは、調査単位の問題について触れたが、本章でもそこでの基準に従う。すなわち、単位の長さについては、国立国語研究所の「調査単位案」にある「長い単位」を用い、単位の幅についても、なるべく国立国語研究所（1987）に倣うことにした。但し、方言による特性を考慮し、語形の多少の差異よりは、ゴンザが表現しようとしたであろう語形を重視することにした。詳細は、本書第Ⅳ部第2章を参照されたい。

3) ここには本書第Ⅳ部第2章の〈表2〉における［漢語］［和語＋漢語］［漢語＋露語］が含まれる。

4) 田島毓堂（2000）参照。

5) 本書では、増補改訂版である国立国語研究所（2004）を使用した。

6) 〈表2〉〈表3〉〈表4〉とも、全体の数が少ないので、［期待値］は整数化せず小数点第一位までを示した。なお、［出現率］は小数点第一位以下の数値も含めた値で算出しているため、表中の数値に基づいて算出した値とは異なる場合もある。また、最下部に示した［計］の数値も、各項目の数値の合計に一致するとは限らない。

引用文献

国立国語研究所（1987）『国立国語研究所報告89 雑誌用語の変遷』（秀英出版）

国立国語研究所（2004）『国立国語研究所資料集14 分類語彙表—増補改訂版—』（大日本図書）

佐藤　茂（1972）「口語と漢語」（『国語学研究』11）

佐藤　亨（1986）「近世の漢語の位相—『浮世風呂』を中心に—」（『日本語学』5-5）

鈴木丹士郎（1982）「近世語彙の概説」（佐藤喜代治編『講座日本語の語彙 第5巻 近世の語彙』明治書院）

田島毓堂（2000）「語彙研究法としての意味分野別構造分析法概説」（田島毓堂編『比較語彙研究の試み5』名古屋大学大学院国際開発研究科）

土屋信一（1987）「浮世風呂・浮世床の会話文の漢語使用率」（国語語彙史研究会編『国語語彙史の研究8』和泉書院）

238 　第Ⅳ部　語彙

中野　洋（1987）「話しことばの語種の調査」（水谷静夫教授還暦記念会編『計量
　　　　国語学と日本語処理—理論と応用—』秋山書店）
山田孝雄（1940）『國語の中に於ける漢語の研究』（宝文館出版）

第4章 『新スラヴ日本語辞典』における
「自由」の語義

1. はじめに

　今日、「自由」という語は、さまざまな場面で肯定的に用いられることが多い。「信教の自由」「表現の自由」「職業選択の自由」「自由行動」「自由主義」「自由になる」「自由に操る」など。これらの「自由」は、他からの強制や束縛を受けずに自己表現ができる状態を表している。

　ところが、「自由」のこのような意味は、日本語の歴史において、一定の意味で用いられてきたわけではない。福澤諭吉は、『西洋事情』の中で、欧羅巴政学家が挙げる文明政治六ヶ条の要訣第一条を「自主任意」としたが、その補注で「本文、自主任意、自由の字は、我儘放蕩にて国法をも恐れずとの義に非らず。総てその国に居り人と交て気兼ね遠慮なく自力丈け存分のことをなすべしとの趣意なり。英語に之を「フリードム」又は「リベルチ」と云う。未だ的当の訳字あらず。」とわざわざ補足している。「自由」に「我儘放蕩にて国法をも恐れずとの義」があったことを示唆する記述である。

　実は、近世以前の「自由」が否定的な語義を有していたことは、多くの先行研究によって既に実証されている。また、その古代からの変遷についても、ほぼ明らかにされている。ただ、それらの歴史が日本語全体、すなわち各方言や各位相まで含めた歴史のどこまでを覆いうるのかという点についてはまだ課題が残されているというべきであろう。

　本章では、『新スラヴ日本語辞典』に出現する「自由」の用法を考察する。そうすることによって、18世紀の薩隅方言における「自由」の語義を明らかにし、さらに、日本語全体の中での「自由」の語史に、断片的ながらも地理的、位相的な広がりを加えることができると考える。前章でも述べたように、本資料が薩摩という地理的に最辺境の地の言葉を残しているということ、

240　第Ⅳ部　語彙

訳者のゴンザが水主という一庶民であり、薩摩出港時 11 歳の少年であったということは有意義である。そこに記された言語特徴が中央語や他方言と異なる場合は、その方言の当時の特殊性を示すことになり、また、その逆の場合であれば、その言語特性の当時における普遍的な広がりを示唆することになると考えられるからである。

2．中央語における「自由」の語史

　前述の通り、「自由」の語史については既に多くの先行研究が存在するので、まずはそれらを引用しつつ、筆者なりにその概略を押さえておきたい[1]。ここでは、肯定・否定に二分類してその変遷を通覧する。もっとも、一つの言葉が持つ意味を単純に肯定・否定に分けることには無理があるが、論が煩雑になることを恐れ、また先行研究との対応を明確にするため、便宜的にこの枠組みを設けて論を進めることにする。

2.1．否定的な「自由」

　「自由」の用例は古代から見られる。例えば、多くの先行研究が挙げている『日本書紀 巻第四』「神渟名川耳天皇 綏靖天皇」における、神渟名川耳尊の異母兄、手研耳命の人柄について述べた箇所である[2]。

　　　行年已長、久歴朝機。故亦委事而親之。然其王立操厝懷、本乖仁義。

　　　遂以諒闇之際、威福自由。苞蔵禍心、図害二弟。

　これは、先帝の神日本磐余彦天皇崩御に関連して述べられた部分なのであるが、その直前で神渟名川耳尊の人柄が、「孝性純深。悲慕無已。特留心於喪葬之事焉。」と記されているのと対照的である。つまり、手研耳命は、年齢と経験を買われて政治を任されていたが、情深い神渟名川耳尊とは対照的に、心根が仁義に背いており、諒闇すなわち先帝の服喪の間に、威力と幸福を「自由」にしたということである。ここでの「自由」は、神渟名川耳尊との対照という点からしても否定的な意味で用いられているのは明らかである。

　このように否定的な文脈で用いられている例は、平安初期の史書にも見ら

第4章 『新スラヴ日本語辞典』における「自由」の語義　241

れる。『続日本紀 巻第三十四』の光仁天皇（宝亀八年丙寅）の記述[3]と、『日本後紀 巻第二十』嵯峨天皇（弘仁元年九月己酉条）の記述[4]を挙げる。

　前者は、苦労の末、宝亀二年に中納言から内臣に昇格した藤原良継の威力について述べた箇所である。

　　宝亀二年。自中納言拝内臣。賜職封一千戸。専政得志。升降自由。

　権力を手にした良継が、専政を行い、官人の昇降を「自由」に行ったことが記されている。

　後者は、藤原朝臣縄主の妻である薬子が、平城天皇に尚侍として召された後の振る舞いについて述べた箇所である。

　　巧求愛媚。恩寵隆渥。所言之事。无不聴容。百司衆務。吐納自由。威福
　　之盛。熏灼四方。

　薬子が天皇の寵愛を受け、それをいいことに政務を「自由」に行ったことが記されている。

　総じて、古代の史書に見られる「自由」は、ある者が自分の意思通りに振る舞う様子を表している。そして、その「自由」な行為は、第三者からすると好ましくないと評価されるような行為である。

　否定的な文脈で用いられている例は、平安以降も多く、『平安遺文』や『鎌倉遺文[5]』には、「自由乱入」「自由之狼藉」「自由之濫妨」「任自由恣押領」「自由之濫行」「自由非法」「自由張行」「自由対捍」などの表現が数多く見られる。

　また、『徒然草』第百八十七段[6]にも、否定的な文脈で「自由」が用いられている。

　　　よろづの道の人、たとひ不堪なりといへども、堪能の非家の人に並ぶ
　　　時、かならず勝ることは、たゆみなく慎みて軽々しくせぬと、ひとへに
　　　自由なるとの、等しからぬ也。芸能、所作のみにあらず、大方の振舞、
　　　心づかひも、おろかにして慎めるは、得の本なり。巧みにしてほしき
　　　まゝなるは、失の本なり。

　ここでの「自由」は、前後の対句的表現から考えると、軽々しく、ほしきままなる振る舞いについて述べていると言えよう。そして、兼好法師が「失

の本なり」と結んでいるように、そこには否定的な意味が込められていることは明らかである。

このように平安以降も、「自由」が否定的な意味を含んでいることは間違いあるまい。ただ、古代の史書の例と異なるのは、「自由」な振る舞いの内容が決して私利私欲で政を行ったり、権威を振りかざして暴利を貪ったり、乱暴を働いたりといった積極的な悪行だけではなく、『徒然草』の例に見られるように、否定的であることには違いないが、単に常識的な振る舞いをしないという程度のものにも用いられているということである。『徒然草』には、第六十段にも「自由」の用例が見られるが、そこで、兼好法師は「自由」に振る舞う盛親僧都の振る舞いについて具体例を挙げて示しながらも、最終的には、「人に厭われず、よろづ許されけり。徳の至れりけるにこそ。」と結んでいる。ここでは、「自由」な振る舞いも許容範囲に収まる程度のものとなっている。社会的・道徳的な善悪とは関係なく、単に気ままに振る舞う様子に対しても用いられているのである。否定的な「自由」の用法が拡大しているということが言えるのではなかろうか。

2.2. 肯定的な「自由」

一方、まったく否定的な意味を伴わない用例が古代から見られるのも確かである。それらは、令や慣習などとも衝突せずに個人の意思に従って振る舞う様子を表現した例である。

例えば、『養老律令』第八「戸例」の二十九条[7]の用例である。この条文は、妻を棄てる際に由るべき優先順を述べた「先由条」である。

凡棄妻。先由祖父々母々。若無祖父々母々。夫得自由。

要するに、妻を棄てることに関して、まず祖父母や父母に従うべきであり、もし、祖父母や父母がいなければ、夫は自らの判断に由ってよいということである[8]。ここの「自由」に否定的な意味は見出せない。

そして、否定的でないどころか、肯定的に「自由」を用いている例も古くから見られる。『沙石集』『選択本願念仏集』『正法眼蔵[9]』や、『栂尾明恵上人遺訓』『永平元禅師語録[10]』などの仏教関係の書に表れる例がそれである。

第4章　『新スラヴ日本語辞典』における「自由」の語義　　243

ここでは、『栂尾明恵上人遺訓[11]』での用例を引用しておく。

　　我いふ所の徒者といふは、先身心を道の中に入れて、恣に睡眠せず、
　　引まゝに任て雑念をも起さず、自由なるに随て坐相をも乱らず。

ここでの「自由」に対して、『日本古典文学大系』（岩波書店）の補注は、
慈雲の『十善法語』の例とともに、「宗教的な意味での主体性の確立を意味
している」と解説している。また、小堀桂一郎（2004）も次のように述べて
いる。

　　この〈自由〉はその本来の相に於いて、他人から、世間から、又境遇
　　から、更には我心からさへ一切何らかの掣肘を受けることない状態を言
　　つてゐると見られるのだから、これは明らかに法秩序の中での我儘勝手
　　とは異なる、精神の次元での無拘束であり、意思の自由の謂である。

同じく、「自由」を肯定的に扱っているのがキリシタン資料である[12]。こ
こでは、『エソポのハブラス』の例（漢字仮名交じり転写）を挙げる[13]。商人
とシャントが奴隷としてエソポを売買する場面である。

　　所詮答話に興がる者ぢゃによって、少しの価に買ひ取って、その辺り
　　の関屋の前を通らるるに、異形不思議な姿を恥ぢて、関守がこれを怪し
　　むれば、商人もシャントも、二人ともに「わが従人ではない」と言はれ
　　たれば、その時、エソポ「我には主人がない。自由の身ぢゃ」と言うて
　　喜べば、恥をも顧みいで、シャントも商人も、「これはわが所従ぢゃ」
　　と言はれた。

文脈からして、ここでの「自由」の身は、「所従」と対する意味、すなわ
ち束縛から解放された身である。

また、『どちりいなきりしたん[14]』には次のような問答がある。

　　弟　げだつとは何事ぞや
　　師　じゆうの身となる事也
　　弟　なにたる人がじゆうに成るぞ
　　師　とらはれ人すでにやつこの身と成たる者がじゆうに成る也

ここでの「自由」は解脱にも相当する語として用いられている。

これらキリシタン資料での「自由」の用例を集め、分析した栗城順子

244　第Ⅳ部　語彙

（1972）は次のように述べる。

> キリシタン文学に於ける「自由」の語は、人間のあるべき姿、持つべき正当な心構えとしての意味内容を含んでおり、日本に於ける伝統的な、或は一般的な「自由」の語が、（宗教家の解脱・安心立命の意を除いては）人間関係や社会を乱す望ましくない、抑制すべき態度や心構えと見下す傾向のあったのと対照的である。

　これらの用例は、主体的な意思の確立を意味するような用法が、少なくとも宗教の世界では、日本でも古くから存在していたことを物語る。

　近世期の用法については、川口浩（2001）に詳しい。各種資料から「自由」の用例を検討し、「近世日本語の「自由」を専ら「我儘放盪」とのみ解する事は明らかに「誤解」である」とした上で、次のように述べる。

> 近世日本語の「自由」は滞りのない、平安な、あるいは無制約な様を形容する言葉、言い換えれば「自由」は一つの状態であり、それ以上でもそれ以下でもなく、それ自体としてはプラスでもマイナスでもないように思われるのである。言い方を換えれば、その「自由」と形容される状態が好ましいものか否かを判断しようとする場合には、その判断の尺度となる価値の基準は、「自由」それ自体にではなく、「自由」とは別個の何物かに求められる事になるのではないか、という事である。

　前節で、否定的な「自由」の用法は、時代が下るにつれ、緩和したものになっていることを述べたが、近世期になると、その傾向はより顕著で、むしろ肯定的と思われる用法が多数見られ始めたようである。

2.3.　翻訳語としての「自由」

　幕末、幕府通詞森山多吉郎が、蘭語 Vrijheid 、Freedom の訳語として「自由」を用いた[15]。その翻訳の妥当性については、これまで「自由」の語史を通覧してわかるように問題がないわけではない。冒頭で引用した福澤諭吉の言葉がそのことをよく表している。しかし、ともかくも他に適当な訳語が当てられぬまま「自由」が翻訳語として使用され続け、その肯定的な意味は、西洋文化の普及とともに定着し始めた。ヘボンの『和英語林集成』（1867）

では、その第3版（1886）で初めて「Jiyu、ジユウ、自由」に対する「Free-dom；liberty」という一単語の語釈が登場してくる。訳語としての「自由」の定着を逆に物語るものであるが、「自由」が明治期の早い時期に、それまでの否定的な意味を急激に弱め、肯定的な意味を強めていったことも反映されているようである。

3.『新スラヴ日本語辞典』の用例

　上記のような「自由」の歴史的変遷は、日本語全体のどこまでを含むのであろうか。『新スラヴ日本語辞典』の用例を通して、その広がりの一端を窺うことにする。

　本資料は、前述の通り、F. ポリカルポフの『スラヴ・ギリシア・ラテン三カ国語辞典』をもとに 11,580 語が選定され、その教会スラヴ語、ロシア語にゴンザが日本語訳を付けたものであるが、その日本語訳にも「自由」が用いられている。全部で 17 例見られるが[16]、ここでは、その訳語に「自由」が当てられているロシア語（含む教会スラヴ語。以下同じ）を通じて、ゴンザが用いた「自由」の意味を検討することにする。ここでも論の便宜上、肯定的意味と否定的意味に分けて見ていく。

3.1. 肯定的な意味を持つロシア語

　まず、肯定的な意味で用いられている例を挙げる。日本語訳は、実際にはキリル文字で記されているが、ここでも、便宜上、片仮名に転写して示すことにする。左から「ロシア語見出し（ロシア語見出しの意味）／ゴンザの日本語訳（日本語訳の漢字仮名交じり表記）」である。なお、列挙は、資料中での出現順による。

　（1）волю хощю（自由を欲する）／ジユフォシガル（自由欲しがる）

　（2）воля（意志、意欲、任意、自由）／ジユ（自由）

　（3）непроизволный（無意識の）／ジユニネト（自由にないと）

　（4）поводъ（好都合な時）／ジユナコト（自由なこと）

246　第Ⅳ部　語彙

(5)　порабощаю（奴隷化する）／ジュサシェン（自由させぬ）

(6)　порабощенïе（奴隷化）／ジュネコト（自由無いこと）

(7)　порабощенныи（奴隷化されたる）／ジュニネト（自由にないと）

(8)　произволныи（自由意志による）／ジュナト（自由なと）

(9)　свобода（人間的・社会的自由）／ジユナコト（自由なこと）

(10)　свободныи（自由な）／ジユナト（自由なと）

　これらの用例は、さらに「意志」をその意味の基本とする (1)(2)(3)(8) と、「奴隷化」をその基本とする (5)(6)(7)、さらに「人間的・社会的自由」を基本とする (9)(10) に分類できよう。(4) はロシア語の意味が筆者には不明であるので保留とする[17]。

　まず、(1)(2)(3)(8) は、いずれも「воля（意志、意欲、任意、自由）」を基にした語であるが、ゴンザがこれらの訳語に「ジュ（自由）」という語を用いたのは、彼の語彙の中では「ジュ（自由）」が、これらと最も近い意味を持つ語であったからであろう。(3) の「непроизволный」は、ロシア語そのものの意味は「無意識」であるが、本資料全体の特徴としてロシア語見出しが構成要素ごとに分解されて訳される傾向のあること[18]を考えると、この見出し語も「не－произволный」と分解されて訳された可能性が高い。すなわち、ゴンザの日本語訳である「ジュニネト（自由にないと）」のうち、「ネト（ないと）」の部分は否定を表す接頭辞である「не」に相当し、「ジュ（自由）」に相当するのは「произволный」の部分であると考えられる。この「произволный」は (8) と同語であり、「自由意志による」という意味を持つ。従って、ここでもゴンザの語彙の中では「ジュ（自由）」が「自由意志」に最も近い意味を持つ語であったと考えられる。言うまでもなく、これらのロシア語見出しに「ジュ（自由）」の訳語が当てられていることが、直ちに、両者の意味的な一致を意味するわけではない。しかし、数多くのゴンザの語彙の中から、他の語ではなく、「ジュ（自由）」が採択されたことは事実であり、これらの肯定的な意味を持つロシア語に対して、少なくともゴンザの語彙の中では、「ジュ（自由）」がその訳語としての資格を有していたということは言えそうである。

また、(5)(6)(7)は「奴隷化」を意味に含む語であるが、これらに対してゴンザは「自由」を否定する形である「自由させぬ」「自由無いこと」「自由にないと」で表現している[19]。これらから、ゴンザにとっての「自由」は、「奴隷化」と対立する意味、すなわち「非拘束」あるいは「解放」の意味も含んでいたと考えられる。

そして、興味深いのが、(9)(10)の用例である。ロシア語「свобода」は、最も一般的・総合的な「自由」の意味を持っており、英語の Liberty、Freedom に相当する語である。ゴンザは、18世紀の時点で、既に近代的な意味の「自由」に相当するロシア語に「ジユ(自由)」の訳語を当てていたことになる。もっとも、当時のロシア社会において「自由」という概念がどの程度成熟していたのか、またゴンザがその意味をどの程度理解できていたのかは、検討の余地があるが、いずれにしても、「我儘放盪」とはかけ離れた肯定的な意味で「自由」が用いられていたことは間違いないようである。

これらの「ジユ(自由)」を用いた訳語は、18世紀の薩摩において、「自由」という語が既に肯定的な用法を獲得していたことを示すものである。また、「非拘束」という消極的な自由だけでなく、積極的で、主体的な「自由」の意味を、薩摩という日本最辺境の地の少年水主が獲得していた可能性もあり、そのことは、このような意味が、18世紀において既に、仏教関係資料、キリシタン資料という一部の宗教的な世界に限られた用法ではなく、日本の広い地域の広い階層において定着していたのではないかということを想像させる。

3.2. 否定的な意味を持つロシア語

次に、「ジユ(自由)」が否定的な意味で用いられていると考えられる用例を挙げる。

(11) самоволствую(自由に振る舞う)／ワガジユスル(我が自由する[20])

(12) своеволныи(わがままな、独断的な)／ワガジユナト(我が自由なと)

(13) своеволствую(気ままに振る舞う)／ワガジユスル(我が自由する)

いずれも先行研究において明らかにされてきた近世以前における「自由」

248　第Ⅳ部　語彙

の否定的用法を裏付けるものである。ただし、それほど強く否定するような意味ではなく、用例数も肯定的な用法と比べて多くはない。また、本資料の日本語訳には「キマカシェ（気任せ）」という語も存在する。これは「грубость（粗野な言動）」や、「своенравныи（気まぐれの、わがままな）」など31語のロシア語見出しの訳語の中で用いられている[21]。この用例数から判断すると、「気まま」「気まぐれ」「わがまま」のような意味を持つ語としては、「ジユ（自由）」よりも「キマカシェ（気任せ）」の方が、ゴンザにとって日常語であったようである。

　しかし、否定的な意味を持つロシア語の訳語として用いられている「ジユ（自由）」はこれだけではない。次の4例は、現代語にはない、珍しい「自由」の用法であり、注目に値する。

　（14）самовластïе（専制、専横）／ワガジユナコト（我が自由なこと）

　（15）самовластныи（専制の、権勢欲の強い）／ワガジユント（我が自由のと）

　（16）самавластвую（独裁的に支配する）／ワガジユスル（我が自由する）

　（17）самовластный（専制の、権勢欲の強い）／ワガジユント（我が自由のと）

　いずれも「самовластïе（専制、専横）」に関する語である。「ワガジユナコト（我が自由なこと）」という訳は、不自然な日本語であるが、これも前述したように、ゴンザがロシア語を構成要素ごとに逐語訳した結果であろう。「ワガ（我が）」というのは、ロシア語の見出し語に含まれている「само」を機械的に訳しただけであり、この前半の「ワガ（我が）」と、後半の「ジユナコト（自由なこと）」とは切り離して考えるべきである。現に「само」で始まるロシア語見出しは36語存在するが、そのうちの35語は、「ワガ（我が）」で始まる訳語が当てられている。従って、ここで問題となるのは、ロシア語見出しの「само」に続く部分「властïе」の意味であり、ゴンザは、この「властïе」を「ジユナコト（自由なこと）」と訳したことになる。「властïе」は、「власть」の派生語であるが、この語は「権力」「政権」等を意味する。本資料には、単独で「власть」という見出し語が他に存在するが、

第4章 『新スラヴ日本語辞典』における「自由」の語義　249

この語をゴンザは「テションコト（大将のこと）」と訳している。彼が各ロシア語見出しの意味を正しく理解していた保証はないが、少なくともこの「власть」に関しては、ある程度の意味を理解できていたと考えられる。ゴンザは、「テショ（大将）」という訳を「властелинъ（支配者）」という見出し語に対しても当てているからである。ゴンザが「власть」を「テションコト（大将のこと）」と訳したということは、「支配者のこと」と訳したのと同義であり、その意味は「権力」「政権」と決して矛盾しない。つまり、ゴンザにとって、「ジユ（自由）」という言葉は、「テションコト（大将のこと）」とよく似た意味を持つ語であり、それらは、「権力」「政権」などに相当する意味を持つ語であったようである。意味の完全な一致は期待できないにしても、「専制」「専横」という意味を持つロシア語に「ワガジユナコト（我が自由なこと）」という訳がなされたことは事実であり、そのこと自体が注目に値する。

　ここで、再び、古代の資料に見られた「自由」の否定的な用例を見直してみる。前掲の該当例の中で自由な振る舞いをしているのは、すべて権力者であったことが思い出される。権力を手にした者、政を行う立場にある者、ある権限を手にした者、支配する側にいる者による、度の過ぎた勝手気ままな振る舞いが「自由」と表現されていたのである。『日本書紀[22]』の手研耳命、『続日本紀』の藤原良継、『日本後紀[23]』の藤原朝臣薬子、すべて権威を笠に着て横暴を働いた場合である。

　従って、古代における「自由」という語は、単に、勝手気ままなだけでなく、そのような態度が「権力」「政権」などと関連して現れた場合に用いられやすい言葉であったと推察される。

　宮村治雄（2005）に興味深い指摘がある。中国史書における「自由」の用例を辿った上で、次のように述べる。

　　　日本の「六国史」における「自由」の語の典拠とされた中国史書における「自由」とは、「逐意」や「放縦」と同義で、しかも「専擅」や「専政」といった語と強い連続性や親近性をもった語法を通して用いられていたといえるだろう。

さらに、『日本書紀』において、「威福自由」「権勢自由」の語が「イキホヒホシキママ」と訓読みされてきたことに注目し、他に「ホシキママニスル」と訓じられてきた語を挙げながら次のように述べる。

> 王位簒奪ないし政治的反逆と関連した「行肆」「専擅（国政）」という語彙は、いずれも「ホシキママニスル」という訓を与えられており、その限りでそれらは、まさに「自由」と相互置換的な語彙であったといえるだろう。

そこには、皇位継承者としてふさわしくない者の行動に対する編纂者たちの非難が込められているのであろうから、そこで自由に振る舞っているのは、正当な意味での権力者ではなくとも、一時的にも権力を持った人物の「専制」「独裁」を表現していることに相違ない。

その後、これまで明らかにされている語史においては、前節で見てきたように、「自由」な振る舞いをするのが、権力を持った者、支配する側の者だけではなく、支配される側の者の場合でも用いられ始めている。中世の文書に、意志を持って権力者に反抗する態度を表す「対捍」との組み合わせで用いられている例が数多く出現することがそのことを示している。それ以前の資料群である『平安遺文』において、「対捍」のみの用例は、長保元年（999）の『三条家本北山抄裏文書』など78例が見られるにも関わらず、「自由」と組み合わせた「自由対捍」の例は、全く見られない。しかし、『鎌倉遺文』では、「自由対捍」の例が建永元年（1206）の『高野山文書続宝簡集七十五』の例を初めとして、正和四年（1315）の『肥前河上神社文書』の例まで20例見られるのである。自由に振る舞う、その動作主が権力者から一般庶民へと拡大したと言えるのではなかろうか。そして、前述したように、このことと並行して、社会的・道徳的な善悪とは関係なく、単に気ままに振る舞う様子に対しても用いられるように用法も拡大している。

さて、『新スラヴ日本語辞典』の用例に戻ろう。ゴンザは、「самовластїе（専制、専横）」というロシア語の「властїе（権力、政権）」の部分を、「ジュナコト（自由なこと）」と訳している。古代に見られた「自由」と通じるものがなかろうか。もっとも、前述のように、肯定的な意味を持つロシア語に対

しても「ジユ（自由）」が当てられているので、18 世紀の薩摩における「自由」の用法が、古代語のそれであったということにはならないが、少なくとも中央語において、中世以降、「自由」な振る舞いの動作主が庶民にまで拡大し、「権力」との結びつきが希薄になっていた中で、薩摩では 18 世紀においても、それらとの関連性が残存していたということは言えるのでなかろうか。

4．おわりに

　日本語の歴史を考えるとき、その視野は、地域や身分などの各位相にまで及ぶべきである。本章では、18 世紀の薩摩の少年水主が作成した『新スラヴ日本語辞典』を用いて、「自由」の語史の一側面を考察した。これまでに窺い知ることができた主な点をまとめると次のようになる。

　［1］「自由」が有する肯定的な意味は、近代以降、西洋語の翻訳によって新たに付加されたものではなく、18 世紀の日本において既に存していた。その普及は、薩摩の少年水主の使用実績から察するに、中央の人々、一部の知的階層、宗教世界だけにとどまらず、全国の広いところにまで達していたものと推察される。

　［2］18 世紀の薩摩において、「自由」は、「権力」「政権」等と強い関連性を持った語として捉えられていた。これは、否定的な語義を生じさせる原初的な用法であり、中央語史における古代的用法に通じるものである。

　そもそも「自由」という語は、その概念自体が、表現対象、表現主体によって、相反する二つの評価を得る可能性を本質的に内包している。そのことが、薩摩という辺境の地において、この新しく、かつ極めて古代的な矛盾する二つの用法の共存を可能にしたのであろう。

注
1）　本章で挙げたもの以外にも、木村毅（1954）、安田元久（1964）、斎藤忍随（1967）、進藤咲子（1981）、柳父章（1982）、佐藤亨（1983）を参照した。

252 第Ⅳ部 語彙

2) 『日本古典文学大系 日本書紀 上』（岩波書店 1967）。村岡美恵子（1973）、小堀桂一郎（2004）参照。引用文中の下線は筆者。以下同じ。

3) 『国史大系 続日本紀』（吉川弘文館 1966）。小堀桂一郎（2004）参照。

4) 『国史大系 日本後紀』（吉川弘文館 1966）。この用例は村岡美恵子（1973）にも指摘がある。

5) 『平安遺文』『鎌倉遺文』ともに東京大学史料編纂所データベースを利用させていただいた。感謝申し上げる。

6) 『新日本古典文学大系 方丈記 徒然草』（岩波書店 1989）。後述の第六十段とともに村岡美恵子（1973）を参照した。また、第六十段は、小堀桂一郎（2004）も参照した。

7) 『国史大系 律・令義解』（吉川弘文館 1966）。新村出（1946）、村岡美恵子（1973）参照。

8) この条文に『令義解』は、「自由猶云自尊也」と注釈している。

9) 村岡美恵子（1973） 参照。

10) 小堀桂一郎（2004） 参照。

11) 『日本古典文学大系 仮名法語集』（岩波書店 1964）。

12) 津田左右吉（1955）は、キリシタン資料での「自由」の使用を、「キリシタンの信者となつて文筆にたづさはつたものに禅僧があつたから」ではないかと推測している。

13) 『エソポのハブラス 本文と総索引 本文篇』（大塚光信・来田隆編、清文堂出版 1999）。新村出（1946）、小堀桂一郎（2004）参照。

14) 『どちりいなきりしたん（バチカン本）』（勉誠社文庫 1979）。栗城順子（1972）、小堀桂一郎（2004）参照。

15) 『日本史用語大辞典Ⅰ 用語編』（柏書房 1978）参照。

16) 本書第Ⅳ部第2章の〈表1〉では、「ジユ／自由」は14例となっているが、これは「ジユスル／自由する」の3例が別語として取り扱われているためである。

17) 現代ロシア語から「поводъ」の意味を推定することは不可能であった。ここでは、村山七郎（1985）の訳を付しておいた。

18) 本書第Ⅳ部第1章を参照されたい。

19) 村岡美恵子（1973）にあるように、「不自由」という語の存在が「自由」の肯定的意味の裏づけになると思われる。本資料には「不自由」の用例こそ見られないが、「ジユサシェン（自由させぬ）」等の例は、肯定的意味の裏付けとして、それと同価値を有していると思われる。

20) 現代ロシア語から「самоволствую」の意味を推定することは不可能であっ

た。ここでは、村山七郎（1985）の訳に従った。なお、(13)「своеволствую」
も同様である。

21)　本書第Ⅳ部第 2 章の〈表 1〉では［キマカシェ／気任せ］は 16 例となって
いるが、これは［キマカシェスル／気任せる］の 14 例と［キマカシェオナゴ
／気任せ女］の 1 例が、それぞれ別語として取り扱われているためである。

22)　『日本書紀』には、他にも巻第十五「清寧天皇」に「自由」の例が見られる
が、ここでの動作主は星川皇子である。彼が大蔵官を取り、すなわち権力を握
り、「権勢自由」にして、官物を費やしているという内容である。

23)　『日本後紀』には、他にも巻十四の大同元年八月丁亥条に用例が見られる。
ここでは、勝手気ままな檀越の振る舞いに対して用いられている。やはり、寺
に対して権力を持った人々の仕業と言えよう。

引用文献

川口　浩（2001）「江戸時代の「自由」の語義について」（『日本経済思想史研究』
　　　　1）

木村　毅（1954）『文明開化—青年日本の演じた悲喜劇』（至文堂）

栗城順子（1972）「キリシタン文学における「自由」について—伝統的日本文学
　　　　に現れた「自由」との比較を通して—」（谷山茂教授退職記念事業実行
　　　　委員会編『谷山茂教授退職記念 国語国文学論集』塙書房）

小堀桂一郎（2004）「語史的「自由」論—備忘録より—」（『明星大学研究紀要 日
　　　　本文化学部・言語文化学科』12）

斎藤忍随（1967）「「自由」という言葉」（『図書』211 岩波書店）

佐藤　亨（1983）「じゆう（自由）」（佐藤喜代治編『講座日本語の語彙 第 10 巻
　　　　語誌Ⅱ』明治書院）

進藤咲子（1981）『明治時代語の研究—語彙と文章—』（明治書院）

新村　出（1946）「自由の語義」（『新風』）（『新村出全集 第 4 巻』筑摩書房 1971
　　　　所収）

津田左右吉（1955）「自由といふ語の用例」（『心』）（『津田左右吉全集 第 21 巻』
　　　　岩波書店 1965 所収）

福澤諭吉（1866）「西洋事情」初編巻之一（マリオン ソシエ・西川俊作編『福澤
　　　　諭吉著作集 第 1 巻 西洋事情』慶応義塾大学出版会 2002 所収）

宮村治雄（2005）『日本政治思想史—「自由」の観念を軸にして—』（放送大学教
　　　　育振興会）

村岡美恵子（1973）「「自由」の語義の変遷にみる思想史的意義」（『法政史学』25）

村山七郎（1985）『新スラヴ・日本語辞典 日本版』（ナウカ）

254　第IV部　語彙

安田元久（1964）「中世における「自由」の用法」（『日本歴史』190）

柳父　章（1982）『翻訳語成立事情』（岩波書店）

ヘボン（1867）『和英語林集成』（飛田良文・李漢燮編『ヘボン著 和英語林集成
　　初版・再版・三版対照総索引』港の人 2000）

第5章 『新スラヴ日本語辞典』における 現代標準語

1. はじめに

　方言語彙の分析は、現代語、古語を問わず、標準語[1]と異なった形態や意味を持つ語、すなわち地域的な特異性を有する語を収集し、それらの分布や歴史等について考えるのがこれまで一般的であった。しかし、ある方言の語彙について考察するのであれば、本来、その対象はそのような特異な語だけでなく、その地域に存するいわゆる標準語にまで及ぶべきではなかろうか。方言語彙の体系は、その両者によって形成されているはずであり、その意味において、両者は同価値で存在しているはずだからである。

　本章では、このような観点から、『新スラヴ日本語辞典』の中の標準語を考察する[2]。周知の通り、近世期には各地で多くの方言書が編まれているが、それらが地域的な特異性を有する語を断片的に集めたものであるのに対し、本資料は、特異性の有無に関係なく、多くの語彙を収載している。その数は、異なり語数 2,835、延べ語数 17,357 にのぼる[3]。しかもロシア語との対訳辞書であり、ロシア科学アカデミーで編纂されたものであるため、見出し語にはある程度の体系性が期待できる。また、第Ⅳ部第 1 章で述べたように、ロシア語見出しに対する日本語訳が、一単語ではなく説明形式の語句になっていたり、同じ日本語訳が複数のロシア語に重複して当てられていたりするなど、ゴンザの語彙がほぼ出尽くしている印象も受ける。11 歳の少年であったために語彙量が不足しているという欠点は当然あろうが、それでも 2,835 語の無作為に表出された単語は、18 世紀の薩隅方言語彙の一端を知る資料として十分に耐えられるものと考える。当方言の全貌とは言えないまでも、少なくともこのような語彙が存在したということは間違いなく言えるはずだからである。

256 第Ⅳ部 語彙

以下、本資料に収載されている語彙を分析することにより、18世紀の時点の薩隅地方で既にどれくらいの現代標準語が使用されていたのか、換言すれば18世紀の薩隅地方で用いられていた語彙のうち、どれくらいの語が現代標準語として残存したのか、それらはどのような語なのか、そして、そこにはどのような傾向が見られるのかということを明らかにしていきたい。

2. 現代標準語の抽出

まず、本資料の語彙の中から、現代標準語を抽出しなければならないが、言うまでもなく共通語や標準語というのは、その概念の定義は可能でも、全体の範囲を設定することができないため、それに該当する語を網羅し、具体的に列挙することは不可能である。従って、本資料の語彙のうち、どれが現代標準語に該当するのかという判断は、厳密には、その客観性を保証し得ないのだが、なるべくそのような問題を回避するために、本書では一つの拠り所として『日本方言大辞典』（小学館 1989）の「索引」に掲げられた標準語見出し（以下、『索引』）を用いることにする[4]。本索引は、その凡例に「標準語から各語に相当する方言を検索できるようにしたもの」とあり、方言と対立する存在として標準語が意識的に記載されているため、他の現代語辞典よりは、方言が混在している可能性が低い。ただ、もともとが各地の方言書に掲載されている言葉を基礎にして編纂された辞書であるため、見出し語が必ずしも体系的に挙げられているというわけではなく、当然、遺漏の可能性があるため、他の現代語辞書によってその点は補うことにする。ここでは、その補遺に『現代新国語辞典』（第4版 三省堂 2011）を用いる[5]。また、本章では語彙レベルでの考察を目的とするため、異形については、『日本方言大辞典』の判断基準に倣い、表出語形が多少異なっていても語源が同じだと思われる語は同一語と見なすことにする。

まずは、本資料の全単語を『索引』の語彙と一致するか否かで大別し、さらにそれらに下位分類を施した。基準は次の通りである。

A群：『索引』と一致するもの。さらに、異形の種類によって次のような

下位分類を設けた[6]。

Ａ－０：語形が一致するもの（但し、狭母音の無声化、音声レベルの音価
　　　　の違いは無視する）。

　　　　　例）コト（事）、ファラ（腹）、マイェ（前）、ミル（見る）

Ａ－１：音転化による異形。

　　　　　例）オム（思う）、タマシ（魂）、ディク（利口）、フォドケ（仏）

Ａ－２：省略による異形（省略ではなくても、共通の構成要素から成り、標
　　　　準語形の方が長い場合はここに含める）。

　　　　　例）ノコ（鋸）、フィウチ（火打石）、フィヨ（鵯）、フォン（本当）

Ａ－３：活用の種類の違いによる異形。

　　　　　例）オツル（落ちる）、クサユル（腐る）、ワクル（分ける）、
　　　　　ワルカ（悪い）

Ａ－４：派生や複合などによる異形。

　　　　　例）イサカウ（諍い）、キカ（黄）、シゴトスル（仕事する）、
　　　　　ヌクムル（温い）

Ｂ群：『索引』と一致しないもの。さらに、現代標準語との対照から次の
　　　ような下位分類を設けた。また、上記Ａ群と同様、異形について
　　　もそれぞれ分類したが、ここでは煩雑になるのを避けるため、それ
　　　以下の下位分類は示さないことにする。

Ｂ－１：ロシア語見出しの単語のままになっているもの。ロシア語見出
　　　　しの意味を括弧内に示す。

　　　　　例）イタル（イタリア）、イドル（偶像）、スコルピ（蠍）、プ
　　　　　ラネタ（遊星）

Ｂ－２：古語としては辞書の見出し語に存在するもの[7]。

　　　　　例）オナゴ（女子）、チキリ（秤）、ナス（済す）、ヨキ（斧）

Ｂ－３：『現代新国語辞典』の見出し語と一致するもの（但し、「イクサ
　　　　（戦）」「コチ（東風)」など［文章語］との注記があるものは除く）。

　　　　　例）オル（居る）、キク（効く）、ミッツ（三つ）、ユメ（夢）

Ｂ－４：単語の性質上、辞書の見出し語になりにくいが、実際には現代

258　第Ⅳ部　語彙

標準語として存在すると考えられるもの。

　　　　　例）カケイェ（掛絵）、コマド（小窓）、ダキヤウ（抱き合う）、
　　　　　　　ヨネン（四年）

　Ｂ－５：構成要素は現代標準語であるが、その結合体としては、現代標
　　　　　準語としての存在が考えにくいもの。

　　　　　例）オブタ（雄豚）、キリヤブル（切り破る）、コタカ（小鷹）、
　　　　　　　デスル（代する）

　Ｂ－６：上記以外のもの（語形は標準語であっても、意味が明らかに異なる
　　　　　ものも含む）。

　　　　　例）オラブ（叫ぶ）、ガル（叱る）、ガワッパ（河童）、スヨ（全て）

3．分類の結果と実例

　上述の基準により本資料の全2,835語を分類した結果を該当数のみ〈表1〉〈表2〉として示す。

　〈表1〉のＡ－０からわかるように、本資料には『索引』と全く同じ語形のものが、狭母音の無性化等の音声レベルの相違を問わなければ819語存在している。また、『索引』と一致しないものの中でも、〈表2〉Ｂ－３の124語の中には、表中には示せなかったが、現代標準語と全く同じ語形のもの（上記Ａ－１、2、3、4のような異形でないもの）が60語含まれている。これ

〈表 1〉標準語性分類（A 群）

A－0	819	
A－1	401	
A－2	11	1567
A－3	203	
A－4	133	

〈表 2〉標準語性分類（B 群）

B－1	38	
B－2	69	
B－3	124	1268
B－4	220	
B－5	465	
B－6	352	

ら 879 語は、本資料の中で確実に現代標準語としての語形が確認できるものということになる。その実例を次に列挙する。実際には全てキリル文字で記されているが、便宜上、片仮名転写／漢字仮名交じり表記の形で示す。

[名詞]

アカツキ／暁　アキ／秋　アクビ／欠伸　アサ／朝　アザ／痣　アサメシ／朝飯　アシ／足　アシェ／汗　アシオト／足音　アシガル／足軽　アシタ／明日　アタマ／頭　アヂ／味　アト／後　アト／跡　アトアシ／後足　アナ／穴　アナグラ／穴蔵　アフィル／家鴨　アブラ／油(脂)　アブラムシ／アブラ虫　アマザケ／甘酒　アマミヅ／雨水　アミ／網　アメ／雨　アワ／粟　アワ／泡　アヲミ／青み　アンドン／行灯　イェ／絵　イェ／柄　イェカキ／絵描き(人)　イェダ／枝　イェブクロ／餌袋　イェボシ／烏帽子　イェン／縁　イキ／息　イケ／池　イシ／石　イシャ／医者　イタ／板　イタブネ／板舟　イタミ／痛み　イチゴ／苺　イチド／一度　イチネン／一年　イチバ／市場　イチバン／一番　イチモン／一門　イッキン／一斤　イッスン／一寸　イツツ／五つ　イト／糸　イナカ／田舎　イナゴ／蝗　イノシシ／猪　イノチ／命　イビキ／鼾　イマ／今　イロ／色　イロファ／いろは　イワシ／鰯　ウイェ／上　ウサギ／兎　ウシ／牛　ウス／臼　ウソ／嘘　ウタ／歌　ウチ／家　ウチ／内　ウヅ／渦　ウヅラ／鶉　ウミ／海　ウミ／膿み　ウラ／裏　ウラオモチェ／裏表　オクバ／奥歯　オケ／桶　オヂ／伯父　オト／音　オトコ／男　オビ／帯　オフクロ／おふくろ　オボイェ／覚え　オモチェ／表　カ／蚊　ガ／蛾　カエシ／返し　カガミ／鏡　カキ／垣　カキ／柿　カギ／鍵　ガキ／餓鬼　カキツケ／書き付け　カグ／家具　カク／角　ガクシャ／学者　カゲ／影(陰)　カケ／掛け　カケ／賭け　カゴ／籠　カサ／笠　カサ／瘡　カシ／樫　カジェ／風　カス／滓　カズ／数　カタ／型　カタ／肩　カタキ／敵　カタメ／片目　カチ／勝ち　カヂ／鍛冶　ガッチェン／合点　カヅラ／葛　カド／角　カナクギ／金釘　カナワ／金輪　カネ／金　カネ／鐘　カビ／黴　カブ／蕪　カベ／壁　カマ／鎌　カミ／紙　カミ／神　カミ／髪　カミノケ／髪の毛　カメ／亀　カモ／鴨　カラ／殻

カラシ／辛子　カラス／烏　カラスムギ／烏麦　カルタ／歌留多　カワ／川
カワ／皮　カワグチ／河口　カワラ／瓦　キ／気　キ／木　キゲン／機嫌
キサキ／妃　キネ／杵　キノコ／茸　キバ／騎馬　キビス／踵　キブン／気
分　キミ／黄身　キモ／肝　キャク／客　キョネン／去年　キリ／霧　キン
／金　ギン／銀　キンジョ／近所　クァシ／菓子　クァジ／火事　クウィ
／杙　クキ／茎　クギ／釘　クギヌキ／釘抜き　クグ／くぐ(菅属の草)　ク
グァツ／九月　クサ／草　クシ／櫛　クシェ／癖　クジラ／鯨　クス／楠
クソ／糞　グソク／具足　クタ／北　クダ／管　クチ／口　クツ／靴　クヅ
／屑　クツワ／轡　クニ／国　クビ／首　クマ／熊　クラ／鞍　クラ／倉
クルマ／車　クワ／鍬　ケ／毛　ケシ／芥子　ゲジョ／下女　ケン／剣　ケ
ンクァ／喧嘩　コ／子　コ／粉　コイェ／声　コイェ／肥　コイェダ／小枝
コイケ／小池　コウシ／小牛　コウタ／小唄　ゴクラク／極楽　ゴケ／後家
ココノツ／九つ　ココロ／心　コシ／輿　ゴシキ／五色　コジマ／小島　コ
ト／事　ゴトク／五徳　コトバ／言葉　コナベ／小鍋　ゴネン／五年　コバ
コ／小箱　コバチ／小鉢　コバナ／小鼻　コバラ／小腹　コマ／駒　ゴミ／
塵　コミチ／小道　コムギ／小麦　コムシ／小虫　コムスメ／小娘　コメ／
米　コメグラ／米倉　コメヤ／米屋　コヤ／小屋　コヨミ／暦　コロ／頃
コロモ／衣　ザ／座　サカヤ／酒屋　サキ／先　サケ／酒　サジ／匙　サビ
／錆　サムサ／寒さ　サヤ／鞘　サラシ／晒し　サル／猿　サヲ／竿　サン
ニン／三人　サンネン／三年　ジ／字　シェ／背　シェナカ／背中　シェワ
／世話　シェン／1000　シェン／線　シェン／栓　シェンキ／疝気　シキ
リ／仕切り　シゴト／仕事　シタ／下　シタ／舌　シタチェヤ／仕立て屋
シチ／質　シチグァツ／七月　シナヲシ／し直し　シブカワ／渋皮　シマ／
縞　シマ／島　シモ／霜　シモツキ／霜月　シャク／尺　シャク／酌　シャ
ボン／しゃぼん　シュ／主　ショモツ／書物　シラッチ／白土　シリ／尻
シロ／城　シワ／皺　シワス／師走　シヲ／塩　シヲヤ／塩屋　シン／芯
ス／酢　ス／巣　ス／鬆　スィクァ／西瓜　スキ／鋤・犁　スズ／錫　スズ
／鈴　スズムシ／鈴虫　スズメ／雀　スソ／裾　スヂ／筋　スチェゴ／捨て
子　スナ／砂　スネ／脛　スミ／墨　スム／隅　ソコ／底　ソヂェ／袖　ソ

第5章　『新スラヴ日本語辞典』における現代標準語　　261

ト／外　ソラ／空　ソン／損　タ／田　タカ／鷹　タキツケ／焚きつけ　タキモン／焚き物　タクミ／巧み　タコ／胼胝　ダチン／駄賃　タナ／棚　タニ／谷　タネ／種　タバコ／煙草　タマ／弾　タマゴ／卵　タン／痰　チ／血　チ／乳　チェ／手　チェコ／梃子　チカラ／力　ヂゴク／地獄　チチ／乳　チドリ／千鳥　チャ／茶　チリ／塵　チン／賃　チンバ／跛　ツキ／月　ヅキン／頭巾　ツゲグチ・ツィゲグチ／告げ口　ツチ／土　ツトメ／勤(努)め　ツナ／綱　ツノ／角　ツボ／壺　ツメ／爪　ツラ／面　ツル／鶴　ツルベ／釣瓶　テオイ／手負い　テラ／寺　テンニン／天人　ト／戸　トイシ／砥石　トガ／咎　トキ／時　トク／得　ドク／毒　トグチ／戸口　トコル／所　トシ／年　トダナ／戸棚　ドチェ／土手　トモ／艪　トラ／虎　トヲ／10　ナ／菜　ナ／名　ナカ／中　ナカ／仲　ナガサ／長さ　ナカダチ／仲立ち　ナシ／梨　ナツ／夏　ナナツ／七つ　ナベ／鍋　ナマ／生　ナミ／波　ナミダ／涙　ナンド／納戸　ニ／荷　ニシ／西　ニジ／虹　ニド／二度　ニネン／二年　ニバン／二番　ニワ／庭　ニンゲン／人間　ヌィメ／縫い目　ヌシ／主　ネ／根　ネ／値　ネギ／葱　ネヅミ／鼠　ネン／年　ノコクヅ／鋸屑　ノチ／後　ノド／喉　ノミ／蚤　ノミ／鑿　ノリ／糊　バカ／馬鹿　バチ／罰　ババ／馬場　バン／晩　バン／番　ビワ／琵琶　ビン／瓶　ファ／歯　ファ／刃　ファ／葉　ファカ／墓　ファガネ／鋼　ファキタメ／掃き溜め　ファグキ／歯茎　ファゲ／禿げ　ファコ／箱　ファサミ／鋏　ファシ／橋　ファシ／端　ファタ／旗　ファタ／傍　ファダ／肌　ファダカ／裸　ファダカムギ／裸麦　ファダギ／肌着　ファダシ／裸足　ファチ／鉢　ファチ／蜂　ファット／法度　ファト／鳩　ファナ／花　ファナ／鼻　ファナイロ／花色　ファナゴイェ／鼻声　ファネ／羽　ファマ／浜　ファラ／腹　ファラオビ／腹帯　ファラワタ／腸　ファル／春　ファン／版　ファンブン／半分　フィ／火　フィ／日　フイェ／笛　フィカゲ／日陰　フィガシ／東　フィキウス／挽臼　フィゲ／髭　フィツ／櫃　フィッシャ／筆者　フィフ／皮膚　フィマ／暇　フィマチ／日待ち　フィヨコ／ひよこ　フィラチ／平地　フィル／昼　フィル／蒜　フィルメシ／昼飯　フィロサ／広さ　フィンジャ／貧者　フェ／屁　フェソ／臍　フェビ／蛇　フォ／帆　フォクチ／火口

262　第Ⅳ部　語彙

フォシ／星　フォネ／骨　フォリ／濠　フォロ／柔毛(保呂)　フカ／鱶
フキャク／飛脚　フクサ／袱紗　フクロ／袋　ブゲンシャ／分限者　フシ／
節　フシン／普請　フタ／蓋　ブタ／豚　フタイェ／二重　フタゴ／双子
フタツ／二つ　フヂェ／筆　フツジ／羊　フト／人　フトアシ／一足　フト
クチ／一口　フトツ／一つ　フトツキ／一月　フトツブ／一粒　フトフィロ
／一尋　フトン／布団　フネ／船　ファク／100　ファクネン／百年　フ
ルィ／篩い　フレ／触れ　フロ／風呂　フロヤ／風呂屋　ブン／分　ボタン
／釦　ボン／盆　マ／魔　マイェ／前　マク／幕　マクラ／枕　マゴ／孫
マツ／松　マツカサ／松かさ　マツバ／松葉　マト／的　マド／窓　マネ／
真似　マメ／豆　マメ／肉刺　マワシ／廻し　ミ／実　ミ／身　ミウチ／身
内　ミギ／右　ミシェ／店　ミゾ／溝　ミチ／道　ミツ／蜜　ミヅ／水
ミッカ／三日　ミッツ／三つ　ミナト／港　ミナミ／南　ミミ／耳　ムィカ
／六日　ムカシ／昔　ムギ／麦　ムコ／婿　ムシ／虫　ムシクウィ／虫食い
ムスコ／息子　ムスメ／娘　ムネ／棟　ムネ／胸　ムラ／村　メ／目　メガ
ネ／眼鏡　メクラ／盲　メシ／飯　メシタキ／飯炊き　メツキ／目付き　メ
リヤス／メリヤス　メン／面　モイェサシ／燃えさし　モノ／もの　モノサ
シ／物差し　モミ／樅　モモ／桃　モン／紋　モン／門　ヤ／矢　ヤギ／山
羊　ヤキモチ／焼餅　ヤク／役　ヤグラ／櫓　ヤシキ／屋敷　ヤッツ／八つ
ヤナギ／柳　ヤネ／屋根　ヤマ／林　ユカ／床　ユキ／雪　ユズ／柚　ユミ
／弓　ユメ／夢　ヨ／夜　ヨク／欲　ヨシ／葦　ヨソ／余所　ヨッカ／四日
ヨッツ／四つ　ヨナカ／夜中　ヨメ／嫁　ヨル／夜　ヨルフィル／夜昼　ワ
／輪　ワキ／脇　ワタ／綿　ワラ／藁　ワルサ／悪さ

［動詞］

アウ／合(会・遭)う　アガル／上がる　アク／開く　アチェガウ／宛う
アツマル／集まる　アビル／浴びる　アマル／余る　アユム／歩む　アラウ
／洗う　アル／有る　アンジル／案じる　イキル／生きる　イク／行く　イ
ソグ／急ぐ　イタム／痛む　イヤガル／嫌がる　イル／射る　イル／煎る
イル／入る　イル／要る　イワス／言わす　ウイェナヲス／植え直す　ウケ
トル／受け取る　ウシナウ／失う　ウタウ／歌う　ウチキル／打ち切る　ウ

チコム／打ち込む　ウチコロス／打ち殺す　ウチヤブル／打ち破る　ウチワ
ル／打ち割る　ウツ／打つ　ウヅク／疼く　ウツス／移す　ウツル／移る
ウム／生む　ウム／績む　ウメク／呻く　ウル／売る　オイツク／追いつく
オウ／追う　オガム／拝む　オキル／起きる　オク／置く　オクル／送る
オコス／起こす　オシガル／惜しがる　オシキル／押し切る　オス／押す
オチツク／落ち着く　オトス／落とす　オドル／踊る　オル／居る　オル／
織る　オロス／下(降)ろす　カウ／買う　カガム／屈む　カカル／掛かる
カキウツス／書き写す　カキコム／書き込む　カク／書(描)く　カク／掻く
カグ／嗅ぐ　カクス／隠す　カス／貸す　カタマル／固まる　カタル／語る
カツ／勝つ　カブル／被る　カミキル／噛み切る　カミコロス／噛み殺す
カム／噛む　カリトル／刈り取る　カル／刈る　カル／借る　カワク／渇く
カワス／変(替・換・代)わす　カワル／変(替・換・代)わる　キキトル／聞き
取る　キク／聞(聴)く　キク／利く　キリトル／切り取る　キル／切る　キ
ル／着る　クウィコム／食い込む　クサラス／腐らす　クサル／腐る　クビ
ル／括る　クミダス／汲み出す　クミトル／汲み取る　クム／汲む　クム／
組む　クモル／曇る　クル／来る　ケヅル／削る　ケムル／煙る　ケル／蹴
る　コス／濾す　コロス／殺す　サク／裂く　サシコム／差し込む　サス／
刺す　サバク／捌(裁)く　サビル／錆びる　サマス／冷ます　シェク／堰く
シェク／急く　シキル／仕切る　シク／敷く　シソコナウ／し損なう　シヅ
ム／沈む　シナヲス／し直す　シボル／絞る　シマウ／仕舞う　シル／知る
シレル／知れる　スィコム／吸い込む　スィダス／吸い出す　スク／好く
スク／鋤く　スタル／廃る　スム／済む　スム／澄む　スル／為る　スル／擦
る　スワル／座る　ソダツ／育つ　ソメナヲス／染め直す　ソル／剃る　タ
ギル／滾る　タク／焚く　タシナム／嗜む　タス／足す　ダス／出す　タス
カル／助かる　タタク／叩く　タタム／畳む　タチェナヲス／立て直す　タ
ツ／裁つ　タツ／立つ　タノム／頼む　ダマル／黙る　タヲス／倒す　チカ
ラヅク／力尽く　チラカス／散らかす　ツカウ／使う　ツカム／摑む　ツキ
オトス／突き落とす　ツギコム／注ぎ込む　ツキダス／突き出す　ツク／突
(搗)く　ツク／付く　ツグ／接(継)ぐ　ツグ／注ぐ　ツクル／作る　ツッパ

ル／突っ張る　ツツム／包む　ツナグ／繋ぐ　ツマム／撮む　ツマル／詰ま
る　ツム／積む　ツム／摘む　ツル／吊(釣)る　トカス／溶かす　トガル／
尖る　トク／解く　トグ／研ぐ　トビツク／飛びつく　トブ／飛ぶ　トマル
／止(留・泊)まる　トル／取る　トヲス／通す　トヲル／通る　ナガス／流
す　ナキダス／泣き出す　ナク／泣く　ナグル／殴る　ナゲコム／投げ込む
ナス／為す　ナスル／擦る　ナブル／なぶる　ナラウ／習う　ナラス／鳴ら
す　ナル／成る　ナル／鳴る　ナヲス／直す　ナヲル／直る　ニギル／握る
ニクム／憎む　ニコム／煮込む　ニゴル／濁る　ニナヲス／煮直す　ニル／
似る　ニル／煮る　ヌカル／ぬかる(泥濘)　ヌグ／脱ぐ　ヌスム／盗む　ヌ
メル／滑る　ヌル／塗る　ネブル／舐る　ネル／寝る　ノク／退く　ノコス
／残す　ノコル／残る　ノゾム／望む　ノボル／登る　ノミコム／呑み込む
ノム／飲む　ノル／乗る　ファウ／這う　ファカル／測る　ファキダス／吐
き出す　ファク／吐く　ファグ／剝ぐ　ファサム／挟む　ファジマル／始ま
る　ファシリコム／走り込む　ファシリマワル／走り回る　ファシル／走る
ファタラク／働く　ファズス／外す　ファラバウ／腹這う　ファラム／孕む
ファル／張る　フィキサク／引き裂く　フィキダス／引き出す　フィキマワ
ス／引き回す　フィキヤブル／引き破る　フィク／引(挽・曳・弾)く
フィツック／ひっ付く　フィッパル／引っ張る　フィラク／開く　フィル／
干る　フィル／放る　フォシガル／欲しがる　フォス／干す　フォル／掘
(彫)る　フカル／光る　フク／吹く　フサグ／塞ぐ　フミコム／踏み込む
フム／踏む　フル／降る　フルウ／振(震・篩)るう　フル／振る　フルィオ
トス／篩い落とす　マウ／舞う　マガル／曲がる　マク／巻く　マク／蒔く
マツ／待つ　マツル／祀る　マネク／招く　マワス／回す　マワル／回る
ミトヲス／見通す　ミマワス／見回す　ミマワル／見回る　ミル／見る　ム
シル／毟る　モイェタツ／燃え立つ　モイェツク／燃えつく　モイェノコル
／燃え残る　モチコム／持ち込む　モチダス／持ち出す　モツ／持つ　モド
ス／戻す　モドル／戻る　モム／揉む　モラウ／貰う　モル／漏る　ヤク／
焼く　ヤトウ／雇う　ヤム／止む　ヤル／遣る　ユスル／揺する　ユルス／
許す　ヨゴス／汚す　ヨビダス／呼び出す　ヨブ／呼ぶ　ヨム／読む　ヨル

／寄る　ヨル／縒る　ワカス／沸かす　ワタス／渡す　ワラウ／笑う　ワル
／割る

［その他］

アチコチ／あちこち　アノ／彼の　イツ／何時　イヤ／嫌　インギン／慇懃
ココ／此処　コッチ／此方　コノ／此の　コラ／こら（感動詞）　ソコ／其処
タダ／只・徒　ドコ／何処　ドノ／何の　ドン／鈍　ナニ／何　ネンゴロ／
懇ろ　ボット／ぽっと（副）　マタ／また　マタ／又　マダ／未だ　ワガ／我
が　ワザト／態と　ワレ／我

　このように本資料の全単語2,835語のうちの879語、全体の約31％が、
現代標準語と同じ語形で出現しているのであるが、一見して形容詞が一つも
含まれていないことがわかる[8]。これは本資料の形容詞が、すべて「ワルカ
（悪か）」のようなカ語尾で出現したり、あるいは「タケ（高い）」のように
［ai ＞ e］の音転化をした形で出現したりしているためである。これらの活
用の種類の違いや、音転化による異形を許容し、同一語と認めるならば、現
代標準語と一致する語はかなり増える。このことは、名詞や動詞等も同様で
ある。そこで、異形を許容し、『索引』の掲出語と同一語と見なせば、A群
の1,567語全てが現代標準語との一致語となる。さらにこれらに本資料の語
彙の問題というより、拠り所とした『索引』の都合あるいは辞書一般の編集
の都合によって『索引』の掲出語に一致しなかったと考えられる、B－3に
属する全ての単語124語と、B－4の220語を加えると、その数は1,911語
となる。これらを、語彙レベルにおいては、本資料における現代標準語と判
断してよいのではなかろうか。また、B－1のロシア語38語は、そもそも
が日本語を記したものではないので全体の2,835語から除いて考えるべきで
あろう。従ってそれらを除いた全体2,797語に占める現代標準語1,911語の
割合は約68％となる。

　また、B－5には、18世紀の薩隅方言と現代標準語の問題というよりも
日本語の語彙体系とロシア語の語彙体系の問題と考えられるものもある。或
いは、ゴンザの年少者としての語彙量の問題もそこには含まれているかもし

266　第Ⅳ部　語彙

れない。B－2は現代標準語としては存在しなくても、かつての中央語としては存在していた可能性が高く、B－6の中にも、もともとは日本の広い範囲で使用されていた語も含まれているであろう。

4．おわりに

　『新スラヴ日本語辞典』の掲出語は、少なくとも語彙レベルにおいては約7割が現代標準語と一致すると言える。前述したように、語構成等の問題を考慮すれば、おそらくその割合はさらに増えるであろう。このことは、18世紀の薩隅方言を現代標準語と比べたとき、そこに異質性を見出すとすれば、それは少なくとも語彙レベルではないということも物語っているのではなかろうか[9]。

　しかし、そうだからと言って考察する意味がないということではなく、冒頭で述べたように、18世紀の薩隅方言語彙について考察するのであれば、特異語だけでなく、現代標準語として残った語彙の特徴を考えることも必要である[10]。語種や、品詞、意味分野の面においても考察をしなければならないと考えるが、それは次章に譲ることにする。

　また、18世紀の薩隅方言のうち、現代標準語と一致する語はどのような語なのかということを考えることは、現代標準語のうち18世紀の薩隅方言に既に存在していた語はどのような語なのかということを考えることでもある。この点について、方言周圏論的な考え方をするならば、対象語彙が薩隅地方という辺境の地の言葉であるということの意味は大きいように思う。また、本資料に記録されている言葉が、少年水主ゴンザという庶民の口頭語であるという点も重要である。近世期には既に共通語のようなものが存在していたのではないかと考えられている[11]。しかし、その具体的様相については明らかにされたと言いがたい。本章で示した集計結果と課題は、少なくとも語彙レベルにおいては、それらの一助になりうる可能性を有していると考える。

注

1) 日本国内のどこでも通じる言葉のことで共通語とほぼ同義。本章や次章以降で用いる資料、先行研究になるべく用語を揃えるために、本章以降ではこの表現を用いることにする。

2) 本資料における地域的な特異語については、上村忠昌（2006）に個々の単語についての考察がある。

3) 本資料における語彙の数量的特徴については、本書第Ⅳ部第2章で述べた。調査単位、単位の幅の問題等についてもそちらを参照されたい。

4) この『索引』には、約28,800語の親見出しが収録されている。

5) このような用途で辞書を用いる場合、幅広い位相を視野に入れた大規模なものでない方が都合がよい。本辞典は、収録数約74,000項目と、現代語辞書としては中規模であり、また、その編集方針として積極的に方言や古語を取り入れたという姿勢は見られない。わずかに見られる方言や文章語については［方言］［文章語］との注記があり、明確に区別されている。

6) 例として挙げた日本語は、実際には全てキリル文字で記されているが、ここでの用例は便宜上、片仮名に転写して示す。また、括弧内の表記は、『日本方言大辞典』の「索引」の標準語見出し形を示す。

7) 『古語大辞典』（小学館 1994）、『邦訳 日葡辞書』（岩波書店 1980）、『日本国語大辞典』（第二版 小学館 2000）を利用した。

8) 「фкай（フカイ）」という語形はあるが、これは「глубина（深さ）」という名詞の対訳であること、また、他の形容詞がすべてカ語尾形あるいは ai 連母音が融合した形になっていることから判断して、ここでは形容詞とみなさなかった。

9) 本書第Ⅱ部第4章において、薩隅方言の特異性は、多くの特殊拍とそれに伴うリズムの変化にあるのではないかという推察を述べた。

10) 現代標準語だけでなく、18世紀当時の共通語と比較する必要もあるが、現時点では、現代語以上にその客観的な確定が困難であるため、保留とせざるを得ない。

11) 近世期に全国共通の口頭語が存在した可能性については、森岡健二（1980）、土屋信一（1987）等により夙に指摘されており、近年でも野村剛史（2011）等で詳述されている。

引用文献

上村忠昌（2006）『漂流青年ゴンザの著作と言語に関する総合的研究』（私家版）

土屋信一（1987）「江戸共通語をめぐって」（『香川大学国文研究』12）

野村剛史（2011）『話し言葉の日本史』（吉川弘文館）
森岡健二（1980）「口語史における心学道話の位置」（『国語学』123）

第6章　18世紀の薩隅地方へ伝播した中央語

1．はじめに

　語彙史は、基本的には、各時代の文献に記されている語彙を通時的につなぎ合わせることによって組み立てられる。しかし、そこで再構された語彙史は、あくまでもそれぞれの文献が作成された時代において、文化的中心地やその周辺において通用した語彙の歴史であり、言わば中央語の語彙史とでも言うべきものである。それは、他の地域、例えば東国や九州で、それぞれの時代に、どのような語彙が用いられていたのかということに、ほとんど関知しない。文学作品にまれに登場する方言描写や、キリシタン資料の記述、江戸時代に盛んに編まれた方言書などから、古い方言語彙に関する情報を得ることも可能ではあるが、それでもそこから得られるものはやはり断片的であり、それらが日本語の語彙総体の歴史として組み込まれることはこれまであまりなかったように思われる。また、各時代の中央語が通用した範囲はどこまでなのか、その通用した地域に時間的な差異はなかったのかということに関しても同様である。日本語の語彙史を考える場合、その対象が中央語を中心としたものになることは資料的制約もあり、やむを得ないが、せめてその解釈には、時間的な動きだけでなく、空間的な動きも考慮に入れられるべきではないかと考える。中央でどのような語彙が用いられてきたかというだけではなく、それらの語彙が日本全体にどのように伝播し、定着していったのかという視点も必要だと思うのである[1]。

　本章では、このような観点から、『新スラヴ日本語辞典』の語彙を、時間軸と空間軸を用いて、現代の中央語の語彙と比較することにより、現代語の形成と中央語の伝播の様子を推察することにする。本資料に記された語彙は、18世紀という一時代の、薩隅方言という一地域の方言語彙に過ぎず、日本

270　第Ⅳ部　語彙

語全体の歴史の中ではただの一点に過ぎないが、その一点を中央語の語彙史という一本の縦の線と関連づけることにより、その歴史に空間的な幅と動きを持たせることができるのではないかと考える。

2．方言と中央語

　現代における中央語とも言うべき語彙と現代の方言語彙との関係については、夙に本堂寛（1980、1982）や河西秀早子（1981）の研究がある[2]。前者は、『日本言語地図』を用いて、その中の216項目における標準語形の分布状況を19都道府県を対象に調査し、その割合を数量化した上で、標準語の広がり方、その受け入れられ方を分析したものである。後者は、同じく『日本言語地図』を用いて、その中の82項目における標準語形の分布状況を全調査地点を対象に調査し、その分布率の全平均を各都道府県ごとに算出している。いずれも、地域により標準語形の分布状況、ならびに俚言形の残存状況に差異があり、その差異が北海道を除いて基本的には東京からの距離に応じていること、特に前者においては、品詞によりその中心が東日本あるいは西日本に偏る傾向があることなどが示されている。これらは、今から50年ほど前に作成された『日本言語地図』に基づく分析であるが、方言語彙における中央語の存在への注目は、他の時代の資料の分析にも参考になるのではないかと思われる。

　『新スラヴ日本語辞典』には、多くの日本語がロシア語との対訳形式で記されているが、その日本語は明らかに当時の薩隅方言語彙である。薩隅地方は、沖縄を除けば日本列島最果ての地と言える。方言周圏論のモデルを参考にするならば[3]、言葉の伝播に最も時間を要した可能性のあるこの地方の語彙が大量に残されている意味は大きいと思われる。

　また、本資料に記されている語彙が、少年水主ゴンザという庶民の言葉であり、それらが日本と交流のなかった異国の地で記されたことの意味も大きい。庶民の口頭語が過去の文献等の影響を受けずに、ありのままに記録されていると考えられるからである。そして、この資料が、薩隅地方の特徴的な

語、いわゆる俚言を記すために編まれたのではなく、ロシア語を前提として、それに対する訳語として日本語を記録している点も方言語彙を考える上で重要である。当然、そこには俚言以外の、当時における標準語のような言葉も混在するはずだからである。他の方言史資料と大きく異なる点であろう。また、その訳には同じ語が重複して出現したり、説明的な日本語訳が多く見られたりする[4]など、語彙が出尽くしている印象も受ける。ゴンザが少年であったことは差し引いて考えねばならないが、当時の薩隅方言語彙の総体を知るには有効な資料だと考える。

　そこで、以下、本資料を用いて、18世紀の薩隅方言にどのような中央語が伝播していたのか、また、その中に現代語において主要部分を成している基礎的な語彙はどれくらい含まれているのかを探ることにする。そのために、本資料の語彙と、中央語の語彙史上もっとも確かで豊富な資料が得られる現代標準語の語彙との比較を行う。

　現代標準語の語彙は文字言語を土台としており[5]、その文字言語は標準語の概念が生まれる近代以前から伝統的に文献に記されてきた中央語[6]である。その中央語と同一系統にある現代標準語語彙と同じ語形を持つ方言語彙は、方言周圏論に従えば、過去のいつの時代かに中央から地方に伝播してきた語彙であると推察される。従って、18世紀の薩隅方言の語彙と現代標準語語彙との比較によって両者に共通の語が見られた場合、その語は遅くとも18世紀には中央から薩隅地方に伝播していた語であると考えられる[7]。

3．18世紀の薩隅方言に見られる現代標準語語彙

　『新スラヴ日本語辞典』における語彙量は、異なり語数2,835、延べ語数17,357である[8]が、その中には現代標準語と同じ形態を持つ語が879語（異なり語数）存在する。そして、「オム（思う）」「タマシ（魂）」など、音転化や音脱落などによる異形もこれに含めると、その数は1,911語となり、7割近い語が現代標準語の語彙と一致することになる[9]。

　まずは、18世紀の薩隅方言において、どのような中央語が伝播していた

272　第Ⅳ部　語彙

のかを明らかにするために、この現代標準語語彙と一致する 1,911 語の語彙
的特徴について総体的に考察することにする。

3.1. 語種の特性

　現代標準語と語彙レベルにおいて一致すると判断した 1,911 語について、
本資料の全語彙と対照させながらその特徴を考察してみる。但し、本資料の
訳語には、ロシア語見出し「скорпїя（蠍）」に対する「скорпїчь（スコルピ
ち）」のように、日本語訳がロシア語の単語のままになっていて、日本語と
は言えないものが 38 語存在するため、全体の語数は、それらを除いた
2,797 語とする。

　まず、本資料における現代標準語には、どのような語種の語が多いのであ
ろうか。全単語における語数と比較した結果を数値で示すと〈表1〉のよう
になる。表中の［全語彙］は、本資料の全語彙における当該語種の語数、
［標準語形］は本資料の標準語形における当該語種の語数、［一致率］はその
百分比である。

〈表1〉 語種別一致率

品詞	全語彙	標準語形	一致率(%)
和語	2247	1564	69.6
漢語	331	276	83.4
外来語	8	6	75.0
混種語	184	65	35.3
不明	27	0	0.0
計	2797	1911	68.3

　これを見ると、標準語形と一致する語種としてはまず混種語がかなり少な
いことがわかる。しかし、これは薩隅方言の語彙体系の問題ではなく、本資
料の日本語訳の特徴が反映されたものと考えられる。というのは、本資料に
は、第Ⅳ部第3章で述べた通り「イシャスル（医者する）」「テショスル（大
将する）」等の漢語サ変動詞が多く見られるのであるが、現代標準語では、

「医者」「大将」のような動作性のない名詞から漢語サ変動詞が作られることはほとんどない。また、本資料には、接辞「コ（小）」を用いた「コタカ（小鷹）」「コサイェン（小菜園）」などの派生語や、「イチモンオナゴ（一門女子）」「ベチトコル（別所）」など、現代語では一単語として結合させない複合語が少なからず見られる。これらの合成語が、実際に18世紀の薩隅方言に存在したのか、それともロシア語の見出し語に対応させるためにゴンザが臨時一語のように作り出したものなのか、今後の検討課題ではあるが、いずれにしても、本資料におけるこれらの合成の多様さが、多くの混種語を生み出し、現代標準語との一致率を下げる結果につながったと考えられる。そして、現代語の視点からは不自然に感じられるこれらの合成は、前章で示した〈表2〉のB-5の多さからもわかるように、混種語に限らず全単語において、現代標準語との一致率を引き下げている要因にもなっていると推測できる。

　混種語以外は、およそ7〜8割の語が一致しているが、特に漢語の一致率が高く、18世紀の薩隅方言に存在した漢語のうち、80％以上が現代でも標準語として用いられていることになる。第Ⅳ部第3章において、18世紀の薩隅方言の口頭語における漢語の普及についてはその概要を数値で示したが[10]、今回の調査により、それらが単に普及していただけではなく、後世への残存率から判断する限り、その定着度においても相対的に安定したものであったと言うことができよう。

　また、外来語[11]では8例のうち、「カルタ」「シャボン」「ボタン」「ボンバ（ポンプ）」「ビロド（ビロード）」「メリヤス」の6例が現代標準語と一致する。18世紀には、既にいくつかの外来語がもたらされていたことは周知の通りであるが、その中でも地方の庶民の口頭語にまで普及、定着した語は、その後も漢語等に翻訳されることなく、ほとんどが現代にまで至っているということがわかる。現代標準語と一致しない2例は、「ビドロ（ビードロ）」「ボブラ」の2例であるが、これらはその後それぞれ「ガラス」「カボチャ」という別の外来語と入れ替わっただけであり、外来語という枠組みが保持されていることには相違ない。そのような意味では、現代語で漢語の「石鹸」

274　第Ⅳ部　語彙

に汎用性という点で劣っている「シャボン」の方が、例外的と言えるかもしれない。

3.2.　品詞の特性

次に品詞について見てみよう。〈表2〉は、本資料の全語彙、現代標準語と同形の語彙を品詞別に分類し、その語数と両者の一致率を示したものである。これによると、名詞、動詞、形容動詞が7割弱の標準語一致率であるのに対し、形容詞だけは約9割の一致率となっていて、突出して高いことがわかる。18世紀の薩隅方言が、形容詞に関しては、「ワルィ（悪い）」「ファヤカ（早い）」等、多少の語形変化が見られるものの、語彙レベルにおいては現代標準語とほぼ同じ語を獲得していたことになる。また、副詞の場合は、全体数がもともと少ないとはいえ、現代標準語と同形のものが半分にも満たない。薩隅方言における「フャット（常に）」「ヅバト（いっぱいに）」等の俚言副詞の定着の強さ、中央語の普及のしにくさを物語るものであろう。

〈表2〉品詞別一致率

品詞	全語彙	標準語形	一致率(%)
名詞	1628	1095	67.3
動詞	1017	698	68.6
形容詞	88	80	90.9
形容動詞	30	19	63.3
副詞	24	11	45.8
連体詞	5	4	80.0
感動詞	3	2	66.7
接続詞	2	2	100.0
計	2797	1911	68.3

ところで、大野晋（1958）は『万葉集』『枕草子』『源氏物語』『徒然草』『類聚名義抄』に共通して出現する単語706語を取り出し、これらを「日本の古典語の、もっとも基礎的な単語」（本章では以下、古典基礎語彙とする）

とした上で、それらの「現代東京語」での残存状況を調査した[12]。それによると、名詞の残存数が237語（79.9%）、動詞が223語（79.3%）、形容詞（形容動詞を含む）が50語（69.4%）、その他が22語（57.9%）となっている。そしてこの結果に対し、同論文で「基本的な名詞にならんで、基本的な動詞が、引続いて用いられる割合が高い。そして、形容詞はいささか残存率が低く、副詞、接続詞などは、もっとも残存率が低い。」と考察されている。この結果は、『新スラヴ日本語辞典』に記された語彙の、現代標準語との一致率と比較して、形容詞の残存状況が決定的に異なっていることになる。しかし、大野晋（1958）の考察では形容動詞が形容詞に含まれているので、そのまま〈表1〉と比較するわけにはいかない。同論文で示された実例に則ってその内訳を見てみると、形容詞の残存数が45語（75.0%）、形容動詞が5語（41.7%）となり、形容詞は名詞、動詞と比べても若干少ない程度で、残存率が低いのは形容動詞の極端な低さによるものであることがわかる。

　また、『新スラヴ日本語辞典』に記された語彙の現代標準語との一致率と、古典基礎語彙の現代での残存率を対照させる場合、母集団の違いを調整することも必要であろう。前者が資料中のすべての単語を対象としているのに対し、後者は基礎的な単語706語に絞られていて、そもそもの母集団が、質、量ともに異なるからである。そこで、それらを揃えるために、『新スラヴ日本語辞典』の語彙も基礎語彙に絞ることにする。基礎語彙の捉え方には様々あるが、ここでは、便宜的に使用頻度の高い語彙を基礎語彙として扱うことにする。本資料の日本語訳は、前述の通り、説明的な訳が多いので、ゴンザにとって基礎的な単語は、訳語作成のために使用される頻度も高くなると考えられるからである。本資料の場合、使用度数が5以上の単語を取り出すと709語となり、大野晋（1958）で抽出された706語に、質、量ともに近くなるので、この709語を対象に品詞分類をしてみる。結果は〈表3〉の通りである。

　全体的に〈表2〉よりも一致率が高く、18世紀の薩隅方言基礎語彙の現代標準語との一致率の高さを知ることができるが、中でもやはり形容詞の数値が最も高いことがわかる。しかも、〈表2〉との比較から明らかなように、

276　第Ⅳ部　語彙

〈表3〉品詞別一致率（基礎語彙）

品詞	全語彙	標準語形	一致率(%)
名詞	276	241	87.3
動詞	347	295	85.0
形容詞	59	56	94.9
形容動詞	17	13	76.5
副詞	9	5	55.6
連体詞	1	1	100.0
計	709	611	86.2

　名詞、動詞の一致率が基礎語彙以外を含めると大きく下がるのに対し、形容詞の場合は、それほど一致率が下がらない。これは、形容詞の語彙量が全体的に少ないことも関係しているであろうが、それにしても、古典基礎語彙の残存率においては名詞、動詞とそれほど差が無く、むしろやや低い数値を示していた形容詞が、18世紀の薩隅方言においては、基礎語彙のみならず語彙全体においても、現代標準語との最も高い一致率を示すということは興味深い。一致、残存に対する判断基準の相違などの問題は含むものの、全体的に、古典基礎語彙の用いられていた時代と現代との間における時間的差異によって生じた語彙構造の違いより、中央語と薩隅方言という空間的差異によって生じる違いの方が、18世紀と現代という時代的な差異があるにも関わらず、小さいと言えるが、中でも形容詞は、その傾向が最も顕著であり、空間的差異による違いが生じにくい品詞であると言える。

3.3.　意味分野の特性

　次に、意味分野別に考察してみる。〈表4〉は、本資料の全語彙と、現代標準語と同形の語彙について、『分類語彙表[13]』の意味分野ごとに、語数と両者の一致率を示したものである。

　これを見ると、「相の類」の一致率が比較的高く、中でも「3.5 自然－自然物および自然現象」が高いことがわかる。「相の類」には形容詞が含まれ

〈表4〉意味分野別一致率

類	分類番号	意味分類	全語彙	標準語形	一致率(%)
体の類 （名詞）	1.1	抽象的関係	320	237	74.1
	1.2	人間活動の主体	276	158	57.2
	1.3	人間活動－精神および行為	160	112	70.0
	1.4	人間活動の生産物-結果および用具	385	281	73.0
	1.5	自然-自然物および自然現象	487	307	63.0
		1. 合計	1628	1095	67.3
用の類 （動詞）	2.1	抽象的関係	424	310	73.1
	2.2	人間活動の主体	22	0	0.0
	2.3	人間活動－精神および行為	432	305	70.6
	2.4	人間活動の生産物-結果および用具	13	0	0.0
	2.5	自然-自然物および自然現象	126	83	65.9
		2. 合計	1017	698	68.6
相の類 （形容詞・ 副詞等）	3.1	抽象的関係	74	56	75.7
	3.3	人間活動－精神および行為	47	37	78.7
	3.5	自然-自然物および自然現象	24	21	87.5
		3. 合計	145	114	78.6
その他の類	4	接続・感動など	7	4	57.1
		4. 合計	7	4	57.1
合計			2797	1911	68.3

るので、これは前述した通り形容詞の一致率の高さに通じるものであるが、中でも「3.5自然－自然物および自然現象」の一致率が高いということは、その高さが、人間の感情等を表す形容詞よりも、特に自然現象や自然物の性質や様子を表現する形容詞に因ってもたらされていることがわかる。具体的には、「ツィヨカ（強か）」「シトカ（白か）」「クラカ（暗か）」等がここに含まれる。

また、逆に「1.2人間活動の主体」の一致率の低さも目立つ。ここには、「トノジョ（夫）」「アニョ（子守女）」等の身近な人物に関する、標準語形で

278 第Ⅳ部 語彙

はない名詞が多く属している。これらの分野では俚言が根強く、中央語が普及しにくい様子が窺える。このことは、本堂寛（1980）が、現代標準語の地方での分布状況を分野別に調査した上で「人倫」の分野について触れ、「「人倫」は家庭内における人間関係であり、ふだんの生活において、欠かすことのできないものである。こういう分野には、標準語は入り込みにくいと考えられ」ると推察していることと合致するものである。

　全体的に、人間や自然物の名称に関しては俚言が根強く、一方、抽象的関係や人工物等を表す名詞、また、動詞、形容詞等は他からの影響を受けやすく、中央語を受け入れやすかったものと考えられる。

4．おわりに

　本章での『新スラヴ日本語辞典』の語彙と現代標準語との比較により、次のようなことが明らかになった。

- ［1］本資料に出現する全ての漢語のうちの8割以上が現代標準語と一致する。
- ［2］本資料に出現する全ての形容詞のうちの9割以上が現代標準語と一致する。
- ［3］意味分野としては、抽象的関係や人工物等を表す名詞やそれに関する動詞、形容詞が比較的多く現代標準語と一致するのに対し、人物や自然物の名称などは、その割合が低い。

　これらの結果は、18世紀の時点で、中央語の中のどのような語彙が薩隅地方へ伝わっていたのかを示しているものと考えられる。そして、当該地域の日本列島における地理的位置づけを考慮に入れ、そこに方言周圏論の考えを当てはめて考えるならば、これらの特徴は、日本の広い地域への中央語の伝播の様子を推測することの材料になるようにも思われる。

注
1）　小林隆（2004）の「理論・方法編」には「中央語史と地方語史とを分けて考

えるのではなく、両者を結び付けた広義の方言史が必要であり、それは同時に通時研究がめざすべき最終的な日本語史の姿であるとも言える」とあり、筆者と同様の考えが示されている。小林隆（2004）が、具体的な個々の語の歴史を中心としたものであるのに対し、本章は、語彙の総体を概略的に扱っている点に違いがある。

2) 井上史雄（2001、2007）には、この河西秀早子（1981）の調査結果に基づく発展的研究が記載されている。

3) 方言周圏論については、それが決して万能ではなく、大西拓一郎（2007）が指摘するように「まだ証明されていない仮説」に過ぎないことには留意する必要があるが、筆者は、語彙に関しては概略的にこの論が認められると考えている。

4) 本書第Ⅳ部第1章参照。また、本資料では、ロシア語見出し、日本語訳ともにキリル文字で記されているが、本章でもこれまでと同様、適宜、ロシア語見出しにはその意味を付し、日本語訳は片仮名転写に標準語形を付して示すことにする。

5) 中村通夫（1970、1979）、森岡健二（1991）等参照。

6) 中央語という概念は、文化、政治の中心が、日本の歴史上、京都から江戸（東京）へ移行したことにより地域的な一貫性を欠いている。しかし、その実態は、発音等の特徴はともかくとして語彙レベルでは連続性があると筆者は考える。野村剛史（2013）等参照。

7) 18世紀の薩隅方言語彙と現代標準語語彙との間には、理論上、次の3種類の語群を想定することができる。

　①18世紀の薩隅方言にのみ存在する語群

　②現代標準語にのみ存在する語群

　③両者に共通して存在する語群

そして、方言周圏論に基づくならば、①には18世紀において中央では使用されず薩隅地方を含む地域でのみ使用されていた語彙、あるいは中央でも18世紀の時点では使用されていたがその後使用されなくなった語彙、②には現代標準語が18世紀以降に獲得した語彙、あるいはそれ以前にも中央語には存在したが18世紀の時点では薩隅地方にまで伝播していなかった語彙が、それぞれ属すると考えられる。本章では、③の語群に注目するわけだが、この語群は薩隅方言と中央語において共通であるとはいえ、18世紀と現代という時間的差異を伴っているため、18世紀という共時態で捉えようとした場合には、現代でこそ使用されなくなったが18世紀の時点では中央でも使用されていた語彙を欠く可能性がある。しかし、この時間的差異によって生じる語彙の違いは、

その逆すなわち 18 世紀の薩隅方言と現代標準語に共通して存在していながら 18 世紀の中央語には存在しなかった語が実在するならば本章において大きな問題を含むことになるが、そのような事態は 18 世紀以前に九州から流入した外来語等のごく一部の例を除いては想定し難い。結局、③の語群は 18 世紀における薩隅方言と中央語との間での標準語語彙に含まれると推察されるので、18 世紀薩隅方言語彙と現代標準語語彙との比較も中央語の伝播の様子を概略的に把握するには十分に有効だと考える。

8) 本資料におけるロシア語の意味については、村山七郎（1985）を参照した。本資料のロシア語見出しは 11,580 例。そのうち訳語のない例が 220 例、日本語訳（薩隅方言訳）が与えられているものが 11,360 例ある。その 11,360 例の訳は、前述の通りすべてが一単語でなされているわけではなく、複数の単語で説明的になされている場合も少なくない。ここでの数値は、それらの訳語をさらに単語に分解した結果のものである。単位の長さについては原則として国立国語研究所の「長い単位」に従っている。単位の幅の問題については、本書第 IV 部第 2 章を参照されたい。

9) 個々の語が現代標準語と同形であるか否かの判断は、原則として『日本方言大辞典』（小学館 1989）の『索引』にある標準語見出しの有無に拠った。また、適宜、『現代新国語辞典』（第 4 版 三省堂 2011）も参照した。詳しくは、本書第 IV 部第 5 章を参照されたい。

10) 第 IV 部第 3 章では、漢語と漢語を含む混種語を合わせた語数が、本資料全体の 18.5% を占めること、そしてその数値が現代の話し言葉を対象とした語彙調査の結果と比較してもそれほど少ない数値でないことを述べた。

11) 「カワラ（瓦）」「クネブ（九年母）」のような梵語と思われるものは、本書では外来語から除いた。

12) 大野晋（1958）の結果一覧にある古典語の名詞の数は 272 となっているが、大野氏が本文中に示された実例に従うならば 312 となり、残存の割合も 76.0% になるはずである。但し、本章の趣旨には影響がない。

13) 国立国語研究所（2004）を使用。本来、『分類語彙表』には、「用の類」に「2.2 人間活動の主体」「2.4 生産物および用具」という分野は存在しないが、本資料には「イシャスル（医者する）」「オビスル（帯する）」等の動詞が存在するため、便宜的にこれらの分野を設け、各々分類することにした。

引用文献

井上史雄（2001）『計量的方言区画』（明治書院）

井上史雄（2007）『変わる方言 動く標準語』（筑摩書房）

大西拓一郎（2007）「方言分布の解明に向けて―原点に帰る言語地理学―」（『日本語科学』21 国立国語研究所）

大野　晋（1958）「日本語の古さ」（『現代国語学Ⅲ』筑摩書房）

河西秀早子（1981）「標準語形の全国的分布」（『言語生活』354）

国立国語研究所（2004）『国立国語研究所資料集 14 分類語彙表―増補改訂版―』（大日本図書）

小林　隆（2004）『方言学的日本語史の方法』（ひつじ書房）

中村通夫（1970）「現代共通語の性格（一）」（『中央大学文学部紀要 文学科』27）

中村通夫（1979）「現代共通語の性格（二）」（『中央大学文学部紀要 文学科』43）

野村剛史（2013）『日本語スタンダードの歴史』（岩波書店）

本堂　寛（1980）「現代日本標準語の分布―『日本言語地図』で見て―」（佐藤茂教授退官記念論文集刊行会編『佐藤茂教授退官記念 論集国語学』桜楓社）

本堂　寛（1982）「俚言の性格」（佐藤喜代治編『講座日本語の語彙 第 8 巻 方言の語彙』明治書院）

村山七郎（1985）『新スラヴ・日本語辞典 日本版』（ナウカ）

森岡健二（1991）『近代語の成立―文体編―』（明治書院）

第7章　現代語の形成と中央語の伝播

1．はじめに

　前章では18世紀の薩隅方言に焦点を当てて、そこに伝播していた中央語の特性について考察してきたが、ここでは、視点を反転させ、現代標準語を中心にして考えることにする。しかし、現代標準語のすべてを対象にすることは不可能なので、ここでは現代標準語の主要部分を成している基礎的な語彙のみを対象とする。これらの語彙のうち、どのような語が18世紀の薩隅方言に存在していたのであろうか。それを明らかにすることにより、現代標準語における基礎的な語彙の中で、どのような語が歴史的に古くから存在し、かつ中央から地方へと伝播しやすかったのかを知ることができると考える。

　現代標準語の基礎語彙については、やはり様々な捉え方があり、いくつかの基礎語彙が存在するが、その中の一つに、宮島達夫（1967）で「現代語としてよく使われる単語」として抽出された語彙がある。これは、1956年に国立国語研究所が行った雑誌90誌を対象とした語彙調査の結果に基づいて、その高頻度語の中から固有名詞等を除いた1,000語を抽出したものである[1]。本章ではこの1,000語を現代標準語の主要部分を成す基礎的な語彙として扱うことにする（以下、現代基礎語彙とする）。

　この現代基礎語彙のうち、『新スラヴ日本語辞典』でその存在が確認できるものは、その約3分の1に相当する331語である[2]。この331語につき、ここでも、語種、品詞、意味分野の観点から、その特徴を見てみることにする。

284　第Ⅳ部　語彙

2．語種の特性

　現代基礎語彙のうち、18世紀の薩隅方言に存在した語には、語種の面で
どのような特徴があるのだろうか。現代基礎語彙と、そのうちの『新スラヴ
日本語辞典』にも出現する語彙をそれぞれ語種ごとに分類し、語数と出現率
で示したのが〈表1〉である[3]。
　これを見ると、現代基礎語彙を形成している和語のうち、半分以上が既に
18世紀の薩隅方言で使用されていたことがわかる。一方、漢語、外来語の
場合は1割にも満たない。特に、漢語は現代基礎語彙の4割近くを占め、か
つ、前章の〈表1〉で示したように、『新スラヴ日本語辞典』で使用されて
いる漢語のうちの83.4％が現代標準語と一致する[4]ことを考えると、6.7％
という出現率は異常に低い。18世紀の薩隅方言で使用されていた漢語は、
そのほとんどが現代標準語になっているが、その一方で、現代で用いられて
いる基礎的な漢語は18世紀の薩隅方言にはほとんど存在していなかったと
いうことになる。このことは、18世紀の時点で薩隅方言にまで普及してい
た漢語は、おそらく日本列島の各地で定着し、今でも標準語として残存して
いるにも関わらず、現代においては、基礎語、主要語にはなり得ていないと
いうことと、それと表裏をなすものとして、現代の基礎的で主要な漢語のほ
とんどは18世紀以降おそらくは近代以降に誕生したか、あるいはその当時
まだ薩隅地方にまで普及していなかった語であるということを示している。

〈表1〉語種ごとの出現率

語種	現代語数	出現語数	出現率（％）
和語	578	303	52.4
漢語	386	26	6.7
外来語	18	1	5.6
混種語	18	1	5.6
計	1000	331	33.1

3．品詞の特性

　次に、品詞面での特徴を見てみる。現代基礎語彙と、そのうちの『新スラヴ日本語辞典』にも出現する語彙をそれぞれ品詞ごとに分類し、語数とその出現率で示したのが〈表2〉である[5]。

〈表2〉品詞ごとの出現率

品詞	現代語数	出現語数	出現率（%）
名詞	581	145	25.0
動詞	224	134	59.8
形容詞	50	35	70.0
形容動詞	33	5	15.2
副詞	61	6	9.8
連体詞	13	4	30.8
その他	38	2	5.3
計	1000	331	33.1

　これを見ると、現代の基礎語彙を形成している形容詞の7割は、18世紀の薩隅方言に普及していたことがわかる。そして、前章で述べた古典基礎語彙における形容詞の現代語への残存率、また、18世紀の薩隅方言における形容詞の現代標準語との一致率等も考え合わせると、形容詞が、その古さ、広がりにおいて比較的安定した存在であったのではないかと推察される。このことは、形容詞の造語生産性の低さも示しているように思われる。

　一方、現代基礎語彙を形成している名詞は『新スラヴ日本語辞典』にはわずか4分の1しか出現しない。そして形容動詞はさらに少ない。『新スラヴ日本語辞典』における名詞、形容動詞は、前章の〈表2〉〈表3〉からもわかるように現代標準語との一致率はそれほど低くない。つまり18世紀の薩隅方言で使用されていた名詞、形容動詞は、その多くが現代標準語になっているが、現代の基礎的な名詞、形容動詞は18世紀の薩隅方言にはほとんど存

286 第Ⅳ部 語彙

在しなかったということになり、このことから、前述した漢語の場合と同じ
く、現代の基礎的な名詞、形容動詞の多くが18世紀以降に誕生した語ある
いはそれ以前に誕生していても薩隅地方への普及が遅れた語であると言えよ
う。まさに名詞、形容動詞を構成する漢語の18世紀以降の増加、普及と軌
を一にしているものと考えられる。

4．意味分野の特性

　最後に、意味分野ごとの特徴について考えてみる。現代基礎語彙と、その
うちの『新スラヴ日本語辞典』にも出現する語彙を、『分類語彙表』の意味
分野ごとに、語数と出現率で示したのが〈表3〉である。
　これを見ると、「体の類」すなわち名詞類が少ないのは前述の通りである
が、特に「1.2 人間活動の主体」「1.3 人間活動－精神および行為」の少な
さが目立つ。前者は、前章の〈表4〉のところでも述べたように、18世紀の
薩隅方言における当該語彙の現代標準語との一致率も低いため、両語彙の関
連性の弱さが窺える。一方、後者は、18世紀の薩隅方言の現代語との一致
率がそれほど低くないので、当該分野の方言語彙は現代にも残ってはいるが
決して基礎的な語彙にはなっていないということになり、また、現代のこの
分野における基礎的な語彙が、18世紀以降に誕生した語、あるいはその当
時存在していても、薩隅地方の庶民の口頭語にまでは普及していなかった語
で主に構成されているということがわかる。
　また、「相の類」の「3.1 抽象的関係」の少なさも特徴的である。形容詞
の割合は前述したように決して低くないので、この分野の低さはほとんど形
容動詞によるものであるが、これも18世紀の薩隅方言と現代標準語との一
致率はそれほど低くないので、前述の「1.3 人間活動－精神および行為」と
同様の推測が成り立つであろう。この分野の語で、『新スラヴ日本語辞典』
に出現しない語には、「可能」「直接」など18世紀以降に登場した語が多く
含まれるが、その一方で「危険」「大変」のように18世紀より前から存在し
た語もある。中央語には古くから存在しながら薩隅方言語彙には普及しにく

かった語と言えるのではなかろうか。

〈表3〉 意味分野ごとの出現率

類	分類番号	意味分類	現代語数	出現語数	一致率(%)
体の類 （名詞）	1.1	抽象的関係	203	58	28.6
	1.2	人間活動の主体	101	17	16.8
	1.3	人間活動－精神および行為	188	13	6.9
	1.4	人間活動の生産物-結果および用具	35	21	60.0
	1.5	自然-自然物および自然現象	54	36	66.7
	1. 合計		581	145	25.0
用の類 （動詞）	2.1	抽象的関係	120	71	59.2
	2.3	人間活動－精神および行為	99	59	59.6
	2.5	自然-自然物および自然現象	5	4	80.0
	2. 合計		224	134	59.8
相の類 （形容詞・ 副詞等）	3.1	抽象的関係	132	32	24.2
	3.3	人間活動－精神および行為	19	8	42.1
	3.5	自然-自然物および自然現象	12	10	83.3
	3. 合計		163	50	30.7
その他の類	4	接続・感動など	32	2	6.3
	4. 合計		32	2	6.3
合計			1000	331	33.1

　そして、この「抽象的関係」は、「相の類」に限らず、「体の類」「用の類」においても比較的、出現率が低い。これは、現代の基礎的な語彙のうち、この意味分野には、新しい語が多い、あるいは薩隅方言へ普及していなかった語が多いということであろう。これとは逆に、「自然－自然物および自然現象」は、すべての類において出現率が高く、古くから存在する語が多い、また地方へ普及しやすかった語が多いということになろう。

5．時間的変遷と空間的拡散

　宮島達夫（1967）は、この1,000語について『万葉集』『源氏物語』『日葡辞書』等、各時代の代表的な資料での出現状況を調査し、その品詞・意味分野の変遷につき、次のように指摘している[6]。

(1) 品詞別にみると、増加率のいちじるしいのは、名詞・形容動詞および第4の類（接続詞・感動詞など）であり、あまりふえていないのは動詞・形容詞である。これは、ほぼ、名詞・形容動詞に漢語が多いという事実と対応する。（以下略）

(2) 名詞の分野のなかで、もっとも増加率のたかいのは、13）人間活動であり、これは動詞の増加率のひくさをおぎなっている。すなわち、ここに属するのは、動作性の抽象名詞（大体は漢語）がおおく、「～する」をつければ動詞としてはたらくものである。

(3) 第1～第3の各分野を通じて、自然物・自然現象の分野では増加率が低い。

　これらの指摘は、前章と本章において調査、考察してきた結果と類似している。すなわち、18世紀の薩隅方言との対比から得られた中央語の方言への伝播の様子と、現代基礎語彙の中央における史的変遷の様子がほぼ一致するということである。これは何を意味するのであろうか。

　両者の関係をより詳しく考察することにしよう。安部清哉（2009）は、宮島達夫（1967）の調査結果をさらに詳細に分析し直すことにより、基礎語彙史の総体的特徴を解明した。それによると、現代語の基礎語彙の基幹的部分が形成されていく順番（語彙的古さ）は、品詞ごとに整理するならば、次のようになるとのことである。

　　　動詞・形容詞＞連体詞＞名詞・形容動詞・副詞・その他＞漢語サ変動詞
　　　化可能名詞

　基幹部分が形成された時代ごとに整理されてある安部清哉（2009）の表を、品詞を基準にして再編し、『新スラヴ日本語辞典』における現代基礎語彙の

第 7 章　現代語の形成と中央語の伝播　　289

出現率（前掲の〈表2〉〈表3〉の数値）を添えて示すと次の〈表4〉のように
なる。

〈表 4 〉現代基礎語彙（基幹部分）の形成史と『新スラ
ヴ日本語辞典』における現代基礎語彙の出現率

品詞	中央での形成期	『新スラヴ』出現率(％)
動詞	上代	59.8
形容詞	上代	70.0
連体詞	中古	30.8
名詞	中世	25.0
形容動詞	中世	15.2
副詞	中世	9.8
その他	中世	5.3
〈人間活動〉名詞	近代前期	6.9

　安部清哉（2009）に倣って、基幹的部分の形成の目安を 50％とするならば、
18 世紀の薩隅方言において、現代基礎語彙の基幹的部分が備わっていたの
は、動詞、形容詞のみであったことになる。そして、それ以外の品詞につい
ては、現代基礎語彙の基幹的部分の形成という観点のみで見るならば、薩隅
地方の 18 世紀の語彙構造が、中央語における中古期よりも古い状態であっ
たということになる。さらに興味深いのが、概略的にみて、現代基礎語彙の
中央語での形成時期が遅れれば遅れるほど、『新スラヴ日本語辞典』の出現
率も低くなる傾向が見られるということである。「〈人間活動〉に関する名
詞」だけが比例的ではないが、これは、この分野が例外的に多いというので
はなく、「その他」の該当語が 2 例しかなく、極端に少なくなったためであ
り、「〈人間活動〉に関する名詞」も前述したように、他と比べて圧倒的に少
なく、決して例外とはならないであろう。
　これらの関係は、語彙の構造に関する中央語の時間的変遷の歴史と、空間
的拡散の歴史が密接に関わっていることを示すものと思われる。つまり、
個々の語において、文献に登場する時期と地理的な分布との間に関連性があ

290　第Ⅳ部　語彙

るのと同様に、語彙の総体においても、その基幹的部分の形成と伝播に、時間と空間の相関性が認められるということなのである。

6．おわりに

　語彙史は、中央語語彙の変遷だけでなく、方言まで含めた日本語語彙総体の歴史を射程に入れるべきだと考える。また、方言語彙は、当地で用いられている俚言だけでなく、他地方との共通語も含めた方言語彙の総体を対象にした分析も必要だと考える。そのような観点から、第Ⅳ部第5～7章では、『新スラヴ日本語辞典』の語彙と現代標準語語彙を双方向から比較し、18世紀の薩隅方言に伝播していた中央語の語彙的特徴ならびに、現代標準語における基礎的な語彙の地方への伝播を含めた歴史についてその一端を明らかにした。また、現代語の基幹的部分の形成と伝播に、時間と空間の相関性が認められることも指摘した。

　今後は、現代標準語の個々の語について文献初出年代と18世紀の薩隅方言語彙とを対比させることにより、本章で得られた結果を検証していく作業が必要であろう。また、文献初出年代については、18世紀の薩隅方言語彙についても調査することにより、地理的伝播速度や、その変化過程についても考えることができよう[7]。

　近代化による中央からの波が一気に押し寄せる前の、言葉の伝播も地道に行われていたであろう18世紀において、薩隅地方という日本の最南端の地で用いられていた方言語彙が大量に残されているというのは、薩隅方言史にとってだけでなく、日本語史全体の解明にとっても幸いであったと言えよう。

注

1)　宮島達夫（2009）では、雑誌70誌調査に基づく分析もなされているが、本章で用いている「現代」は、ここ数年の狭い時代ではなく、「標準語」が提唱され全国でその教育がなされた20世紀以降全体を指しているので、その語彙としての安定度の点から、雑誌90誌の分析結果を利用させてもらうことにす

る。

2) 雑誌調査では調査単位の認定が国立国語研究所考案の β 単位で行われているため、『新スラヴ日本語辞典』の単語も β 単位で区切ってその一致率を調査した。

3) 雑誌90誌に関する数値には、前掲の宮島達夫（1967）と宮島達夫（2009）との間で異同があるが、ここでは後者で示された数値を参照した。

4) 本書第Ⅳ部第5章参照。

5) 現代基礎語彙の分類は、前掲の宮島達夫（1967）による。なお、〈表3〉も同様である。

6) この宮島氏の調査結果については、田中章夫（1978）にも同様の指摘がある。

7) 徳川宗賢（1972）、井上史雄（2002）等参照。

引用文献

安部清哉（2009）「意味から見た語彙史─ "パーツ化" "名詞優位化"」（『シリーズ日本語史2 語彙史』岩波書店）

井上史雄（2002）「方言分布重心と標準語形使用率」（『東京外国語大学論集』63）

国立国語研究所（2004）『国立国語研究所資料集14 分類語彙表─増補改訂版─』（大日本図書）

田中章夫（1978）『国語語彙論』（明治書院）

徳川宗賢（1972）「ことばの地理的伝播速度など」（服部四郎先生定年退官記念論文集編集委員会編『現代言語学』三省堂）

宮島達夫（1967）「現代語いの形成」（『国立国語研究所論集3 ことばの研究』秀英出版）

宮島達夫（2009）「語彙史の比較（1）─日本語」（『京都橘大学研究紀要』35）

あとがき

　本書は、2003 年度に名古屋大学より学位を受けた博士論文『ゴンザ資料の研究』に、その後の発表論文を加えて一書となしたものである。いずれの論文も統一性を持たせるために大幅に書き改めてある。また、発表後、明らかになった用例を加え、それに基づいて算出し直した数値も最新のものに更新してある。本書のもとになった論文と各章との関係は以下の通りである。

第Ⅰ部　ゴンザ資料について
　第 1 章　ゴンザ資料の筆録者
　　　　「ゴンザ資料の筆録者」(『人文研究』190 神奈川大学人文学会 2016)
　第 2 章　ゴンザの出身地
　　　　「ゴンザの出身地に関する一考察」(『人文研究』163 神奈川大学人文学会 2007)
　第 3 章　ゴンザ資料による方言史研究
　　　　「ロシア資料と方言史研究」(『名古屋大学国語国文学』77 1995)
第Ⅱ部　音韻
　第 1 章　エ列音の表記と音韻
　　　　「『露日単語集』に基づく 18 世紀薩隅方言のエ列音」(『国語学』55-2 2004)
　第 2 章　イ列音の表記と音韻
　　　　「『露日単語集』のイ列音表記」(『名古屋大学国語国文学』95 2004)
　第 3 章　アクセント符号について
　　　　「ゴンザ資料の研究」第 4 章(博士論文(名古屋大学)未発表 2003)
　第 4 章　特殊拍とリズム―薩隅方言の特異性―
　　　　「薩摩ことば―通セサル言語」(鈴木彰・林匡編『島津重豪と薩摩の学問・文化』勉誠出版 2015)

第Ⅲ部　文法

第1章　「ゆる・らゆる」と「る・らる」について

　　　　「ゴンザ訳『世界図絵』における「ゆる・らゆる」と「る・らる」」（『国語学』195 1998）

第2章　敬意表現

　　　　「ゴンザ訳『世界図絵』の敬意表現」（名古屋・ことばのつどい編集委員会編『日本語論究5』和泉書院 1997）

第3章　カス型動詞について

　　　　「ゴンザ資料におけるカス型動詞」（『日本語の研究』13-4 2017）

第Ⅳ部　語彙

第1章　『新スラヴ日本語辞典』の日本語訳

　　　　「『新スラヴ・日本語辞典』の日本語訳」（『名古屋大学国語国文学』92 2003）

第2章　『新スラヴ日本語辞典』の語彙

　　　　「『新スラヴ・日本語辞典』の語彙」（田島毓堂編『語彙研究の課題』和泉書院 2004）

第3章　『新スラヴ日本語辞典』における漢語語彙

　　　　「『新スラヴ・日本語辞典』における漢語語彙」（『語彙研究』9 2011）

第4章　『新スラヴ日本語辞典』における「自由」の語義

　　　　「『新スラヴ日本語辞典』における「自由」の語義」（田島毓堂編『日本語学最前線』和泉書院 2010）

第5章　『新スラヴ日本語辞典』における現代標準語

　　　　「18世紀薩隅方言における現代共通語」（『語彙研究』11 2014）

第6章　18世紀の薩隅地方へ伝播した中央語

　　　　「現代語の形成と中央語の伝播—『新スラヴ日本語辞典』を資料として—」（『文学・語学』211 2014）

第7章　現代語の形成と中央語の伝播

　　　　「現代語の形成と中央語の伝播—『新スラヴ日本語辞典』を資料として—」（『文学・語学』211 2014）

あとがき　295

　筆者がゴンザ資料と出会ったのは、鹿児島大学教育学部在学時であった。卒業論文のテーマを探しているとき、江口泰生先生にゴンザの事跡と彼が残した資料のことを教えていただき、江戸時代の薩摩にそんな人物がいたのかと驚いた。鹿児島という土地は、郷土を愛し、先人を敬う風潮が強いように思う。筆者も例外ではなく、地元の資料だからという安易で、また言語研究を始めるにはある意味不純な動機で、ゴンザ資料の研究に取り組み始めた。しかし、動機はともあれ、実際に資料を手にして解読を始めると、その難解さとその奥に見え隠れする未知の世界に取り憑かれた。何とかこの資料に書かれている言葉を明らかにしたいと思った。今から思うと無知ゆえの無謀な企てではあるが、そんな身の程知らずの学生を江口先生は、熱心に、丁寧に、学問の魅力を語りながら導いて下さった。いつの間にか、筆者も先生の背中を追いかけ、興味も日本語全体へと広がっていった。先生が鹿児島大学に在職された4年間と筆者の在学期間は完全に符合する。先生が大学を移られるのが1年早ければ、筆者は今こうして研究職には就いていなかったであろう。つくづく幸運だったと思う。また、鹿児島では、伊牟田經久先生からも日本語研究の楽しさ、郷土薩摩の文学、文芸に取り組むことの大切さを教えていただいた。先生は、穏やかながらもその凛としたお姿をもって、研究の厳しさをお示し下さり、同時に筆者の考え方の甘さにも気づかせてくださった。お二人の先生と出会えた鹿児島大学が筆者のゴンザ研究の出発点である。

　その後、進学した名古屋大学大学院でも、幸運な出逢いに恵まれた。高山倫明先生からは、外国資料の扱い方を教わった。漢語音韻学に造詣の深い先生ならではの視点はたいへん刺激的で、それまで筆者が再構築を試みていたゴンザ資料のアクセント体系は再考を余儀なくされた。その契機となった服部四郎氏の論文をご紹介くださったのも先生であった。また、釘貫亨先生からは、古代語の音韻や文法に関する合理的な思考法を学ばせていただいた。古代語の解明方法は、18世紀の薩隅方言を考える際のヒントになることが多かった。もちろん両者のむやみなこじつけは控えるべきであるが、参考にさせていただいた点は少なくない。そして田島毓堂先生には語彙の総体的なとらえ方について教えていただいた。単語論が主流な語彙研究の分野におい

て、まさに語彙の論である語彙総体論を先生に直接教えていただけたことは、ゴンザの語彙を考える上でもたいへん幸運であった。ややもすれば漠然とした印象論で語られがちな語彙世界を、数値によって実証的に明らかにすることができたのではないかと自負している。名古屋大学大学院において、ご専門の異なる先生方のもとで、非常に刺激的で有意義な研究生活を始められたことは、何ものにも替えがたい幸せであった。

　本書を通覧していただければすぐにご理解いただけると思うが、本書は、筆者が直接ご指導いただいた5名の先生方すべての影響を受けて成り立っている。5名の師との出逢いがなければ、本書の刊行はない。もっとも、五十歳を目前にした今でも、先生方から受けた学恩にお応えできている自信はまったくなく、この場で先生方のお名前を挙げることさえ、おこがましく申し訳なく感じている。先生方には、本書の刊行を研究の中間報告としてご理解いただき、ご寛恕いただければ幸いである。

　また、参考文献として一々は挙げなかったが、多大な影響を受けた多くの先学。学会、研究会等でご助言下さった先生方、先輩方。学生時代に切磋琢磨した仲間たち。そして、本書の刊行を快く引き受けてくださった和泉書院の廣橋研三社長をはじめ、多くの社員の皆様。すべての方に感謝申し上げる。

　本書は、独立行政法人日本学術振興会平成30年度科学研究費助成事業（科学研究費補助金）（研究成果公開促進費）（JSPS科研費JP18HP5072）の助成を受けたものである。併せて感謝申し上げる。

　そして最後に。このような貴重な資料を、過酷な運命に耐えながら、後世に残してくれた郷里の先輩ゴンザとソウザに心より感謝したい。

2018年7月

駒 走 昭 二

索　引

あ 行

青木博史	180, 182, 183, 185
アカデミー本	7, 8, 52〜54, 182
アクセント体系	
	7, 59, 60, 99〜103, 107, 114
アクセント符号	2〜4, 6,
	7, 54, 58〜60, 99〜108, 110, 115〜117
アッシュ・コレクション	6, 54
アッシュ本	6, 54
安部清哉	288, 289, 291
網屋喜行	29, 31, 61, 62
アルパートフ	29, 32
イ語尾形容詞	207
出水	80
いちき串木野	36, 37, 39, 42
一単語訳	193, 194, 196
井上ひさし	125
井上史雄	279, 280, 291
井ノ口淳三	10, 142〜144, 165, 185
意味分野	227〜230, 232
	〜236, 266, 276, 278, 283, 286〜288
意味分野別構造分析法	227〜229
イ列音	7, 85, 90, 92, 96, 121
伊路波	82, 83
岩井良雄	158, 164, 165
ヴォイス	181
受身	129, 134, 141〜144, 162, 175
受身表現	150, 162, 181
上野善道	114, 117

永寿丸	46
頴娃町	80
永平元禅師語録	242
江上修代	29〜32
江口泰生	10, 30, 31, 47, 50, 61, 62,
	82, 84, 97, 98, 117, 125, 182, 183, 185
エソポのハブラス	243, 252
エ列音	7, 53, 67, 70, 77〜83, 88
奥羽方言	119
応用型	167
大分	41
大口	39, 42, 49
大坂	1, 44〜46, 49
大隅南部	80
大西拓一郎	279, 281
大野晋	274, 275, 280, 281
岡島昭浩	124, 125
岡本雅享	124, 125
奥村三雄	83, 84
小倉肇	83, 84
畏れ	140, 141, 143, 153, 154
音声推移	130, 134, 141, 143
音節	125, 169, 182
音節化傾向	125
音節言語	123
音節数	104

か 行

開合	121
外交志稿	51
外国資料	81
海上交通	44

外務省調査部 29, 31
外来語 75, 83, 220〜222, 231, 273, 280, 284
科学アカデミー 1, 13, 15, 21, 28〜31, 35, 48, 52, 83, 93, 97, 182, 195, 255
科学アカデミー本 6, 9
カ行合拗音 120
鹿児島県史 50
鹿児島県立図書館 1, 7, 9, 10, 31, 144, 185
カ語尾形形容詞 207, 232
河西秀早子 270, 279, 281
カス型動詞 8, 167, 169, 170, 172〜183, 185
可能表現 162
鎌倉遺文 241, 250, 252
上村孝二 83, 84, 98, 116, 117, 142〜144, 155, 156, 165
カムチャトカ地誌 48, 50
川口浩 244, 253
関係代名詞 177
漢語 220〜222, 225〜237, 273, 278, 280, 284, 286, 288
漢語異なり語数 230
漢語サ変動詞 272, 273, 288
漢語使用率 227
漢語造語成分 219
簡単な報告 I 15, 16, 22, 27, 35, 44, 45, 47〜49
簡単な報告 II 15〜23, 27, 28, 30, 35, 45〜50, 202
上村忠昌 21, 24, 30〜32, 125, 130, 143, 144, 165, 201, 203, 223, 224, 267
簡略日本文法 1, 3, 8, 13, 15, 16, 21〜23, 26, 28, 29, 167

基幹語彙 220
基幹的部分 288〜290
木崎良平 50
擬人化 140, 154, 177
基礎語彙 275, 276, 283, 285, 288
規範意識 71, 73, 82, 90

木部暢子 59, 62, 83, 84, 116, 117, 144
木村毅 251, 253
旧記雑録追録 44, 50
吸収式 113, 116
教会スラヴ語 17, 25, 61, 189, 245
京泊 44, 45, 47
キリシタン資料 51, 82, 243, 247, 269
キリル文字 2〜4, 7, 14, 30, 36, 47, 52〜56, 58, 60, 61, 71, 75, 79, 82, 85, 88, 95, 96, 120, 124, 125, 156, 189, 191, 201, 206, 208, 223, 245, 259, 267, 279
欽定全世界言語比較辞典 74, 93

空間軸 269
釘貫亨 143, 144
久保薗愛 181, 185
久見崎 45
クラシェニンニコフ 50
栗城順子 243, 252, 253
クリコワ 29, 31, 32
グレーニング 57, 72〜74, 76, 77, 80, 82, 83, 89〜93, 97, 157
黒田了介 119, 124

敬意 139〜141, 143, 147〜151, 153〜157
敬意表現 8, 140, 147, 153〜155, 157
敬語動詞 140, 147, 148, 153, 157
ゲオルギエフ 29, 32
結果および用具 230
現代基礎語彙 283〜286, 288, 289, 291
現代共通語 120〜122
現代薩隅方言 8, 36, 42, 59, 67, 68, 74〜78, 80, 81, 85, 87, 90, 92, 95, 96, 142, 147, 150, 174
現代新国語辞典 256, 257, 280
現代標準語 9, 202, 223, 255〜259, 265〜267, 271〜276, 278〜280, 283〜286, 290
権力 241, 248〜251, 253

索　引　299

語彙元素論	223
語彙史	269, 270, 271, 288, 290
語彙総体論	223
語彙調査	36, 206, 220, 227, 232, 280, 283
語彙量	16, 17, 20, 21, 25, 27, 30, 182, 199, 205, 255, 265, 271, 276
好意	140, 141, 143, 153
口蓋化	70, 80, 81
口蓋性	76, 80, 82
後接文字	86
口頭語	225~ 227, 234, 236, 266, 267, 270, 273, 286
互換性	174, 176
語義的特徴	176
国語元年	125
国立国語研究所	50, 193, 202, 203, 206, 223, 224, 237, 280, 281, 283, 291
語構成	175, 219, 224, 266
興水則子	29, 31, 32
語種	228, 229, 266, 272, 283, 284
古典基礎語彙	274~276, 285
古典文学大系	252
異なり語数	9, 30, 167, 199, 202, 207, 208, 221, 222, 226, 227, 229, 232, 233, 235, 255, 271
異なり訳数	190, 191, 194, 205
小場有米	29, 32
小林隆	278, 279, 281
コブレンツ	29, 31, 32
小堀桂一郎	243, 252, 253
コメニウス	2, 4, 24, 129, 143, 185
ゴレグリヤード	30
ゴンザ研究会	30, 48
混種語	227, 272, 273, 280

さ 行

最小対	78
斎藤忍随	251, 253
坂口至	59, 62

崎村弘文	59, 63, 201, 203, 223, 224
索引	256~258, 265, 267, 280
迫野虔徳	14, 32, 125, 126
薩隅方言基礎語彙	275
薩南地方	80
薩摩郡	47, 48
薩摩川内	39, 42, 43, 45~48
薩摩藩	1, 44, 45, 119
佐藤茂	225, 237
佐藤亨	237, 251, 253
サノスケ	35, 48
佐山豪太	184, 186
沢木幹栄	41, 50
サンクトペテルブルグ	1, 13, 15, 27, 29, 129, 195
残存率	273, 275, 276, 285
子音脱落	92, 94
子音文字	57, 67~69, 71, 77~80, 85, 87~90, 92, 93
時間軸	269
識語	13~17, 21~23, 27~29, 46
辞書形	207
自然物および自然現象	230, 235, 236, 276, 277, 287
自他対応	170, 172, 182
自動詞	170, 172, 176, 182, 183
柴田武	52, 63, 93, 95, 98
司馬遼太郎	124, 126
渋沢栄一	125
清水桂一	40, 50
下瀬川慧子	29, 32
沙石集	242
宗教関係	220
十善法語	243
従属式	113, 114, 117
手稿	15, 35, 50
授受表現	149
捷解新語	82, 83

使用語彙	17, 226
使用度数	67, 68, 86, 275
正法眼蔵	242
続日本紀	241, 249, 252
シラビーム方言	92, 122, 123, 125
シラブル	122
新スラヴ日本語辞典	1〜

3, 8, 13, 14, 17〜20, 22, 25, 28, 30, 31,
75, 83, 97, 99, 174, 175, 178, 182, 183,
185, 189, 200, 205, 222, 223, 225, 226,
228, 239, 245, 250, 251, 255, 266, 269
〜271, 275, 278, 283〜286, 288〜291

新潮国語辞典	202, 223
進藤咲子	251, 253
新村出	252, 253
数量的特徴	236, 267
鈴木光次郎	124, 126
鈴木丹士郎	237
ストレスアクセント	

59, 99, 102, 103, 106, 107, 110, 116, 117

スラヴ・ギリシア・ラテン三カ国語辞典

4, 189, 195, 245

政権	248〜251
正書法	55〜58, 60, 61, 71〜73, 76, 77,

79, 82, 85, 88〜93, 95, 96, 99, 148, 202

精神および行為	230, 232, 233, 236, 286
西南部九州二型アクセント	101, 111, 115
世界図絵	1, 4, 8, 20, 22, 24〜26, 99, 129

〜132, 134, 140, 141, 143, 145, 147, 153
〜155, 173, 175, 177, 178, 182, 185, 224

接辞	175, 273
接頭辞	18, 175, 176, 184, 185, 219, 220, 246
説明形式	9,

193〜196, 198〜200, 205, 220, 221, 255

専横	248, 250
専制	248, 250
前接語	121

川内川	45〜48
川内市史	50
選択本願念仏集	242
造語	222, 226, 285
草稿本	3, 4, 22, 25, 26
ソウザ	1, 7, 19, 21, 29, 142, 200, 202, 203
相の類	230, 232, 276, 286, 287
草木六部耕種法	39, 50
促音	122, 123
促音化	36
尊敬	58,

72, 130, 141, 150, 155〜157, 162, 181

た　行

対照言語学	51
体の類	230, 232, 286, 287
対訳形式	

174, 178, 193, 195, 205, 226, 229, 270

対話形式	150
田頭壽雄	201, 203, 223, 224
高千穂町	97
高山倫明	116
ダ行音化	95
武井睦雄	125, 126
田島毓堂	223, 224, 237
田尻英三	14,

32, 36, 50, 125, 126, 201, 203, 223, 224

タタリーノフ	35, 48
他動詞	170, 172〜178, 180〜183, 185
他動性	173, 174, 177, 178, 181, 185
田中章夫	291
種子田幸廣	30
単位の長さ	193, 206, 208, 280
単位の幅	206, 208, 237, 267, 280
短音化	121
単語並記	194
単語欄	4,

129, 136, 142, 148, 149, 151, 177〜179

索 引　301

単独音節	67, 68, 73, 75, 85
単母音	74〜76, 83, 121
逐語訳	20, 129, 144, 173, 219, 248
中央語史	51, 147, 169,
	170, 173, 174, 176, 180, 181, 251, 278
中郷	47, 48
抽象的関係	140,
	230, 232, 233, 235, 236, 278, 286, 287
中舌母音	97
長音	42, 62, 121〜123
長音短呼	47
調査単位	206, 223, 237, 267, 291
調子	119
朝鮮資料	51
重複訳	9, 190, 198, 199
重複率	9, 191
陳舜臣	124, 126
津田左右吉	252, 253
土屋信一	237, 267
堤正典	29, 32
徒然草	241, 242, 252, 274
帝室科学アカデミー歴史資料	
	28, 33, 202, 203
動作主	137, 139〜141, 143, 148,
	153, 156, 162, 179〜181, 250, 251, 253
栂尾明恵上人遺訓	242, 243
トカラ列島	97
徳川宗賢	124, 126, 291
特殊拍	119, 122, 267
独立式	113, 114, 117
ドストエフスキー	13, 29, 32
どちりいなきりしたん	243, 252
奴隷化	246, 247

な 行

長い単位	193, 194, 206, 237, 280
長崎	41
長沼庄司	29, 31, 32
中野洋	227, 238
中村通夫	279, 281
軟音化	94
軟音符	94
西潟訥	124
西目	44, 45
日葡辞書	221, 267, 288
日本海山潮陸圖	47, 50
日本言語地図	36, 37, 39, 42, 43, 50, 270
日本後紀	47, 50, 241, 249, 252, 253
日本語会話入門	
	1, 2, 6, 7, 13, 16, 22, 29, 52, 54,
	55, 78, 95, 97, 99, 108, 109, 181, 182
日本語史	9, 51, 162, 167, 279, 290
日本古典文学大系	243
日本書紀	240, 249, 250, 252, 253
日本方言大辞典	256, 267
人間活動の主体	
	230, 232, 233, 236, 277, 280, 286
ノヴィコフ	29
延べ語数	9, 167,
	207, 208, 221, 222, 226, 229, 255, 271
延べ訳数	190, 192〜194, 205
野村剛史	267, 268, 279, 281

は 行

ハ行子音	42, 49, 120
拍	122, 123
蜂矢真郷	182, 186
撥音	122, 123
撥音化	121
服部四郎	62, 63, 106, 117

パラス	74, 76, 93, 98
バルトリド	13, 16, 17, 29, 32
東目	44, 45
彦坂佳宣	144
筆跡	2〜4, 13〜17, 20〜28, 30, 31, 71, 88
ピッチアクセント	
	59, 101〜103, 106, 107, 117
筆録者	13〜
	18, 20〜22, 24, 26〜30, 35, 55, 56, 59,
	71〜73, 77, 79, 82, 89, 90, 95, 99, 116
被動形動詞	133, 162
漂海紀聞	50
標準語意識	207, 224
標準語形	43, 270, 272, 277
漂流民の言語	6, 7,
	10, 32, 50, 54, 55, 61, 84, 126, 186, 203
平山輝男	83, 84
品詞	96, 104, 110, 111, 207,
	266, 270, 274〜276, 283, 285, 288, 289
頻度の高い訳	196
ファヤイキマル	45
福澤諭吉	239, 244, 253
船間島	46
豊後	39, 40, 41, 47
文章作成能力	17, 21, 30
文体的特徴	176
文法的意味	129〜
	131, 134, 136, 141, 144, 147, 162, 175
分類語彙表	228, 230, 232, 276, 280, 286
平安遺文	241, 250, 252
ペトロワ	27, 29〜32
ヘボン	244, 254
ベルグ	13, 29, 32
母音の脱落	122
母音の無声化	61, 62, 96, 142, 201, 223, 257

母音文字	56〜58, 78, 80, 86〜92
母音連続	94, 122
方言語彙	229,
	255, 266, 269〜271, 279, 280, 286, 290
方言史	9, 51, 61, 96, 142, 271, 279, 290
方言周圏論	226, 266, 270, 271, 278, 279
方言地理学	37
ボグダーノフ	1〜4, 13〜16, 21,
	24〜29, 31, 45〜47, 50, 55, 56, 99, 116
補助動詞	151, 157
ポリカルポフ	25, 189, 195, 245
ボンダレンコ	17, 29, 31, 33
本動詞	151, 157
本堂寛	270, 278, 281
翻訳者	18〜20
本来型	167

ま 行

枕崎	39, 42, 103
未然	152, 172, 183
宮島達夫	283, 288, 290, 291
宮村治雄	249, 253
無声化	14, 36, 95, 121, 148
無対自動詞	183
無対他動詞	183
村岡美恵子	252, 253
村山七郎	6, 9, 10, 29, 31, 32, 35,
	36, 45, 46, 48, 50〜55, 63, 69, 75, 82,
	84, 125, 126, 142, 145, 165, 182, 186,
	201〜203, 223, 224, 252, 253, 280, 281
モーラ	122, 123
モーラ方言	122, 123
森岡健二	267, 268, 279, 281
森田武	83, 84, 224
森山多吉郎	244
文部省雑誌	124

索　引　303

や 行

八杉貞利	13, 32
安田元久	251, 254
柳田征司	143, 145
柳父章	251, 254
山口巌	61, 63, 82, 84, 97, 98, 157, 165
山下恒夫	50
山下万里子	29, 32
山田孝雄	225, 230, 234, 238
大和本草	40, 41, 50

友好会話手本集	1, 4,
	20, 22, 23, 25, 26, 173, 177, 181, 182, 185
有生性	181
有対自動詞	170, 172, 182, 183
有対他動詞	183
ゆる・らゆる	
	8, 129～134, 136, 141～144, 147, 181

謡曲	119
用の類	230, 232, 235, 280, 287
養老律令	242
吉田金彦	167, 186
吉町義雄	51, 61, 63
四つ仮名	95, 96, 120
米重文樹	10, 30, 31, 182, 183, 185

ら 行

ラカス	169, 181

俚言	270, 271, 274, 278, 290
リズム	8, 119～124, 267
令義解	252
臨時一語	273

る・らる	8, 129, 130,
	134, 136～141, 143, 144, 147, 155, 162

レクシコン	35, 48
連母音	92, 96, 97, 121～123, 267

露語	222, 237
ロシア資料	51, 54, 55, 59
魯西亜漂流記	50
ロシア語文法	26, 61, 72
ロシア文法	61
露日単語集	1～3, 6, 7, 13, 16, 22,
	29, 54～56, 60, 67, 71, 72, 76, 82, 85,
	94, 96, 97, 99, 104, 116, 123, 181～183
ロモノーソフ	26, 61

わ 行

和英語林集成	244, 254
ワカシワマル	45
我儘放盪	239, 244, 247
和漢三才図会	49, 50
和語	221, 222, 226～228, 235～237, 284
倭語類解	83

その他

ся 動詞	133, 142, 162

■ 著者紹介

駒走昭二（こまばしり しょうじ）

1969年鹿児島県生まれ。
名古屋大学大学院文学研究科博士課程修了。博士（文学）。
韓国国立木浦大学校特別講師を経て、現在、神奈川大学
外国語学部准教授。

研 究 叢 書　503

ゴンザ資料の日本語学的研究

2018年10月1日　初版第1刷発行

著　者　駒　走　昭　二

発 行 者　廣　橋　研　三

〒543-0037　大阪市天王寺区上之宮町7-6
発 行 所　有限会社 和　泉　書　院

電話　06-6771-1467
振替　00970-8-15043

印刷・製本　亜細亜印刷

ⒸShoji Komabashiri 2018 Printed in Japan　ISBN978-4-7576-0886-3 C3381
本書の無断複製・転載・複写を禁じます

＝＝研究叢書＝＝

中古中世語論攷	岡崎　正継著	475	8500 円
国　語　論　考 語構成的意味論と発想論的解釈文法	若井　勲夫著	477	9000 円
テキストにおける語彙 的結束性の計量的研究	山崎　　誠著	483	8500 円
古代地名の国語学的研究	蜂矢　真郷著	487	10500 円
古代文学言語の研究	糸井　通浩著	491	13000 円
「語り」言説の研究	糸井　通浩著	492	12000 円
近世初期俳諧の 表記に関する研究	田中巳榮子著	495	10000 円
言語文化の中世	藤田　保幸編	498	10000 円
形式語研究の現在	藤田　保幸 山崎　　誠編	499	13000 円
日本鉱物文化語彙攷	吉野　政治著	502	11000 円

（価格は税別）